하곡학파의 형성과 전개

AKS 인문총서 **38**

하곡학파의 형성과 전개

이남옥 지음

한국학중앙연구원출판부

책머리에

옛것에 대한 막연한 관심으로 시작한 길이 여기에 이르렀다. 한국전통문화대학교 문화재관리학과에서 문화유산과 그 정책에 대해 공부하며 생긴 인문학에 대한 깊은 갈망으로 한국학중앙연구원 한국학대학원에 진학했고, 옛 문헌을 분명하게 읽어내기 위해 한문 공부에 매진했다. 관심은 자연스레 옛사람들의 사상과 철학으로 확장되어 결국 조선시대 사상사를 전공하게 되었다.

2008년 대학원에 진학한 직후 『대학(大學)』 강독 스터디 모임에서 한 선배의 제안으로 왕수인(王守仁)의 「대학문(大學問)」과 「대학고본서(大學古本序)」를 읽고 주희(朱熹)의 『대학장구(大學章句)』와는 다른 새로운 관점에 매료되었다. 이후 조선시대 양명학(陽明學)과 관련된 인물을 찾아보았고, 이때 정제두(鄭齊斗)를 처음 만났다. 먼저 정제두의 양명학적 관점을 파악하기 위해 『대학』에 대한 그의 『대학설(大學說)』을 주제로 논문을 준비하여 『霞谷 鄭齊斗의 『大學說』과 그 經學史的 의미』(2011)라는 제목으로 석사학위를 받았다. 이어 정제두의 학문과 사상을 폭넓게 연구하여, 그가 양명학에만 국한되지 않고 자신만의 학문 체계를 구축했으며 그의 사상이 후대에 계승되었음을 논하는 논문 『霞谷學의 특성과 계승 양상』(2016)으로 박사학위를 받았다. 이후로도 정제두와의 인연은 계속되었다. 관련 자료들을 찾아 하나하나 확인하고 관련 인물들의 관계를 재검토하면서 글과 글 사이 행간의 맥락이 새롭게 다가오기 시작했다. 그 결과로 몇 편의 소논문을 발표했다. 다만 작은 글로는 모두를 담아낼 수 없었다.

다행히 2019년에 이 책의 제목인 '하곡학파(霞谷學派)의 형성과 전개'를 주제로 한국학중앙연구원(한국학진흥사업단)의 한국학총서사업에 선정되어 그동안의 연구를 정리할 기회를 얻었다. 3년간 연구비 지원을 받아 집필했고, 이후 2년간의 수정·보완 작업을 거쳐 이 책을 출간하기까지 총 5년이라는 시간이 걸렸다. 본래 하곡학파와 관련된 모든 내용을 일별해 새로운 관점을 제시해보겠다고 호기롭게 나섰으나, 관련 자료 전체를 모두 아우르지 못하고 주제에 맞는 일부만 선별하여 다루게 되어 다소 부족한 글이 되고 말았다. 하지만 '하곡학파'에 대한 본격적인 연구를 시작했다는 점에서 작게나마 이 책의 의미를 부여할 수 있을 것이다. 필자를 비롯해 앞으로 이 책의 출간을 계기로 하곡학과 하곡학파에 대한 연구가 더욱 활발해지고 새로운 연구가 나오기를 기대한다.

이 책의 출간은 대학원 입학 이래로 약 16년간 계속해 온 공부의 결과를 세상에 내놓는 것이다. 여러 인연이 모여 이 책을 만들 수 있게 되었기에 감사의 말씀을 드리고자 한다. 먼저 권오영 선생님은 석·박사 학위논문을 지도해주시면서 조선시대 사상사에 대해 가르쳐주셨을 뿐만 아니라 늘 따뜻한 말씀으로 격려해주시면서 어리석은 제자가 학자로 커 나갈 수 있도록 보살펴주셨다. 처음 지도 받으러 갔을 때 선생님께서도 양명학에 대해 공부하시겠다며 새로 구입한 책을 보여주셨던 모습은 여전히 생생하다. 또한 학부 시절 아무것도 모르는 필자를 학문의 세계로 인도해주신 최영성 교수님께도 깊은 감사를 드린다. 두 분 선생님 덕분에 지금까지 공부를 지속해 올 수 있었고 앞으로 나아갈 수 있을 것이다. 대학원에서 밤을 지새우며 다양한 전공의 선후배들과 동료들이 각자의 방법론과 새로운 시각에서 해준 조언 역시 잊을 수 없다.

아울러 이 책이 나오기까지 함께해 온 한국학중앙연구원에도 큰 감사를 드리고 싶다. 학문의 길을 걸을 수 있도록 배움의 장을 열어준 한국학대학원, 학업과 병행해 연구의 장이 되어준 장서각, 연구비를 지원해준 한국학진흥사업단에 깊이 감사드린다. 특히 난삽한 원고를 깔끔하게 정리하여 독자들이 읽고 이해할 수 있도록 해주시고, 바쁜 출판 일정에도 문제 없이 출간할 수 있도록 도와주신 한국학중앙연구원 출판부에 감사를 표한다.

마지막으로 공부하느라 가족들에게 충분히 신경쓰지 못해 미안한 마음이 크다. 공부하는 아들을 자랑스럽게 여기시며 공부에만 전념할 수 있도록 해주신 아버지, 어머니, 그리고 함께 공부하다 육아로 잠시 학문의 걸음을 멈추고 성심으로 도와준 아내 김지연에게 고마움을 표한다. 아울러 책을 본다는 핑계로 놀아주지 못해도 크게 투정부리지 않고 잘 커준 첫째 수현, 둘째 주현, 막내 우현이에게도 고마움을 전한다. 앞으로도 계속 이 길을 걸어가겠지만, 힘들 때마다 곁을 지켜주는 가족들이 있어 힘을 낼 수 있다.

2024년 11월
안동에서
이 남 옥

차례

책머리에 • 5

서언   하곡학파 연구의 현황

1장   하곡 정제두의 생애와 학문
1. 정제두의 학문 형성 배경 • 21
2. 하곡학의 탄생, 박세채·민이승·최석정·박심과의 논변 • 28
3. 정제두의 경세 활동과 죽음 • 40

2장   하곡학파의 형성과 분기
1. 정제두의 문인들 • 47
2. 전기 문인의 하곡학 계승 • 61
3. 후기 문인의 하곡학 계승 • 78

3장   하곡학파의 지역적 확산
1. 하곡학파의 주요 가문들 • 112
2. 하곡학파의 세 거점, 강화·광주·진천 • 126

4장　하곡학의 계승과 변용

1. 하곡학의 계승: 심육과 이광신의 사례 • 154
2. 하곡학의 분화: 이영익과 이충익의 『대학』·『상서』 논의 • 174
3. 하곡학의 변용: 신작과 정약용의 경학 논쟁 • 206

5장　하곡학파의 재결집과 해체

1. 하곡학파 후예들의 정제두 양명학 연구서 강학 • 233
2. 일제강점기 간도 이주와 새로운 학문 터전의 마련 • 241
3. 정인보의 양명학적 재해석과 하곡학의 해체 • 254

결언　하곡학파 연구의 과제

참고문헌 • 272
찾아보기 • 276

서언
하곡학파 연구의 현황

이 책은 하곡학파(霞谷學派)의 형성과 전개 과정을 사상사적으로 검토한 것이다. 하곡학파는 하곡(霞谷) 정제두(鄭齊斗, 1649~1736)의 학문과 사상을 계승한 사람들로, 정제두는 성인이 되는 것을 목표로 양명학을 비롯한 다양한 학문을 섭렵해 자신만의 학문과 사상을 주창했다. 대부분의 학자들이 주자학을 신념으로 받들었던 조선 후기 사회에서 양명학을 연구한 정제두의 존재는 매우 특별했고, 이 때문에 일제강점기에 양명학을 통해 유교개신론을 주장한 학자들은 정제두의 학문과 사상에 주목했다.

그 대표적인 인물인 정인보(鄭寅普, 1893~1950)는 정제두와 그 문인들의 학문과 사상을 양명학적 측면에서 정리했다. 정인보는 1931년에 동아일보에서 정제두의 『하곡집(霞谷集)』을 비롯해 그에게 영향을 받은 이면백(李勉伯)의 『감서(憨書)』, 정동유(鄭東愈)의 『주영편(晝永編)』, 유희(柳僖)의 『문통(文通)』, 이충익(李忠翊)의 『초원유고(椒園遺藁)』, 이광사(李匡師)의 『원교집(圓嶠集)』 등을 「조선고전해제(朝鮮古典解題)」로 연재했다.[1]

1933년에는 동아일보에서 「양명학연론(陽明學演論)」의 '조선양명학파(朝鮮陽明學派)'를 연재하며,[2] "뚜렷한 저서(著書)가 있다든지 그렇지 아니하면 그 언론간(言論間)에라도 분명히 징거(徵據)할 만한 것이 있어 외간에서는 몰랐을지라도 양명학파라 하기에 의심 없는 이들"로 최명길(崔鳴吉)·장유(張維)·정제두를, "양명학을 비난한 말이 있는데 전후를 종합하여 보면 이도 궤사(詭辭)라 속으로는 양명학을 주장하던 것을 가릴 수 없는 이들"로 이광사·이영익(李令翊)·이충익을, "양명이 학(學)을 일인만구 제급(提及)

---

[1] 이남옥, 「정인보의 학문 연원과 조선학 인식」, 『유학연구』 38(2017), 228쪽, 표 1.
[2] 이 책에서는 논의의 편의를 위해 『薝園國學散藁』(문교사, 1955) 수록본을 저본으로 한다. 단, 1차 사료인 동아일보 기사를 통해 교감하도록 하겠다. 정인보는 동아일보에 1933년 9월 8일부터 12월 17일까지 「陽明學演論」을 66회에 걸쳐 기고했다. 「陽明學演論」은 ① 論述의 緣起 ② 陽明學이란 무엇인가 ③ 陽明本傳 ④ 大學問拔本塞源論 ⑤ 陽明門徒及繼起한 諸賢 ⑥ 朝鮮陽明學派 ⑦ 後記로 구성되어 있다.

한 적이 없고 존봉함은 회암(晦菴: 주희)에 있다. 그러나 양명을 말하지 아니하되 그 생평의 주장의 주뇌(主腦)되는 정신을 보면 두말할 것 없이 양명학임을 알 수 있는 이들"로 홍대용(洪大容)을 지목했다.[3]

정인보는 '정제두의 학문과 사상 가운데 독특한 점은 양명학이며『하곡집』이 모두 양명학에 관한 것이지만 당대에 양명학을 몹시 배척했기 때문에 문인들이 마음으로만 지킬 뿐 겉으로 드러내지는 못했다.'고 했다. 또 정제두의 학문과 사상의 진수를 이어받은 고제(高弟)로 이진병(李震炳)·이광신(李匡臣)·김택수(金澤秀)를 지목했지만 이들을 계승하는 사람은 드물다고 했다. 다만 정제두의 실학(實學)·고거학(考據學)은 계승되어 박학(樸學)은 신작(申綽)에게, 성음문자학(聲音文字學)은 이광사·이영익 부자에게, 정음학(正音學)은 이충익·정동유를 거쳐 유희에게, 역사학은 이긍익(李肯翊)에게 전해졌다고 했다.[4]

정인보의 연구를 통해 정제두의 학문과 사상에서 주목할 점은 양명학이지만 이진병·이광신·김택수 이후로는 전해지지 못했고, 그의 실학과 고거학만이 박학·성음문자학·정음학·역사학으로 신작·이광사·이긍익·이영익·이충익·정동유·유희 등에게 전해졌다는 사실이 밝혀진 것이다. 정인보의 성과는 후대 연구의 토대가 되었다.

다만, 정제두의 학문과 사상을 계승한 사람들을 양명학적 측면에서만 정의할 수 없으므로 양명학이 아닌 다른 용어가 필요했다. 정인보의 제자 민영규는 "강화학의 성장이 정하곡의 양명학에서 발단을 이룬 것이긴 하

---

3 정인보,「陽明學演論」,『薝園國學散藁』(문교사, 1955), 262쪽; 정인보,「陽明學演論 49」,『동아일보』, 1933년 11월 12일.
4 정인보,「陽明學演論」,『薝園國學散藁』(문교사, 1955), 280-281쪽; 정인보,「陽明學演論 58」,『동아일보』, 1933년 12월 5일; 정인보 저, 정양완 역,「石泉遺稿記」,『薝園文錄 下』(태학사, 2006), 285-286쪽.

지만", "강화학이 반드시 양명학의 묵수자(墨守者)로서 일색을 이뤄야 할 이유는 없다."라며, '강화학(江華學)'이라는 용어를 만들어냈다.⁵ 이후 정양완과 심경호는 민영규의 주장을 계승하여 정제두의 학문과 사상을 계승한 사람들을 '강화학파(江華學派)'로 규정하며,⁶ '강화학파의 문학과 사상' 시리즈를 통해 이광려(李匡呂)·신대우(申大羽)·이광사·이영익·신작·이건승(李建昇)을 중심으로 각 인물에 대한 구체적인 연구를 진행했다.⁷

이들 연구에서 학파의 주류는 정제두의 양명학을 이어받은 이들이지만 양명학 이외의 계보도 있으며,⁸ 학파의 계보가 강화도를 중심으로 학연뿐만 아니라 혈연과 혼맥으로도 이어졌다는 점을 밝히면서 '강화학'과 '강화학파'는 학술 용어로 인정받게 되었다.⁹

이러한 연구에 힘입어 18세기 초에 정제두가 양명학을 체계적으로 연구하여 학파로 발전시켰다는 내용이 강화학파라는 용어와 함께 교과서에 등재되고 일반인들에게도 알려지게 되었다.¹⁰

연구의 심화¹¹와 함께 이전에 연구되지 않았던 심육·윤순·이진병 등을

---

5   민영규, 「爲堂 鄭寅普선생의 行狀에 나타난 몇 가지 문제: 實學原始」, 『동방학지』 13(1972), 19-20쪽.
6   정양완, 『江華學派의 文學과 思想 (2): 員嶠 李匡師論·員嶠와 信齋의 東國樂府』(한국정신문화연구원, 1995), 책머리에.
7   정양완·심경호, 『江華學派의 文學과 思想 (1): 月巖 李匡呂論·宛丘 申大羽論』(한국정신문화연구원, 1993); 정양완(1995), 위의 책; 심경호, 『江華學派의 文學과 思想 (3): 員嶠의 學術思想·信齋李令翊論』(한국정신문화연구원, 1995); 정양완, 『江華學派의 文學과 思想 (4): 石泉 申綽論』(한국정신문화연구원, 1995); 정양완, 『江華學派의 文學과 思想 (5): 특히 耕齋 李建昇의 『海耕堂收艸』를 中心으로』(도서출판 월인, 2012).
8   심경호, 「宛丘申大羽論」, 정양완·심경호(1993), 위의 책, 307-308쪽.
9   정양완, 「月巖李匡呂論」, 정양완·심경호(1993), 앞의 책, 11쪽.
10 국사편찬위원회, 『고등학교 국사』(두산동아, 2011), 301쪽; 박찬구 외, 『윤리와 사상』(지학사, 2011), 70-71쪽.
11 유명종, 『韓國의 陽明學』(동화출판사, 1983); 유준기, 『한국근대유교개혁운동사』(삼문출판사, 1994); 김길락, 『한국의 상산학과 양명학』(청계출판사, 2004).

포함한 연구가 진행되거나,[12] 정제두의 직전제자·재전제자·재전 이후 학인을 학파의 초기·중기·말기로 구분하는 시도가 이루어졌다.[13] 이러한 시기 구분은 후속 연구자들에게 계승되었다.[14]

다만, 주자학이 주류를 형성한 조선 후기 사상계에서 정제두의 양명학 연구가 특별한 의미를 가질지라도 정제두의 학문과 사상은 양명학으로만 분류하기에는 다양하면서도 복잡한 학문 체계를 갖추고 있다. 따라서 필자는 양명학이 아닌 다른 용어를 사용하는 것에는 동의하지만 '강화학'과 '강화학파'라는 용어에 대해서는 재고해볼 필요가 있다고 생각한다.

정제두는 성인이 되는 것을 목표로 다양한 학문을 섭렵했고, 이 과정에서 주자학과 양명학의 장단점을 포괄하는 학문 체계를 완성했다. 그는 문인을 양성하는 과정에서도 그들이 원하는 바에 따라 주자학과 양명학을 전수해주었고, 후학들은 자신의 학문을 만들어갔다. 이에 따라 이 학파는 주자학에서 양명학까지 다양한 학문을 연구하는 학자들을 포괄하게 되었다.

이 학파를 하곡 정제두의 학문과 사상을 계승하는 사람들의 집단으로 정의하려면, 정제두의 학문과 사상은 정제두의 호 '하곡(霞谷)'을 따서 '하곡학(霞谷學)'이라 하고, 하곡학을 계승하는 사람들의 집단은 '하곡학파(霞

---

12 유명종, 『성리학과 양명학』(연세대학교 출판부, 1994), 295-308쪽.

13 서경숙, 『初期 江華學派의 陽明學에 關한 硏究』(성균관대학교 박사학위논문, 2000), 20-42쪽.

14 학술진흥재단 기초학문육성 인문사회분야 지원사업으로 진행된 '강화양명학 연구'에서는 초기 강화학파로 이광사와 이광신, 중기 강화학파로 이영익과 이충익, 후기 강화학파로 이건창·이건승·정인보를 이야기했다[강화양명학 연구팀, 『강화 양명학 연구 총서 3. 강화학파의 양명학』(한국학술정보, 2003), 73-307쪽]; 천병돈은 초기 하곡학파로 이광신·이광사·이광려, 중기 하곡학파로 신대우·이영익·신작, 후기 하곡학파로 이건창·이건방·이건승에 대해 연구했다[천병돈, 「초기 하곡학파의 하곡학적 사유」, 『동양철학연구』 88(2016); 천병돈, 「중기 하곡학파의 학술사상 연구」, 『양명학』 54(2019); 천병돈, 「후기 하곡학파의 실천정신」, 『양명학』 50(2018)].

谷學派)'라 부르는 것이 타당할 것이다.

정인보가 이미 정제두의 학문과 사상에 대해 '하곡의 학(學)'이라는 용어를 사용했고, 정제두의 학문과 사상을 계승한 이들을 '하곡학계(霞谷學系)'로 지칭했다. '하곡학'과 '하곡학파'라는 용어를 적시하지는 않았으나 그 의미를 담은 용어를 사용한 것이다.[15]

윤남한은 정제두의 학문과 사상에서 양명학의 중요성을 지적하면서도 이외에 다양한 학문을 섭렵한 박학의 측면을 분명히 인지하여 '하곡학'이라는 용어를 사용했으며,[16] 김윤경은 정제두의 학문과 사상을 계승한 이들을 '하곡학파'라 규정했다.[17] 정인재는 정제두의 철학과 그 후학들의 학문을 총칭하는 말로 '하곡학'을, 정제두의 학문을 이은 학파를 '하곡학파'로 정의하면서 "하곡학은 양명학을 창조적으로 수용하여 우리나라 심학을 한 차원 더 높이 발전시켰다."고 평가했다. 또한 "하나의 학파를 형성하는 데 그 학파를 주창한 인물이 있어야 하고 그 학파가 갖는 독특한 주장이 있어야 하며 또 사승(師承) 관계가 명확"해야 하는데, 하곡학파는 이 조건을 충족한다고 했다.[18]

---

[15] 정인보, 「朝鮮古書解題:『椒園遺藁』편」, 『동아일보』, 1930년 3월 30일; 정인보, 『舊園國學散藁』(문교사, 1955), 32-33쪽, "近世 朝鮮學의 流系 대략 三派가 잇으니 星湖를 導師로 하고 農圃의 傳緖까지 아울은 一系 있고 李疎齊 頤命·金西浦 萬重으로부터 流衍된 一系(湛軒이 이 系에 屬함) 있고, 霞谷의 學을 承受한 一系 있다. […] 椒園은 霞谷學系의 一人으로서 가장 老壽를 누리고 가장 文章이 高古했음으로 一系의 閒傾이 대개 이 遺藁에 寄傳함이 있어 李月巖 匡呂의 遺集·南正和의 說文神義·申石泉 緯의 詩次故의 叙錄과 鄭玄同 東愈·李信齋 令翊·申宛丘 大羽의 誌傳의 類가 다 近世學術史의 貴重한 材料가 되며 더욱이 그는 十二歲 때 家難을 만나 平生의 대부분을 北塞·南海에 바리었음으로 民生의 艱苦를 體認했으며 困阨에서 자라고 畏約으로 늙어 死生榮辱으로 動하지 못할 湛然한 本地를 깨달았나니 마치 陽明의 龍場과 髣髴함이 있다."

[16] 윤남한, 「霞谷學의 基本方向과 段階性」, 『인문학연구』 2(1975), 3-5쪽.

[17] 김윤경, 『霞谷學派『老子』解釋에 관한 硏究: '有無論'과 '善惡論'을 중심으로』(성균관대학교 박사학위논문, 2010), 1쪽, 각주 1.

[18] 정인재, 『양명학의 정신』(세창출판사, 2014), 408-409쪽.

이상의 연구에 힘입어 최근에는 하곡 정제두의 학문과 사상을 계승한 일군의 학자들을 '하곡학파'로, 그리고 이들이 계승한 학문과 사상을 '하곡학'으로 지칭하는 연구가 많아졌다.[19] 이 책에서도 하곡학과 하곡학파에 대한 이상의 정의에 동의하며 논의를 진행하도록 하겠다.

---

[19] 이남옥, 『霞谷學의 특성과 계승 양상』(한국학중앙연구원 한국학대학원 박사학위논문, 2016).

1장
하곡 정제두의 생애와 학문

1. 정제두의 학문 형성 배경

정제두(鄭齊斗, 1649~1736)의 본관은 영일(迎日), 자(字)는 사앙(士仰), 호는 하곡(霞谷)이다. 1649년(효종 즉위) 6월 27일 유시 한성부 반석방에서 진사 정상징(鄭尙徵)과 한산이씨(韓山李氏)의 아들로 태어났다. 그는 '동방이학(東方理學)의 조(祖)'라는 평가를 받는 포은(圃隱) 정몽주(鄭夢周)의 11대 손이며, 현종 대 우의정을 지낸 정유성(鄭維城)의 손자이다.[1]

그의 가문은 1517년(중종 12) 정몽주가 문묘에 종사된 이후로 조선시대 내내 학문과 충절의 표상으로 선비들의 존경을 받게 되었지만, 조부 정유성 때부터 실질적으로 조선 후기 사회에서 두각을 나타내기 시작했다.

정유성은 1627년(인조 5) 강도정시에 급제해 승문원에서 관직 생활을 시작했다. 이후 세자시강원 설서, 승정원 주서 등을 거쳐 황해도·전라도·경기도관찰사와 호조·예조·이조·형조 등의 판서를 지냈으며 현종 대에 우의정에 올랐다. 정유성은 중앙 정계에서 활동하면서 김상헌(金尙憲)·김집(金集)·이경석(李景奭)·송준길(宋浚吉)·송시열(宋時烈) 등 서인의 주요 인물들과 밀접한 관계를 맺었는데, 특히 송준길과 송시열은 정제두가 초기에 학문을 형성하는 과정에서 중요한 영향을 미쳤다.[2] 정제두는 초년에 이들의 문인인 이상익(李商翼)과 이찬한(李燦漢)에게 수학했으며, 이징명(李徵

---

* 1장의 내용은 필자의 「하곡 정제두의 생애와 학문」, 『하곡집(霞谷集)』 「학변(學辨)」 국역(國譯) 및 역주(譯註)』(성신여대 경학사상연구소, 2020)를 수정·재구성한 것이다.

1 申綽, 『霞谷集』 卷10, 「年譜」, "先生姓鄭氏諱齊斗字士仰. 系出迎日. 高麗樞密院知奏事襲明之後. 門下侍中益陽伯文忠公夢周之十一世孫. 考成均進士贈政府左贊成尙徵, 祖議政府右議政忠貞公維城. 曾祖承文院博士贈議政府領議政謹. 仁祖大王二十七年【己丑】. ○六月乙卯【二十七日乙酉時】, 先生生于漢城府盤石坊第."

2 이남옥, 「하곡 정제두의 인적네트워크」, 『양명학』 49(2018), 145-146쪽.

明) 등과 학문적 교류를 나누었다.

10세 무렵 스승에게 나아가 배울 때가 되었을 때 정제두는 교관 이상익에게 수학했다. 마침 송준길이 서울에 올라왔다가 이상익에게 수학하는 제자들 중에 영특한 아이가 있는지 물었고, 이상익은 정제두를 가리키며 "저로서는 그의 스승이 되기 부족합니다. 만약 선생님께 나아가 배운다면 장래 그 성취는 헤아릴 수 없을 것입니다."라고 했다. 다만 얼마 지나지 않아 송준길이 낙향하여 정제두가 그에게 실제로 학문을 배운 적은 없었다.³

그러나 훗날 송준길은 정제두를 보고 경탄하며 "참으로 호련기(瑚璉器)로구나!"라고 했다.⁴ '호련(瑚璉)'은 『논어(論語)』의 「공야장(公冶長)」에서 공자(孔子)가 자공(子貢)을 호련에 빗대 평한 것에서 유래한 말이다. 호련은 본래 종묘 제기 중에서 귀중한 것으로, 훌륭한 인물을 말할 때 쓴다. 따라서 송준길의 이 말은 어린 정제두의 재능을 높이 평가한 것이다.

정제두는 16세 때인 1664년(현종 5) 봄에 관례(冠禮)를 올렸는데, 관례를 주관하는 빈(賓)은 이경휘(李慶徽)가 맡았다.⁵ 당시 대사간·승지·병조참지 등을 맡고 있던 이경휘가 정제두의 관례에서 빈을 맡게 된 것 역시 우의정에서 물러나 판중추부사로 있던 조부 정유성과의 인연 덕분인 듯하다.

조부 정유성에 의해 서인의 명문가로 발돋움한 정제두 가문은 사촌형 정제현(鄭齊賢)이 1653년에 효종의 넷째 딸 숙휘공주(淑徽公主)와 혼인하여 인평위가 되면서 그 격이 더 높아졌다. 그러나 가문을 명문가의 반열로 올린 조부 정유성과 가문의 격을 높인 사촌형 정제현이 각각 1664년과 1662년에 세상을 떠났고 큰아버지 정창징(鄭昌徵)과 아버지 정상징도 이

---

3 『霞谷集』卷11, 「遺事」.
4 申綽, 『霞谷集』卷10, 「年譜」, 21세조.
5 申綽, 『霞谷集』卷10, 「年譜」, 16세조.

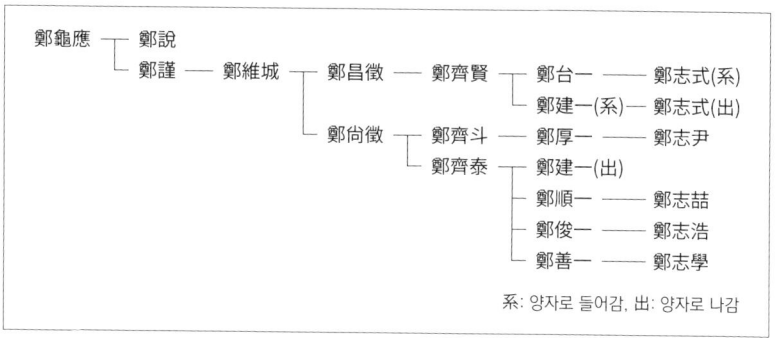

표 1 | 정제두 가문 약도(鄭龜應-鄭志尹)

미 1664년과 1653년에 사망했기 때문에, 이제 막 관례를 올린 정제두는 동생 정제태(鄭齊泰)와 함께 가문을 이끌어야 하는 상황이 되었다.

초년의 정제두는 송준길·송시열계 서인 학자들의 가르침과 교유관계 속에서 주자학적 학문 배경을 지녔다. 그러나 그는 자득(自得)을 중시하고 의리함양(義理涵養) 공부를 강조하며 글을 정밀히 읽는 데 집중해야 한다고 생각했다. 당시 과거를 준비하던 일반적인 유생들과는 다른 학문적 태도를 보였던 것이다.

> 저는 애초에 혼자 깊이 연구해서 스스로 이해가 된다면 그 음미한 깊이가 책자에만 의지해서 공부한 사람과는 다를 것이라고 생각했습니다. 그래서 스스로 시험해보고 이 방법을 친구들에게 말해주었습니다. […] 하루도 늦출 수 없고 한시도 빼먹어서는 안 되는 것은 의리함양 공부일 뿐입니다. 그 나머지는 모두 스스로의 역량에 따라야 할 뿐입니다. 어찌 반드시 많이 읽으려고 탐낼 필요가 있겠습니까? 정밀히 읽으면 되지, 다른 것을 더 읽을 필요는 없습니다.⁶

---

6 鄭齊斗, 『霞谷集』 卷3, 「答李伯祥書 徵明【丁未】」, "斗意初以爲沈潛究觀, 自有融解, 則其味

정제두는 과거 급제를 통한 입신양명과는 거리가 먼 학문적 태도를 지니고 있었지만, 조선 후기 보통 유생들과 마찬가지로 과거 시험을 준비했다. 할아버지·큰아버지·아버지·사촌형 모두 세상을 떠난 상황에서 서인 명문가의 반열에 오른 가문의 격을 지키기 위해서였다. 그리고 20세 때인 1668년과 24세 때인 1672년에 별시 초시에 합격했으나 최종 급제에는 이르지 못했다.

1672년(현종 13) 정제두는 어머니 한산이씨에게 동생 정제태가 과거에 합격할 가능성이 높은데 형제가 모두 이록(利祿)을 일삼는 것은 불가하므로 과거 공부를 폐하겠다고 말해 허락을 받았다. 이때부터 정제두는 육경을 정밀하게 연구하여 경전의 전주(箋注)와 선유(先儒)의 의소(義疏)를 세밀하게 분석했다. 또한 제자백가의 책을 섭렵하고 음양과 성력(星曆)의 수(數), 병(兵)·농(農)·의(醫)·약(藥)의 이론, 풍수지리·점치는 법의 술수, 패관소설, 자집(子集), 전고(典故)에까지 관심을 두고 공부했다.[7] 즉 정제두는 이때부터 두문불출하고 학문에 집중해 박람강기(博覽强記)하게 된 것이다.

정제두가 거부감 없이 다양한 학문으로 지평을 넓히게 된 데는 외삼촌 이성령(李星齡)의 영향도 일부 있었을 것이다. 정제두는 어머니 한산이씨의 명으로 이성령을 따라 과거 시험을 준비했는데, 이성령은 일반적인 양반 사대부와 달리 도가(道家)의 수양설(修養說)을 흠모하여 수행했다. 일가친척과 친구들의 자제를 비롯해 이웃 주민들까지 구제하려 한 박애 정신의 소유자이기도 했다. 또한 태조부터 인조까지 16개 조정의 역사를 다룬 『춘파당일월록(春坡堂日月錄)』 14편을 저술할 정도로 고금전고(古今典故)에

之長, 必與專靠冊子涉獵看過者, 似不可同語. 故旣擬其自試, 因以告夫諸益. […] 一日不可緩而一時不可闕者, 義理涵養之工而已. 自餘多少, 皆宜隨自家力量. 何必以貪多爲務哉? 須知精覽亦可, 不須讀也."

7   申綽, 『霞谷集』 卷10, 「年譜」, 24세조.

밝았다.[8] 이성령 덕분에 정제두는 다양한 학문으로 거부감 없이 지평을 넓히게 되었던 것이다.

> 우리가 학문을 하는 것은 무엇을 위해서입니까? 성인의 뜻을 찾아서 실제로 그것을 얻고자 할 뿐입니다.[9]

정제두는 학문의 목적을 '성인의 뜻을 찾아서 실제로 그것을 얻는 것'에 두었다. 따라서 성인의 뜻에 부합하지 않는다고 생각하면 주자학도 비판하고, 성인의 뜻에 부합한다고 생각하면 양명학을 긍정하기도 했다. 정제두는 28세 때인 1676년(숙종 2)에는 송시열에게 양시(楊時)를 비롯해 주희(朱熹)와 정이(程頤)의 해석에 의문을 제기했으며, 32세 때인 1680년(숙종 6)에는 박세채(朴世采)에게 권도(權道)를 긍정하는 의견을 피력하기도 했다.

34세 때인 1682년(숙종 8)에는 양명학을 연구한다는 사실을 직접 언급하기도 했다. 그해 정제두는 갑자기 병이 심해져 죽음을 예견하고 스승 박세채, 동생 정제태, 아들 정후일에게 글을 남겼다. 박세채에게 올리려 한 글은 「의상박남계서(擬上朴南溪書)」이며, 동생 정제태와 아들 정후일에게 남긴 글은 「임술유교(壬戌遺敎)」이다.

그는 「의상박남계서」에서 "심성(心性)의 취지는 아마도 왕문성[王文成: 왕수인(王守仁)]의 설을 바꿀 수는 없을 듯합니다. 『맹자(孟子)』의 일부가 이를 증명하며, 『중용(中庸)』・『대학(大學)』의 여러 논지와 『논어』의 '구인(求

---

8 鄭齊斗, 『霞谷集』 卷6, 「通川郡守春坡李先生墓誌銘」.
9 鄭齊斗, 『霞谷集』 卷1, 「答朴南溪書【丁卯】」, "吾人爲學, 將以何爲耶? 思欲求聖人之意而實得之而已."

仁)'이나 요순(堯舜)이 주고받은 그 뜻이 실로 같지 않음이 없습니다."[10]라고 했으며, 「임술유교」에서는 "오직 왕씨의 학문만이 주자[周子: 주돈이(周敦頤)와 정자(程子)] 이후로 거의 성인의 뜻을 얻은 듯하다.", "무릇 아동을 교육할 때는 그 기운을 누르고 꺾어서 생의(生意)를 잘라내서는 안 된다. 오직 순순히 잘 인도해야 한다. 왕문성의 훈몽대의(訓蒙大意)가 가장 잘 이끌고 잘 기를 것이니, 반드시 법으로 삼을 만하다."[11]라면서 양명학의 가치를 인정했다.

이 시기 정제두는 후대의 학술을 의심하면서 '주돈이-정이-주희'의 일반적인 주자학적 도통이 아닌 '주돈이-정호(程顥)-왕수인'이라는 새로운 도통을 세웠다. 주돈이와 정호 이후로 왕수인이 성인의 참됨을 얻었다고 생각해 잠심하고 살펴보았으며, 왕수인의 글에서 중요한 부분을 발췌해 책으로 엮었다.[12] 정제두가 이렇게 왕수인의 글을 선별해 정리한 책은 이후에 스승 박세채를 비롯해 친우인 민이승(閔以升)·박심(朴鐔)·최석정(崔錫鼎) 등과 논변할 때 중요한 자료로 사용되었다.[13]

> 후세 학문은 의리(義理)와 심성(心性) 두 가지로 공부했습니다. 그래서 학자들이 도(道)에 대해 둘로 하는 것을 면하지 못했습니다. 성문(聖門)

10　鄭齊斗, 『霞谷集』 卷1, 「擬上朴南溪書【年譜: '是年先生疾益劇, 屢瀕危, 手疏身後事, 付季氏廣州君. 又爲書告訣於南溪.' 此卽其時書也. ○壬戌.】」, "[…] 心性之旨, 王文成說, 恐不可易也. 一部 『孟子書』, 明是可證, 而如 『庸』 『學』 諸旨 · 『論語』 求仁·唐虞授受, 其旨實無不同者."

11　鄭齊斗, 『霞谷集』 卷7, 「壬戌遺敎」, "惟王氏之學, 於周程之後, 庶得聖人之眞. […] 凡敎兒童, 不宜摧殘其氣, 以折生意. 惟當順以導之. 王文成訓蒙大意, 最是善誘善養, 必可爲法."

12　鄭齊斗, 『霞谷集』 卷7, 「壬戌遺敎」.

13　이 책은 『양명학용설(陽明學庸說)』, 『양명학록(陽明學錄)』 등의 이름으로 현재 서울대학교 규장각한국학연구원에 소장되어 있으며, 이 책의 후대 필사본은 한국학중앙연구원 장서각, 국립중앙도서관에 소장되어 있다. 이 책에 대해서는 5장에서 자세히 설명할 것이다.

에서 인(仁)을 구하는 학문과는 다르지 않을 수 없습니다. […] 심성의 취지는 아마도 왕문성의 설을 바꿀 수는 없을 듯합니다. 『맹자』의 일부가 이를 증명하며, 『중용』·『대학』의 여러 논지와 『논어』의 '구인(求仁)'이나 요순(堯舜)이 주고받은 그 뜻이 실로 같지 않음이 없습니다. 만약 저들로 하여금 과연 하나만 주장하고 하나는 폐하게 한다면 진실로 말할 만한 것이 없을 것입니다. 지금 나누고 합하는 즈음에 하나이면서 둘이 되는 사이에 매우 작은 그 차이는 힘써 밝게 분변해야 하는 곳이 분명합니다.[14]

양명학을 연구하던 정제두는 병이 심해져 죽음이 가까워졌다고 느낀 순간에 가장 가까운 사람들에게 양명학의 가치를 알리고자 했던 것이다. 다행히 그는 건강을 회복했고, 이 글들은 공식적으로 전달되지는 않은 듯하다. 그러나 정제두의 양명학 연구는 곧 박세채와 그의 문인들에게 알려졌다. 그리고 정제두를 양명학으로부터 정학(正學)인 주자학으로 계도하기 위한 논변이 시작되었다.

---

[14] 鄭齊斗, 『霞谷集』 卷1, 「擬上朴南溪書」, "後世學問, 惟其義理心性, 兩用其功. 故學者之於道, 未免二之. 視聖門求仁之學, 不能無貳. […] 心性之旨, 王文成說, 恐不可易也. 一部『孟子書』, 明是可證, 而如『庸』·『學』諸旨·『論語』求仁·唐虞授受, 其旨實無不同者. 若使彼果主一而廢一, 則固無可言, 今分與合之際, 一而二之之間, 所爭毫釐, 則正當極力明辨處爾."

2. 하곡학의 탄생, 박세채·민이승·최석정·박심과의 논변

1686년(숙종 12)에 박세채는 정제두가 작성한 심(心)과 리(理)에 관한 여러 그림을 살펴보니, 논리가 치밀해 혹 간이(簡易)하기도 하며, 고증이 정확해 혹 새로운 것을 발견하기도 해 대체는 학문에 도움이 되겠지만, 곳에 따라서는 주희를 의심하여 보편적이지 못하다고 했다.[15] 박세채는 정제두의 학문이 당시 조선에서 일반적으로 받아들여지는 주자학과는 차이가 있다고 생각했던 것이다. 그리고 그 원인을 양명학 연구로 보고 정제두를 정학인 주자학으로 돌아오도록 계도하고자 했다.

박세채는 정제두에 대해 당시 선비 중에 기품의 단정함이나 학문의 정밀함에서 그를 뛰어넘는 사람이 거의 없다고 평가했다. 하지만 그가 의도치 않게 학문을 배우는 과정에서 양명학에 이끌리게 되어 고질병이 되었다고 하면서 이를 애석해했다. 그는 정제두가 양명학에 빠진 것이 본원의 간이한 법을 힘써 구하다가 우연히 그렇게 된 것으로 보고 조만간 극복할 것으로 믿었다.[16]

그런데 박세채는 정제두가 "성학(聖學)은 회암(晦菴: 주희)이 논한 것이 하나요, 양명(陽明: 왕수인)이 논한 것이 하나입니다. 양가(兩家)가 모두 통하지만 회암이 이(二)요, 양명이 일(一)이니, 이것이 낫습니다. 또 그 말이 모두 윤상(倫常)과 경훈(經訓)을 주로 했지, 선불(仙佛)의 의미는 하나도 없습니다."라고 말한 것을 듣고는 크게 실망했다.[17] 그전까지는 정제두가 알

---

15 朴世采, 『南溪集』 正集 卷32, 「答鄭士仰【丙寅十二月二十七日】」.
16 朴世采, 『南溪集』 正集 卷32, 「與鄭士仰【丁卯五月十二日】」.

아서 잘할 것이라 믿어 그대로 두었는데, 더 이상 두고 볼 수 없어 계도하고자 했던 것이다.

박세채는 1691년(숙종 17)에 「왕양명학변(王陽明學辨)」을 저술했고, 이를 바탕으로 『전습록(傳習錄)』에 보이는 『대학』 해석과 치양지(致良知) 개념에 대해 비판했다.[18] 또한 정제두에 대한 지극한 관심으로 자신뿐만 아니라 자기 문하의 민이승·최석정·박심 등에게도 정제두를 계도하도록 종용했다.

한편 1689년(숙종 15)에 정제두는 이이(李珥)와 성혼(成渾)의 문묘 출향을 이유로 안산 추곡으로 이거했다.[19] 그리고 이곳에서 민이승·최석정·박심 등과 치열한 논변을 벌이고, 그 결과 자신의 학설을 만들어갔다.

안산으로 이거하기 얼마 전인 1687년(숙종 13) 겨울에 정제두는 고양에서 민이승과 함께 며칠 동안 양명학의 옳고 그름을 주제로 강학을 했다.[20] 민이승이 일찍이 "양지학(良知學: 양명학)은 심(心)·성(性)·천(天)을 모른다."고 했는데, 정제두는 이를 논박하고자 고양으로 그를 찾아갔던 것이다. 이 만남에서 핵심적인 내용은 논변하지 못하고 끝나버렸다. 이에 정제두는 민이승이 양명학의 학설을 보지 못했기 때문이라고 판단했고, 자신도

---

17 朴世采, 『南溪集』 正集 卷32, 「與鄭士仰【丁卯五月十二日】」, "前日奉誨, 乃曰, '聖學晦菴所論爲一件, 陽明所論爲一件, 兩家俱通, 而晦菴二陽明一, 恐此爲勝. 且其所言, 皆主倫常經訓, 無一禪佛之味.' 愚竊聞之, 不勝愕然失望. 蓋自庚辛以後, 始知雅意所存如此. 豈不欲聲言下斥, 以循古賢之遺矩, 而每謂士仰必能善反, 非可遽加以个謱之名, 遲回泯默者已八年所矣. 今則勢不獲已, 輒忘愚賤, 略述先賢之訓, 以相啓告. 謹以俟賢者之裁處, 爲正學爲異端, 在此一擧, 不審左右, 何以處之也?"

18 朴世采, 『南溪集』 正集 卷32, 「與鄭士仰【辛未】」; 朴世采, 『南溪集』 正集 卷59, 「王陽明學辨【辛未七月三日】」.

19 申綽, 『霞谷集』 卷10 「年譜」, 41세조.

20 정제두와 민이승 간 논변의 구체적인 내용은 이남옥, 『霞谷學의 특성과 계승 양상』(한국학중앙연구원 한국학대학원 박사학위논문, 2016), 73-83쪽 참고.

주자학에 정밀하지 못해서 토론이 이루어지지 못한 것이 아닌가 의심이 들어『근사록(近思錄)』을 상당 기간 꼼꼼히 읽어나갔다.[21] 두 사람의 논변은 민이승이 세상을 떠나는 1698년(숙종 24)까지 계속되었다.

정제두와 민이승이 벌인 논변의 핵심 내용은 정제두의『하곡집』권1「여민언휘논변언정술서(與閔彦暉論辨言正術書)」에 나타나 있다. 민이승은 정제두를 양명학으로부터 주자학으로 계도하기 위해 양명학을 비판하는『변언(辯言)』과『정술(正術)』을 저술하여 정제두에게 보냈고, 정제두는 이 글을 읽어보고 민이승이 양명학을 잘 알지도 못하면서 공격하고 있다고 판단해 반박해나갔다. 대체로 두 사람의 논쟁은 양지(良知)를 중심으로 진행되었고, 이 과정에서 심즉리(心卽理)와 지행합일(知行合一)에 대해서도 논의했다.

1692년(숙종 18)부터는 정제두와 최석정의 논변이 시작되었다.[22] 1691년 박세채는 파주에서 최석정을 만나 정제두가 양명학에 빠져 돌아올 줄 모른다고 말했고, 이어 그해 12월 27일에 최석정에게 편지를 보내 "지난번 사앙(士仰: 정제두)과 만난 자리에서 간곡하게 권했지만 듣지 않았다."라고 했다.[23] 이 편지를 받은 최석정은 1692년 정제두에게 편지를 보내 양명학을 버리고 주자학으로 돌아오라고 권했다.[24]

그리고 최석정은 자신이 지은 양명학 변척서인『변학(辨學)』을 보내면서 정제두가 왕수인의 글을 모아 편집한 글을 보내달라고 했다. 조정에서 관직 생활을 하는 최석정과 안산에 거처하는 정제두는 직접 만나 논변하

---

21 鄭齊斗,『霞谷集』卷1,「答朴南溪書【戊辰】」.
22 정제두와 최석정 간 논변의 구체적인 내용은 이남옥(2016), 앞의 논문, 83-88쪽 참고.
23 崔錫鼎,『明谷集』卷13,「與鄭士仰書【壬申】」; 朴世采,『南溪集』正集 卷31,「答崔汝和別紙【辛未十二月二十七日】」.
24 崔錫鼎,『明谷集』卷13,「與鄭士仰書【壬申】」.

기 어려운 상황이었으므로 글을 통해 의견을 교환하고자 했던 것이다.[25] 이 무렵 정제두는 최석정이 보내준 『변학』을 읽어보고 민이승·박심 등과도 만나 논변을 벌였다.

최석정과의 논변은 초반에는 양지에 대한 해석과 함께 친민(親民)에 대한 논변이 주를 이뤘다. 정제두는 주자학에 입각한 최석정의 경의(經義) 주장에 대해 반론을 제기했다. 그는 명명덕(明明德)과 친민을 체용(體用) 관계로 보고 "백성을 친하게 대하고 명덕(明德)을 천하에 밝힌다면 체용과 본말의 온전함이 이것보다 큰 것은 없을 것이다."라고 했다.[26] 또 『대학』의 제가(齊家)·치국(治國)·평천하(平天下)가 모두 친민의 뜻이며, 이 세 장의 요지는 제일(齊一)·약보(若保)·균평(均平), 즉 치우침에 대한 경계, 효도와 공손과 자애를 옮기는 도, 혈구(絜矩)함에 좋아하고 미워함을 공평히 하는 것으로 친민의 친(親)의 의미를 나타낸다고 했다.[27]

1693년(숙종 19) 무렵 정제두와 최석정의 구체적인 논변 내용은 정제두의 『하곡집』 권2 「여최여화논친민서(與崔汝和論親民書)」에 수록되어 있다. 최석정과의 좀 더 심도 깊은 논변은 1703년이 되어서야 진행되었다. 약 10년 동안 논변이 이루어지지 못한 것은 그사이 정제두와 가까운 사람들이 죽음을 맞이했기 때문이다. 1694년에는 모친상을 당했고, 1695년에는 스승 박세채가 세상을 떠났다. 1698년에는 가장 치열하게 논변했던 민이승과 동생 정제태가 죽음을 맞이했고, 1700년에는 부인 남양서씨(南陽徐氏)가 세상을 떠났다. 게다가 정제두 자신도 여러 질병으로 쇠약해져 가까운 곳에 기처하는 친구들과도 교류하지 못했다. 이런 사정으로 최석정

---

25 崔錫鼎, 『明谷集』 卷13, 「與鄭士仰書【壬申】」.
26 鄭齊斗, 『霞谷集』 卷2, 「答崔汝和書【癸酉】」, "至於一二經義, 正好講復. 其曰'明德而親民' 豈非體用之謂乎? 親民而至明明德於天下, 則其體用本末之全, 孰有大於是者乎?"
27 鄭齊斗, 『霞谷集』 卷2, 「答崔汝和論親民書」.

과의 논변이 뜸했던 것으로 보인다.

상황이 정리되고 논변은 좀 더 근본적인 문제로 접어들었다. 미발(未發)과 이발(已發)에 관한 것이었다. 다만, 이 문제에 대해 정제두는 최석정과의 논변 이전에 이미 민이승과의 논변을 통해 정론을 가지게 되었고, 최석정의 문제 제기에 자신의 정론을 피력했다. 이 문제에 관해 정제두는 "미발과 이발이 체용 관계이기는 하지만 체용이 하나의 근원이기 때문에 구분할 수 없다."라고 했다.[28]

1690년(숙종 16) 무렵 정제두는 박심과 논변을 벌이기 시작했다.[29] 박세채는 박심이 정제두와 함께 공부한다는 소식을 듣고 그해 6월 2일 편지를 보내 "정제두가 양명학을 하는 병통이 있지만 스스로 깨달아 주자학에 전념한다면 도움이 되는 훌륭한 친구가 될 수 있을 것"이라고 하면서 정제두를 양명학으로부터 구제할 것을 요청했다.[30] 박심이 토론에서 다른 사람들을 잘 깨우쳐주었기 때문에 정제두를 양명학으로부터 구원할 인물로 박심을 지목한 것이다. 박심은 정제두와의 논변을 위해 안산 지포로 이거할 정도로 열성적이었다.[31]

박심은 대인지학(大人之學)·친민(親民)·지선(至善)·격물(格物)·치지(致知) 등에 관한 개념을 질문하고, 격물·치지·성의(誠意)가 구별되지 않는 점과 양명학의 구체적인 문제점에 대해서 문제를 제기했다. 이에 대해 정제두는 양명학의 주요 개념과 그 주장을 박심에게 자세히 설명해주었다.

---

28 鄭齊斗, 『霞谷集』 卷2, 「答崔汝和書【癸未】」, "未發之說, 得蒙證敎, 幸甚幸甚. 其曰: '未發之中, 天命在我, 爲天下之大本, 堯舜與人同者云云.' 無以間焉. 然其歸或不無體用之二致, 則豈非所謂毫釐之分者耶."

29 정제두와 박심 간 논변의 구체적인 내용은 이남옥(2016), 앞의 논문, 88-93쪽 참고.

30 朴世采, 『南溪集』 外集 卷6, 「與朴大叔【庚午六月二日】」.

31 申綽, 『霞谷集』 卷10, 「年譜」.

1696년에는 논변의 주제가 천명(天命)에 집중되었다. 박심은 「천명도(天命圖)」를 정제두에게 보냈는데, 정제두는 박심의 「천명도」를 보고 천명을 마음의 전체로 하여 피차의 구분이 없도록 하고 하나의 권역으로 그려 놓았지만 그 근원에 있어서는 천명과 내 마음이 두 가지가 된다고 보고 반론을 제기했다. 구체적으로 박심은 "천명을 형이상의 것이라 하여 리(理)라고 하면서 내 마음은 형기(形氣)의 주인으로 이를 관리하는 것에 불과하다."라고 했는데, 이는 천명과 내 마음을 하나의 근원으로 보는 정제두의 생각과는 다른 것이다.[32]

> 양명자(陽明子: 왕수인)가 말했다. "성(性)은 하나일 뿐이다. 그 형체는 천(天)이라 하며, 주재하는 것은 제(帝)라 하며, 유행하는 것은 명(命)이라 하며, 사람에게 부여된 것은 성(性)이라 하며, 몸을 주관하는 것은 심(心)이라 한다. 심이 발(發)함에 아버지를 만나면 효(孝)라 하고 임금을 만나면 충(忠)이라 하니, 이것으로부터 나아가 무궁한 데로 가면 하나의 성(性)일 뿐이다. 아버지에 대해서는 자식이라 하고 자식에 대해서는 아버지라 하니, 이것으로부터 나아가 무궁한 데로 가면 하나의 사람일 뿐이다. 사람은 단지 성(性)에서 공부하고 성(性) 하나만 분명히 하면 만 가지 이치에 밝아질 것이다."[33]

정제두는 『전습록』 38조목을 근거로 성(性)은 하나이며, 천(天)·제(帝)·

---

[32] 鄭齊斗, 『霞谷集』 卷2, 「答朴大叔論天命圖書【丙子】」.

[33] 鄭齊斗, 『霞谷集』 卷2, 「答朴大叔論天命圖書【丙子】」, "陽明子之言曰, '夫性一而已. 自其形體也謂之天, 主宰也謂之帝, 流行也謂之命, 賦於人也謂之性, 主於身也謂之心. 心之發也, 遇父便謂之孝, 遇君便謂之忠, 自此以往, 至於無窮, 只一性而已; 對父謂之子, 對子謂之父, 自此以往, 至於無窮, 只一人而已. 人只要在性上用功, 看得一性字分明, 卽萬理燦然.'"

명(命)·심(心)이 모두 성(性)일 뿐이라고 했다.[34] 이는 정제두가 양명학을 근거로 천명과 마음을 두 가지로 분리한 박심의 주장을 비판한 것이다. 정제두를 중심으로 한 박세채와 그 문인들 사이의 논변은 개인적 논변이 아닌 학파 내부의 논변이었다. 정제두와 박세채·민이승·최석정·박심은 내용을 공유하면서 논변을 진행했고 시간이 지나면서 더욱 심도 깊은 주제로 발전해갔다.

정제두는 민이승과의 논변을 시작으로 양명학의 기본 개념을 설명해 나갔고, 박심과의 논변에서는 천명에 집중해 논변을 진행했다. 이때까지 정제두는 양명학적 주장을 펼쳤지만, 이어서 진행된 민이승과의 논변에서는 주자학을 포용함으로써 조선에 적용 가능함을 내비쳤다. 이 과정에서 정제두와 민이승은 서로의 학문에 대한 공유점을 분명히 확인했다. 하지만 이를 합의하는 마지막 단계에서 민이승이 사망함으로써 정제두는 민이승과 합의에 이르지는 못했다.

민이승의 사후에 최석정은 정제두와 좀 더 근본적인 주제인 미발·이발에 집중했는데, 정제두는 민이승과의 논변에서 내린 결론을 다시 제시하게 된다. 이를 통해 민이승과의 논변 결과 정제두가 정론을 확립했음을 알 수 있다. 특히 정제두의 학문과 사상의 독창성을 나타내는 대표적인 개념어인 '생리(生理)'가 민이승과의 논변 과정에서 등장한 것은 이 논변이 정제두의 학문과 사상을 형성하는 과정에서 매우 중요함을 나타낸다.

> 양지(良知)는 문성(文成: 왕수인)의 종지(宗旨)입니다. […] 양지라는 말은 심체(心體)가 능히 가지고 있는 지(知)【사람의 생리[人之生理]】의 전체를 말하는 것입니다. […] 사람의 생리(生理)는 명각(明覺)할 것을 가지고 있

---

34 鄭齊斗, 『霞谷集』 卷2, 「答朴大叔論天命圖書【丙子】」.

지만 스스로 주류통달하여 어둡지 않은 경우라야 능히 측은(惻隱)·수오(羞惡)·사양(辭讓)·시비(是非)를 잘하고 능하지 못함이 없는 것이 고유한 덕으로 이른바 양지입니다.[35]

정제두는 민이승에게 '심체(心體)가 본래 가지고 있는 지(知)'를 생리라고 하면서, 생리는 명각할 것을 가지고 있지만 스스로 주류통달하여 어둡지 않아야만 측은·수오·사양·시비를 잘하게 된다고 했다. 양지를 사단과 비교해서 이해를 도왔으며, 양지에 대한 이해를 돕기 위해 주자학에서 익숙한 용어인 리(理)를 통해 설명한 것이다. 이러한 논변의 결과 정제두는 자신만의 '성학(聖學)의 길'을 걷게 되었다.

정제두는 성학을 심학(心學)으로 규정했는데, 마음에 있는 천리(天理)를 보존하는 것을 그 방법으로 제시했다. 또 "오직 심성과 구인(求仁)의 학문만이 성현의 종지(宗旨)이다. 그 요체는 『논어』의 구인·극복(克復), 『맹자』의 존양(存養)·집의(執義), 『대학』의 명덕·지선, 『중용』의 중화(中和)·솔성(率性), 주돈이의 무욕(無欲), 정호의 「정성서(定性書)」에서 찾아볼 수 있다."라고 했다.[36] 성학의 핵심을 심성과 구인에서 찾았고, 그 요체는 이상의 구절에 있다고 생각했던 것이다. 정제두는 이 부분에 대해서 생애 후반까지 연구를 지속했다.

정제두는 후대 학문은 의리와 심성 두 가지로 공부하기 때문에 학자들이 도(道)에 대해서도 두 가지로 생각하는 것을 면하지 못하게 되었고 이

---

[35] 鄭齊斗, 『霞谷集』卷1, 「與閔彦暉論辨言正術書」, "夫良知一言, 乃文成之宗旨. […] 其言良知者, 蓋以其心體之能有知【人之生理】者之全體名之耳. […] 蓋人之生理, 能有所明覺, 自能周流通達而不昧者, 乃能惻隱·能羞惡·能辭讓·是非. 無所不能者, 是其固有之德, 而所謂良知者也."

[36] 鄭齊斗, 『霞谷集』卷7, 「壬戌遺敎」, "獨心性求仁之學, 爲聖賢宗旨. 其要於『論』之求仁克復, 『孟』之存養集義, 『學』之明德至善, 『庸』之中和率性, 周程之無欲定性之書, 可見."

때문에 성인 문하에서 구인하는 학문과는 다르게 되었다고 여겼다. 이는 주자학에 대해 근본적인 의문을 제기하는 것이며, 양명학에 대한 호감을 드러낸 것이다.

'물(物)에 나아가 그 리(理)를 궁구한다.'라는 것은【심(心)과 리를 합쳐서 하나로 했으니, 심과 리가 하나가 되었다고 하겠다. 다만 둘을 합쳐 하나로 만들었으니 그 근본은 하나가 아니다.】둘을 겸해서 하나로 한 것이나 그 본체에 있어서는 분리됨을 면치 못했으니, 이것도 역시 둘로 한 것입니다.【이는 심과 리 두 가지를 합쳐 겸해서 다하는 것이니, 어찌 하나가 되지 않겠는가? 다만 본체에 있어서 도로 나누어 둘로 하니, 마침내 심과 리를 각각 따로 구하며 공부를 각각 따로 하게 된다. 이것이 바로 호리(毫釐)의 간격이란 것이다.】'양지(良知)를 지극히 다한다[致良知].'라는 것은【리(理)가 곧 심(心)이라고 한다. 리가 심에서 나왔기 때문에 심체(心體)가 다하면 리가 다하지 않음이 없다. 체를 따라 용(用)을 달(達)하게 함이 하나의 일이기 때문이다.】그 본체가 본래 하나이지 둘이 아니라는 것입니다.【이것은 심과 리가 모두 다하여 남김이 없는 것이니, 어찌 주자와 다른 뜻이 있겠는가? 오직 그 본체가 하나에서 나왔다는 점만이 주자와 다를 뿐이다. 쟁점은 실로 호리의 차이다.】[37]

---

[37] 鄭齊斗, 『霞谷集』 卷1, 「答閔彦暉書」(a_160_028c), "卽物而窮其理,【以心與理合而一之, 是固心理爲一焉者, 但合二而爲一, 則其本卽未嘗一也.】此卽兼二而爲一, 原其於本體, 未免有離, 是亦二之而已.【此卽合心理二者兼盡, 則豈不爲一也哉? 只是於本體, 還有分貳之, 則遂不免於心理各求而各用工夫矣. 此正所謂毫釐之間者耳.】致良知,【以爲理卽是心也. 其理之出於心, 故心體盡而理無不盡也. 循體而達用, 一而已.】此其本體之自一而無二者也.【此其心理之並盡無遺, 亦豈與朱子有異義哉? 惟其本體之出於一者爲有別故耳. 所爭眞毫釐也.】"

정제두는 주자학의 핵심 명제인 '즉물궁리[卽物窮理: (심이) 물(物)에 나아가 리(理)를 구하는 것]'는 심(心)이 리(理)와 합쳐져 하나가 되려는 것이지만, 둘이 합쳐 하나가 되었으므로 본체상으로는 하나가 아니고 둘로 분리된다고 생각했다. 이로 인해 심과 리를 각각 따로 구하고 공부 역시 각각 따로 하게 되었다고 했다. 이것이 후대 학술의 문제점이 되었다는 것이다.

반면, 양명학의 핵심 명제인 '치양지[致良知: (심의 체인) 양지를 지극히 다하는 것]'는 본체인 양지가 작용 과정이라 할 수 있는 '치(致)'를 거쳐 궁극의 상태인 '치양지'에 이른다는 것으로, 본체상 분리되는 것이 없이 하나일 뿐이다. 이는 양명학의 또 다른 명제인 '심즉리(心卽理)'와도 연동해서 이해할 수 있다.

정제두의 주장을 요약하자면, 주자학은 심과 리가 본체상 둘로 분리되어 있다는 점 때문에 각각을 따로 구하고 공부도 따로 하게 되는 문제를 야기할 수 있으나, 양명학은 그 근본을 하나로 보기 때문에 이러한 문제의 소지가 없다는 것이다. 다만 주자학과 양명학 모두 '심과 리의 일치'라는 공통된 목표를 가지고 있으므로 그 목표를 달성하기 위해 노력한다면 문제될 것이 없다고 했다.

사실 정제두는 앞서 이야기한 주자학의 본체상 문제보다는 후대에 와서 학문하는 근본 목표를 잃고서 주희에 가탁해 견강부회하는 무리들의 주자학에 대해 비판했던 것이다.

주자는 육상산의 학문이 불교와 같아서 물리(物理)를 버려두는 병폐가 있다고 의심했으며, 양명은 주자의 학문이 밖으로 갈려 나가 의리(義理)를 가리는 폐단이 되었다고 의심했습니다. 대개 주자는 일반 사람들이 일체가 되지 못한다는 것에서 출발하여 도(道)를 삼았기 때문에 먼저 그 학설이 다양한 곳에서 들어갔으며, 양명은 성인이 본래 일체가 되는 것에서 출발하여 도를 삼았기 때문에 그의 학문은 하나의 근본이 되는 곳에서부터 들어간 것입니다. 하나는 말단에서 근본으로 가는 것이고, 다른 하나는 근본에서 말단으로 가는 것이니, 이것이 갈라진 연유입니다. 근본을 위주로 하여 말단을 폐하거나 말단을 위주로 하여 근본을 폐하는 일은 있을 수 없으니, 이는 둘 다 그러합니다. 가령 잘 배우지 않는다면 이 두 가지 폐단은 또한 모두 없을 수 없으며, 이 두 학파의 학문을 잘 활용한다면 또한 같은 한 가지 길로 돌아가 결국에는 서로 크게 멀어지지 않을 수도 있을 것입니다.[38]

또한 정제두가 보기에 주희는 일반 사람들이 심과 리를 일체화할 수 없다고 믿었기 때문에 다양한 곳에서 들어갈 수 있는 방법을 만들었고, 왕수인은 일체화할 수 있다는 믿음에서 출발해 하나의 근본이 되는 곳에서부터 들어가게 되었다. 따라서 주자학과 양명학 어느 학문이든 잘 배우지 못하면 폐단이 있을 수밖에 없고 잘 배우기만 하면 결국 크게 다르지 않은 결과에 이를 것이라고 했다. 한편 정제두는 기본적으로 양명학을 긍정하면서도 양명학의 폐단을 우려했다.

내가 『양명집(陽明集)』을 보건대 그 도(道)에 간요(簡要)하면서도 매우 정밀한 것이 있어서 매우 기뻐서 좋아했다. 신해년 6월 동호(東湖)에 가서 자게 되었는데, 꿈속에서 갑자기 양명의 치양지 학문이 매우 정밀하

---

[38] 鄭齊斗, 『霞谷集』 卷1, 「答閔彦暉書」(a_160_028c), "蓋朱陸兩家大致如此之中, 朱子則疑陸氏之同於釋, 有遺物理之病, 陽明則疑朱子之分於外, 爲襲義理之弊也. 蓋朱子自其衆人之不能一體處爲道, 故其說先從萬殊處入, 陽明自其聖人之本自一體處爲道, 故其學自其一本處入, 其或自末而之本, 或自本而之末, 此其所由分耳. 其非有所主一而廢一則俱是同然耳. 使其不善學之, 則斯二者之弊, 正亦俱不能無者, 而如其善用二家, 亦自有可同歸之理, 終無大相遠者矣."

기는 하지만 혹 '임정종욕[任情縱欲: 정(情)에 맡겨 욕망에 따라 행동함]'의 병폐가 있을 것을 생각하게 되었다.【이 네 글자는 참으로 양명학의 병폐를 지적한 것이다.】³⁹

그는 양명학이 매우 정밀하기는 하지만 혹 임정종욕의 폐단에 빠지게 될 것이라 생각했다. 심과 리가 하나라는 것만 알고 기품과 물욕의 삿됨을 살피지 않으면 치양지는 '(심의 체인) 양지의 순선(純善)한 발현'이 아닌 사사로운 기품이나 물욕에 가려진 상태가 되는 것이다. 따라서 이에 대한 제어가 필요했다.

정제두는 『주역(周易)』「계사(繫辭)」의 "생각함도 없고 하는 것도 없이 고요히 움직이지 않다가 감촉하면 천하의 일에 다 통한다[無思也, 無爲也, 寂然不動, 感而遂通天下之故]."라는 말에서 무사(無思)와 무위(無爲)를 경(敬)으로 지목했다.⁴⁰ 이를 통해 사적 의도에 의한 작위를 경계하고 양지의 순선한 발현을 유도한 것이다.

정제두는 주자학과 양명학의 본체상 차이를 인정하면서도 큰 차이는 없다고 했다. 그러나 박세채·민이승·최석정·박심 등 정제두와 논변을 벌인 학자들뿐만 아니라 당시 대부분의 학자들은 양명학에 대해 부정적인 시각을 가지고 있었다. 정제두는 이들이 '양지(良知)'와 같은 양명학의 주요 용어에 대한 거부감 때문에 그 의미를 제대로 파악하지 않고 반대한다고 판단했다. 이에 따라 그는 양지를 '생리(生理)'라는 용어로 바꾸어 어구

---

39 鄭齊斗, 『霞谷集』 卷9, 「存言」 下(8), "余觀『陽明集』, 其道有簡要而甚精者, 心深欣會而好之. 辛亥六月, 適往東湖宿焉. 夢中忽思得王氏致良知之學甚精, 抑其弊或有任情縱欲之患.【此四字眞得王學之病.】"

40 鄭齊斗, 『霞谷集』 卷1, 「答閔彥暉書」(a_160_023a), "其曰, '不知有敬.' 無思也·無爲也, 感通天下之故, 而其體實寂然不動無思無爲焉, 此豈非所謂敬歟? 此外寧復別有可爲敬者歟?"

에 구애되는 비판을 피하고자 했다. 더 나아가 주자학과 양명학의 학문적 방법론을 모두 취하기 위해 정호의 학문에서 그 근거를 찾기 시작했다.[41]

정제두는 『심경집의(心經集義)』(1711), 『정문유훈(程門遺訓)』·『정성서주해(定性書註解)』(1714), 『경학집록(經學集錄)』(1721) 등을 저술했는데, 정호의 학설을 통해 자신의 주장을 본격적으로 정리한 것이다. 특히 정호의 「정성서」와 「식인편(識仁篇)」을 통해 구인의 방법, 수양론, 만물일체론 등을 제시했는데, 이는 정제두가 정호의 글을 빌려 성인이 되는 방법을 말한 것이라고 할 수 있다. 그 핵심 주장은 '순선한 생리가 사의(私意)와 기질(氣質)에 가리지 않고 만물에까지 그대로 발현하도록 해야 한다'는 것이었다.

3. 정제두의 경세 활동과 죽음

61세 때인 1709년(숙종 35)에 정제두는 강화도로 거처를 옮겼다. 그는 장손의 요절에 상심해 선묘(先墓) 가까이에서 살고자 했다. 또한 이때 조정에서 『예기유편(禮記類篇)』이 논란이 되어 최석정이 노론의 집요한 공격을 받고 있었다. 가정 내의 불우한 상황과 정치적으로 핍박받는 상황은 정제두로 하여금 강화도로 이거하게 하는 계기가 되었다.

정제두는 강화도에 거처하면서 자신의 학문을 정리해나갔다. 앞서 살펴본 바와 같이 서울과 안산에 거처할 때에 정제두는 스승 박세채, 친구 민이승·최석정·박심 등과 논변하면서 자신의 학문을 논리적으로 검증해 가는 과정을 거쳤다. 그러나 이들이 세상을 떠나거나 낙향하면서 학술 교

---

41 이남옥(2016), 앞의 논문, 109쪽.

류를 통한 학문적 발전을 도모하기 어려운 상황이 되자 정호의 글을 통해 자신의 주장을 정리해갔던 것이다. 정제두의 학문적 명성이 높아지자 조정에서는 그를 산림학자로 대우하여 관직을 제수했다.[42]

이전에도 정제두는 여러 차례 관직을 받았으나 병으로 나아가지 않거나 나아가더라도 병으로 인해 물러났다. 32세 때인 1680년에 영의정 김수항(金壽恒)이 경명행수(經明行修)로 천거해 사포서 별제에 제수되었으나 병이 생겨 나아가지 않았고, 34세 때인 1682년에도 종부시 주부에 제수되었으나 병이 심해져 나아가지 않았다. 36세 때인 1684년에는 공조 좌랑에 제수되어 관직에 나아갔으나 병으로 며칠 만에 체직되었다.

이러한 상황은 숙종 대 후반까지도 계속되었다. 그는 경기 도사, 세자익위사 익찬, 종부시 주부, 사헌부 장령, 사복시 정, 사헌부 집의, 호조 참의, 강원도관찰사, 한성부 좌윤 등을 제수받았지만 사임하거나 여러 차례 상소를 올려 체직되었다. 결국 숙종 대 후반까지는 관직을 제수받더라도 실제로 관직에 나아간 경우는 거의 없었다.

그러다 경종 대 이후에는 상황이 달라졌다. 정제두는 이전과 마찬가지로 관직에 제수되면 사임하거나 체직을 위해 여러 차례 상소를 올리기는 했지만, 조정에서 더 이상 받아들이지 않았다. 이에 관직에 나아갈 수밖에 없었다. 다만 경종과 영조는 그를 산림학자로 대우하여 성균관 좨주, 세자시강원 찬선, 의정부 우찬성, 세자 이사 등에 제수했고 당대 현안에 대해 고견을 묻기도 했다.

그 결과 정제두는 1718년 단의빈의 상(喪)과 1724년 경종의 상(喪)에서 시제(時制) 중심의 예론을 전개했고, 1728년 무신란 직후에는 시비곡직(是

---

[42] 정제두의 관력과 산림직 역임의 의미에 대해서는 이남옥, 「하곡霞谷 정제두鄭齊斗의 관력과 산림직 역임의 의미」, 『국학연구』 51(2023) 참고.

非曲直)을 분명히 가려 죄지은 사람을 벌주는 준론탕평론(峻論蕩平論)을 제기했다.

정제두는 '장자(長子)와 장자부(長子婦)의 상에 부모는 기년복(朞年服)을 입는다.'라는 대전제에서 예론을 전개했는데, 이는 기해예송과 갑인예송을 거치며 시제로 정립된, 『경국대전(經國大典)』을 근거로 한 복제설(服制說)이었다. 한편 그는 무신란 직후 조정에 들어가 주희의 경자봉사(庚子封事)와 무신봉사(戊申封事)를 통해 자신의 견해를 영조에게 전달했다. 그는 1716년 병신처분 이후 당론이 심해져 무신란과 같은 화란(禍亂)이 일어나게 되었다고 판단했다. 그리고 당쟁을 해결하기 위해서는 영조가 지극히 공평하고 사사로움이 없는 마음으로 시비곡직을 분명히 가려서 죄지은 사람은 벌주고 현자를 등용하는 준론탕평을 시행해야 한다고 주장했다. 이는 국왕 중심의 탕평론을 제기한 박세채의 황극탕평론(皇極蕩平論)을 계승한 것이다.

영조는 예론과 탕평론 이외에도 양역변통과 같이 국정 운영의 중요한 사안에 대해서 자문을 구했으나, 정제두는 조정을 떠난 지 오래되었고 실무를 보지 않았다는 이유를 들어 이러한 문제에 대해서는 조정 대신 및 유신들과 상의하는 게 옳다며 사양했다. 또한 이전과 마찬가지로 건강상의 이유를 들어 관직에서 물러나려 했다. 그럼에도 영조는 정제두를 산림학자로 대우하고 계속해서 높은 관직을 제수했으며, 수시로 사관을 통해 편지를 보냈다. 또한 어의를 보내 병을 돌보게 하거나 궁인을 보내 반찬을 하사하기도 했다.

우찬성 세자 이사인 정제두가 졸(卒)했다. 임금이 몹시 애도하여 슬퍼하는 윤음(綸音)을 내리고, 장제(葬祭)의 비용을 하사했으며, 시장(諡狀)을 기다리지 않고 문강(文康)이란 시호를 내렸다. 정제두는 자(字)가 사앙(士仰)으로서, 문충공 정몽주의 후손이고, 고(故) 상신(相臣) 정유성의 손자인데 타고난 자질이 영위(英偉)하고 명수(明粹)했다. 일찍이 도(道)에 뜻을 두었으므로, 과거 공부를 폐기하고 정도와 진리를 지켰다. 그의 학문은 간이(簡易)함과 독실(篤實)함을 주로 하고 있는데, 정사(政事)에 미루어 치란(治亂)의 연혁을 손바닥 보듯이 환했으며, 갑병(甲兵)과 전곡(錢穀), 백가의 술수까지도 널리 통달하지 않은 것이 없었다. 강화도에 복거(卜居)하고 있었는데, 숙종조 때 천거에 의하여 곧바로 6품의 관직을 제수받았다. 여러 번 대성(臺省)과 방백(方伯)에 제수되었으나 모두 부임하지 않았으며, 간혹 군읍에는 부임한 적이 있었는데 그때마다 특이한 치적을 남겼다. 성상께서 임어(臨御)함에 이르러서는 예우가 더욱 융숭했고, 사림에서 존중하고 흠앙했다. 이때에 이르러 졸하니, 나이 88세이다. 세상에서는 하곡선생(霞谷先生)이라고 불렀다. 정제두는 젊어서는 왕양명의 학설을 좋아했었는데 선배와 사우들이 서찰을 보내어 규책(規責)한 탓으로 마침내 정주(程朱)의 법문(法門)으로 돌아왔다. 그러나 평생 강설을 일삼지 않았고 논저를 즐겨하지 않았다고 한다.[43]

영조의 지극한 관심에도 불구하고 1736년(영조 12) 8월 11일에 정제두는 정침(正寢)에서 세상을 떠났다. 세간에서는 정제두에 대해 타고난 자질이 뛰어났으나 일찍이 도(道)에 뜻을 두어 과거 공부를 그만두고 정도와 진리를 지켰으며 다양한 학문에 통달했다고 평가했다. 관직에는 대체로 부임하지 않았으나 간혹 군읍에 부임했을 때 특이한 치적을 남겼다고 했다. 또한 영조가 즉위한 뒤 그 예우가 더욱 융숭해졌고 사림의 존경을 받는

---

43 『英祖實錄』, 英祖 12年 8月 11日.

인물이 되었다고 했다.

영조는 정제두가 세상을 떠나기 며칠 전에 그의 병을 전해 듣고 어의를 보내 간호하게 했으나 이미 세상을 떠났다는 부음이 들리자 몹시 슬퍼하며 윤음을 내리고 장제 비용을 하사했다.

한편 1738년(영조 14) 3월 6일에 경기 유학 박필일(朴弼一) 등은 정제두의 서원을 건립하고 편액을 내려 향사를 베풀 것을 청하는 상소를 올렸는데, 그 상소에서 정제두를 '실심실학(實心實學)의 유종(儒宗)'으로 적시했다. 당시 서원의 난립으로 인해 정제두를 모시는 서원의 건립은 거부되었으나 그의 집에 예관(禮官)을 보내 치제(致祭)하게 하고 1742년(영조 18)에는 문강(文康)이라는 시호가 내려지는 등 그의 학문과 사상은 계속 높이 평가되었다.

정제두의 학문과 사상은 아들인 정후일과 문인 이진병·윤순·심육 등을 거쳐 이들의 후학들에게 전해졌다. 정제두의 학문과 사상을 계승한 이들을 '하곡학파'라 한다. 특히 정제두의 가계와 혼맥으로 이어지는 이광명·이광사·신대우 등은 대를 이어가며 정제두의 학문과 사상을 전승했으며, 하곡학파의 주맥을 형성하게 되었다.

2장
하곡학파의 형성과 분기

1. 정제두의 문인들

정제두는 초년에 주자학의 잘못된 점을 개선하고자 양명학에 심취했지만, 스승 박세채를 비롯해 민이승·최석정·박심 등과 논변하는 과정에서 조선에서 실현 가능한 심학으로 발전시켰고, 이후 정호의 학문에서 그 근거를 마련했다.

정제두는 주자학은 본원상에서 심(心)과 리(理)가 분리되는 단점이 있기는 하지만 둘은 공부를 통해 합일될 수 있고, 양명학은 본원상에서 심(心)과 리(理)가 이미 합일되어 있지만 무사무위(無思無爲)의 공부를 통해 기품과 물욕의 삿됨을 살피지 않는다면 이 역시 순선한 리(理)가 발현되지 못할 수 있다고 판단했다. 그는 주자학이나 양명학 중 하나만 옳고 다른 것은 그르다는 의견에 동의할 수 없었다. 따라서 주자학과 양명학에서 모두 존숭하며 포괄할 수 있는 학문을 찾다가 명도학(明道學: 정호의 학문)을 근거로 삼게 된다. 명도학을 근거로 양명학의 기초 위에 주자학을 포용하는 학문적 태도를 지니게 된 것이다.

정제두가 자신의 학문을 정립하기까지 거친 과정이 복잡했기 때문에 단순히 결과만으로 하곡학을 판단하게 되면 그의 학문이 가지는 의미를 오해할 수 있다. 따라서 정제두는 문인들에게 학문을 전수할 때 그 자신이 학문을 정립해갔던 과정을 거치도록 하거나 각자의 개성에 따라 전수했던 듯하다. 이로 인해 하곡학은 문인마다 그 인식이 미묘하게 달라지고 이후에 계열별로 분립하게 되었다.

---

* 2장의 내용은 필자의 박사학위논문 『霞谷學의 특성과 계승 양상』(2016)의 5장을 수정·재구성한 것이다.

문하에 찾아오는 사람이 만약 『장구(章句)』와 『집주(集註)』로 배우고
자 하면 또한 『장구』와 『집주』로 전수해주었고, 반드시 양명의 설로 유
인하지는 않았다. 이는 독실하게 공부하기만 하면 이것과 저것이 해를
끼치지 않고 같은 곳으로 돌아가 일치하기 때문이다. 그러므로 만약 양
명의 설을 청하여 묻는 사람이 있으면 또한 반드시 그 묻는 바에 따라
두 끝을 다 들어서 힘을 다했으니, 이것이 선생이 학문하는 처음부터
끝까지 주장했던 뜻이다.[1]

정제두는 말년에 사우들이 떠난 조정에서 소론 산림학자로서 예론과
탕평론을 개진했고 영조로부터 극진한 대우를 받았다. 그러나 정제두 사
후에 소론의 정치적 패퇴와 더불어 정제두와 그의 학문은 점차 사람들의
인식에서 사라져갔으며, 나아가 그의 학문을 전수받은 문인들 또한 사라
져 구한말에 이르러서야 그 존재가 확인되었다.

정인보는 일제강점기에 조선 민중에게 필요한 정신으로 양명학을 지
목하고 이를 조선에서 찾다가 정제두와 그 문인들에 대한 연구를 진행하
게 되었다. 이것이 지금 정제두와 그 문인들의 학문에 대한 연구가 이루
어진 시초이다. 다만 정인보와 이후의 연구자들은 조선에서 연구된 양명
학을 찾는 것이 목적이었기 때문에 양명학적 경향성이 드러나지 않는 문
인들은 연구에서 제외했다.

정인보는 조선 후기 양명학의 계보를 작성하는 과정에서 정제두의 학
맥을 정리했고,[2] 이후 하곡학파에 대해서는 이 성과에 기반해 연구가 이

---

1 『霞谷集』卷11,「門人語錄」, "李匡臣曰: '[…]及門者如欲以『章句』・『集註』學之, 則亦授之以
『章句』・『集註』, 不必以陽明說引誘. 蓋以其篤實用工則以彼此不害爲同歸一致故也. 然而若
有請問陽明說者, 則亦必隨其所叩, 竭兩端而亹亹, 此先生爲學之始終主意也.'"
2 정인보 저, 정양완 역,「石泉遺稿記」, 『薝園文錄 下』(태학사, 2006), 284-286쪽.

표 1 | 정인보가 인식한 하곡학파의 계보

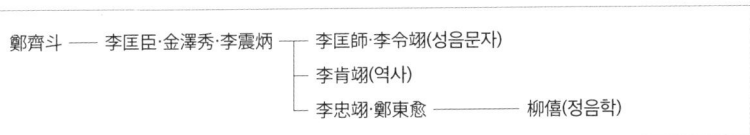

루어졌다. 그 결과 지금까지 하곡학파에 대한 논문은 학파의 형성이나 집단적 모습보다는 대부분 개별 인물을 다루고 있으며, 이마저도 이광사·이광려·이영익·이충익·신대우·신작 등 몇몇 사람에게 편중되어 있다.

선행 연구에서는 정제두 사후 문인 집단은 발전하지 못하고 이후 하곡학은 전주이씨 덕천군파를 중심으로 계승되었으며, 특히 정제두의 양명학은 정제두로부터 시작되는 영일정씨 가문, 이광명을 시작으로 하는 전주이씨 가문, 신대우를 시작으로 하는 평산신씨 가문, 그리고 이들 주변의 몇 명 안 되는 사우들을 중심으로 주로 혈연으로 맺어져 가학으로 이어져간 것으로 이야기했다.³ 그러나 정제두 생존 당시와 사후 상당 기간 동안 정제두의 문인 집단은 존재했으며, 이는 선행 연구에서 말하는 전주이씨 덕천군파 이경직 가문의 인물들만은 아니었다. 이 시기 문인 집단을 이끈 것은 정제두의 아들 정후일과 이진병·윤순·심육 등 정제두의 문하에서 비교적 오랫동안 수학한 문인들이었다. 다만 정제두의 문인은 많지 않았는데, 그 이유는 다음의 글에서 살펴볼 수 있다.

선생은 외물(外物)에 힘쓰거나 명예를 좇는 것을 깊이 경계했으며 학생들이 배우고자 찾아오는 것도 기쁘게 여기지 않았다. 일찍이 서울에 머물고 있을 때에는 문하에 찾아와 배우기를 청하는 자가 약간 있었는

---

3 서경숙, 『初期 江華學派의 陽明學에 關한 硏究』(성균관대학교 박사학위논문, 2000), 26-28쪽.

데, 그 뒤 안산에서 강화도로 옮겨 살게 된 뒤로는 세상 사람들과 거의 단절되었다. 그래서 비록 사모하여 종유하고자 하는 사람이 있더라도 또한 위험을 무릅쓰고 왕래할 수 없었으므로 선생의 문하에 출입하는 사람은 더욱 적었다. 선생의 뜻은 다만 스승의 도[師道]를 자처(自處)하고자 하지 않았을 뿐만 아니라 또한 말세(末世)에는 쉽게 높아지고 명실(名實)은 분변하기가 어렵게 되니 세도(世道)의 폐단을 또한 경계하지 않을 수 없었던 때문이었다.[4]

인용문에서 볼 수 있듯이 정제두의 문인이 많지 않은 이유는 근본적으로 그가 외물에 힘쓰거나 명예를 좇는 것을 깊이 경계했고 학생들이 배우고자 찾아오는 것도 기쁘게 여기지 않았기 때문이다. 태학생 노술(盧述) 등도 제문에서 "선생(정제두)께서는 자신의 이름을 내세우기를 좋아하지 않아 생전에 문호(門戶)를 세우지 않았고 변설(辨說)을 즐겨하지도 않았다."고 했다.[5] 또 강화도까지 바다를 건너는 위험을 무릅쓰고 왕래하며 수학하려는 사람이 많지 않았기 때문이다.

이외에도 정제두가 생전에 학문적 소양이 높다고 평가받으면서도 양명학자라는 이유로 비판을 받았기 때문에 그의 문인은 많지 않았을 것이다. 환국과 당쟁이 난무했던 숙종·경종·영조 대에 이단 변척의 가능성을 내포한 정제두의 학문을 계승하는 것은 문인의 의리를 지키는 문제를 넘어 생사가 달린 문제였기 때문에 그의 문인임을 드러내고 자처하기는

---

4 申綽, 『霞谷集』 卷10, 「年譜」, 61세조, "先生深以務外循名爲戒, 不喜延款生徒. 曾留都下時, 請業及門者畧千人, 其後從安山移入島中, 幾與世人隔絶, 雖有傾慕從游者, 亦不能涉險往來, 以是出入門墻者尤勘. 蓋先生之志不但不欲以師道自處, 亦以末世易高, 名實難辨, 世道之弊, 亦不可不戒故也."

5 『霞谷集』 卷11, 「祭文」, "太學生盧述等祭文略曰: '先生, 有始有本, 弗立門戶, 弗尙辨說, 咄彼朋勢, 遠此名迹, 一其素履, 以迄易簀."

어려웠을 것이다.

정제두의 문인은 대체로 소론계로 분류할 수 있는데, 우선 이들의 수가 많지 않았고 당쟁에서 소론이 주도권을 잃고 정치적으로 탄압받게 되면서 하곡학은 널리 전승되지 못했다. 문인록이 남아 있지 않아 정제두의 문인이 누구인지도 정확히 알 수는 없지만, 『하곡집』의 「제문(祭文)」과 「문인어록(門人語錄)」을 통해서 그 대강을 파악할 수는 있다.

1736년(영조 12) 8월 11일 정제두가 세상을 떠났다. 그 부음이 들리자 영조는 몹시 슬퍼하며 부의(賻儀)와 예장(禮葬)을 내리도록 했다. 문인들도 「제문」을 지어 제사에 올렸다. 문인 중 「제문」을 지은 사람은 심육, 윤순, 이진병, 이광명, 이광신, 송덕연(宋德淵), 최상복(崔尙復), 이선협(李善協), 성이관(成以觀), 오세태(吳世泰), 이선학(李善學) 11명이다.[6] 그리고 「문인어록」에 이광사의 글이 수록된 것으로 볼 때, 공식적으로 문인을 자처한 사람은 12명이라 할 수 있다. 이 중에서 가계와 생몰년 등 기본적인 인적사항을 알 수 있는 사람은 7명이다.[7]

정제두의 학문적 위상에 비해 문인의 수가 많지 않은 것은 그가 스승을

---

[6] 이외에 제문을 지은 사람으로는 태학생 노술과 조카[從子] 정준일이 있다. 『乙酉增廣別試司馬榜目』(한국학중앙연구원 장서각 소장, B13LB-22)에 따르면, 노술은 1676년(숙종 2) 노석량(盧錫良)의 아들로 태어나 1705년(숙종 31) 생원시에 3등 19위로 입격했다. 본관은 교하(交河)이며, 거주지는 한성이다. 아우로는 노근(盧近)과 노우(盧遇)가 있다. 노술은 정제두가 성균관 좨주 시절에 태학생으로 있었던 것으로 보이며, '태학생 노술 등 제문'이라는 표현으로 볼 때 당시 태학생 대표로 노술이 제문을 작성했음을 추정할 수 있다. 정준일은 정제두의 동생 정제태의 셋째 아들로 1688년(숙종 14)에 태어나 1723년(경종 3)에 진사시에 입격하고 1735년(영조 11)에 문과에 급제했다. 정제두는 정준일에게 학문적·정치적 충고의 내용을 담아 편지를 보낸 것으로 확인되는데, 제문에서 그의 문인임을 자임하지 않고 조카를 칭한 것은 혈연관계를 더 강조하려는 것이라 할 수 있다.

[7] 여기에 「문인어록」에서 문인임을 자임한 이광사를 포함하면 7명이다. 그러나 최상복은 해주최씨족보를 통해 최규서(崔奎瑞)의 아들이라는 점 이외에 다른 사실은 찾기 어렵다. 따라서 이 책에서는 심육·윤순·이진병과 이광명·이광신·이광사, 이렇게 6명의 인물을 중심으로 정제두의 문인을 살펴보도록 하겠다.

표 2 | 「제문」과 「문인어록」에서 확인된 정제두의 문인

연번	성명	생몰년	자	호	본관	문집
1	沈錥	1685~1753	和甫	樗村	靑松	『樗村遺稿』[8]
2	尹淳	1680~1741	仲和	白下	海平	『白下集』
3	李震炳	1679~1756	炳然	遁谷	金山	
4	李匡明	1701~1778	良轉	海嶽丈人	全州	『謫所詩歌』
5	李匡臣	1700~1744	用直	恒齋	全州	『先藁』[9]
6	宋德淵					
7	崔尙復	1673~1743	仲心		海州	
8	李善協					
9	成以觀					
10	吳世泰					
11	李善學					
12	李匡師	1705~1777	道甫	員嶠	全州	『斗南集』, 『員嶠集選』

자임하거나 문호를 만들고자 하지 않았기 때문이며, 정치적 문제로 인해 그의 문인임을 자처하기 어려웠기 때문일 것이다. 또 정제두가 죽고 얼마 되지 않아 문인들이 세상을 떠나거나 정치적인 문제로 유배되어 문인 간 교유가 그리 활발하지 않은 것도 크게 작용했다. 그리고 문인 몇몇은 현달하지 못했기 때문에 그 자료를 찾아볼 수 없다.

『하곡집』의 「제문」과 「문인어록」을 통해 확인된 12명 이외에도 정제두의 문인으로 여겨지는 사람들이 있다. 먼저 민이승의 세 아들인 민윤창(閔

---

[8] 정제두의 7대손 정계섭(鄭啓燮)이 주도해 정리·등사한 필사본이 남아 있다.
[9] 『선고』는 이광신의 유고로 불분권(不分卷) 3책이다. 아들 이경익(李敬翊)이 편찬했다. 제1책에는 「擬朱王問答」, 「論鄭霞谷學問說」, 「浩然章義」 등이 실려 있으며, 제2책에는 조진빈(趙震彬)·윤사철(尹士澈)·강박(姜樸) 등에게 주거나 그들과 화답한 시가 실려 있으며, 제3집에는 이광사·조진빈·윤치승(尹穉繩) 등에게 학문을 주제로 보낸 편지와 이진검(李眞儉)·이진유(李眞儒)·정제두의 제문 등이 실려 있다. 『선고』는 『고문서집성 54』(한국정신문화연구원, 2002), 363-580쪽에 수록되어 있다.

允昌)·민경창(閔景昌)·민회창(閔會昌)을 정제두의 문인으로 지목할 수 있다.[10] 민이승은 정제두와 가장 치열하게 심성 논쟁을 벌였지만 우의(友誼)가 돈독했고 정제두의 학문을 높이 평가했다. 그는 참판 이세필(李世弼)에게 보낸 글에서 "청명(淸明)하고 강수(剛粹)한 자질로써 이를 겸했으며 반궁(反躬)과 실천(實踐)으로 이를 구했던[濟之] 학자는 저 정사앙(鄭士仰: 정제두)뿐이던가!"라고 했으며, 또 "추곡(楸谷)의 학문에서 만약 범위의 넓은 곳을 가지고 논한다면 혹 옛사람에게는 조금은 손색이 있으나 밝게 나아가고 스스로 얻으려던[自得] 지취(旨趣)에서는 이 세상에서 뒤따라갈 이가 거의 없을 것이다."라고 할 정도였다. 그는 임종을 앞두고 세 아들에게 정제두의 문하에 나아가 수학하라고 유언했다.[11]

정제두의 사위 이징성(李徵成)과 그 아들 이덕윤(李德胤),[12] 박심의 아들 박양한(朴亮漢), 정후일의 사위 이경호(李景祜), 이광사와 학술 논쟁을 벌인

---

10 민이승과 그의 세 아들 민윤창·민경창·민회창은 문집이나 다른 기록물이 남아 있지 않아 그 생애와 학문에 대해 자세히 알기 어렵다. 『霞谷集』 卷3에 「答閔汝獻書」와 「與閔汝獻汝仁書」라는 제목으로 남아 있는 13편의 편지에는 민경창과 민회창이 정제두의 문하에서 수학 중인 내용, 민윤창이 예론에 대한 질문에 답하는 내용, 민이승의 유고에 대한 내용 등이 담겨 있다.

11 申綽, 『霞谷集』 卷10, 「年譜」, 48세조, "哭誠齋閔公.【閔公名以升字彦暉. 薦官掌令. 與先生契誼最篤. 每有疑義, 輒講磨詳確, 各盡精蘊. 雖有不相入者, 必劇論歸一而後已. 嘗與李參判世弼書曰: '彬彬乎! 當世之君子! 升也, 幸得以周旋, 汝和之博洽, 德涵之典贍, 和仲之精約, 兼之以淸明剛粹之資, 濟之以反躬實踐之學者, 其鄭士仰乎!' 又曰: '楸谷之學, 若論廣闊處, 或少遜古人, 而明造自得之趣, 當世無幾及之者.' 有毁先生之學於朴文純者, 公適在座正色曰: '士仰何嘗不格致·誠正·孝弟·忠信乎?' 臨卒遺命三子受學於先生. 訃聞爲之加麻致祭, 文見集. 取其子敎育如子侄焉.】"

12 이징성은 정제두의 문인이자 사위이다. 이징성과 혼인한 정제두의 딸은 『소학』과 『논어』에 통달하여 옛 여사(女士)의 기풍이 있었지만, 이징성보다 22년 일찍 죽었다. 이징성은 첫째 부인 영일정씨와 사별한 후 서종눌(徐宗訥)의 딸과 혼인해 1남 2녀를 두었다. 아들 이덕윤은 심수현(沈壽賢)의 딸과 혼인했고, 둘째 딸은 정제두의 손자 정지윤(鄭志尹)과 혼인했다. 이징성 가문이 정제두 가문을 비롯해 심육 가문과도 혼인관계를 맺은 것으로 볼 때, 이징성은 하곡학파에서 매우 중요한 인물이지만 문집과 다른 자료가 없어 자세한 내용은 알기 어렵다.

표 3 | 그외 하곡 문인으로 지목 가능한 사람

연번	성명	생몰년	자	호	본관	문집
13	閔允昌		汝猷		驪興	
14	閔景昌		汝仁		驪興	
15	閔會昌				驪興	
16	金澤秀					
17	朴亮漢	1677~1746	士龍	梅翁	高靈	『梅翁閑錄』
18	李景祜	1705~1779	孝錫		龍仁	
19	李匡贊	1702~1766	襄仲	中翁	全州	『中翁實蹟』
20	李徵成	1688~1733	子久		全義	
21	李德胤					

이광찬(李匡贊) 등도 정제두의 문인 혹은 하곡학파에 속한다고 볼 수 있다. 이들은 정제두와 직접적인 교류 관계에 있거나 혹은 문인들과 주자학·양명학 관련 논쟁을 벌인 인물이기 때문이다.

이외에도 정인보에 의해 정제두의 고제(高弟)로 지목된 김택수(金澤秀)가 있다. 김택수의 자와 호, 본관은 알 수 없다. 정인보는 김택수가 지었다는 제문을 보고 정제두의 고제라는 평가를 내렸지만 현전하는『하곡집』에는 김택수의 제문이 없다.[13] 다음은 「양명학연론」에 수록된 정제두에 대한 김택수의 제문이다.[14]

---

[13] 『하곡집』에는 1723년(경종 3)에 정제두가 김택수에게 답한 편지만 남아 있다(鄭齊斗,『霞谷集』卷3,「答金生澤秀【癸卯】」). 이 편지에서 정제두는 이진병이 김택수의 편지를 가져와서 보았고 이진병과 중화(中和)·체용(體用)에 관해 논했다는 내용을 적었다. 이를 통해 정제두와 이진병, 김택수가 서로 아는 사이였으며 이들 사이에서 심도 깊은 학술 교유가 이루어졌음을 알 수 있다.

[14] 연세대학교 국학자료실에 소장된『誄祭文』(위당문고 011)에 조윤주(曺潤周)와 김성(金聲)의 뇌문 뒤에 태학생 노숭, 윤순, 심육, 최상복, 이진병, 이광신, 이광명, 박문원(朴文源), 김택수, 정준일, 성이관, 민취안(閔就顔), 송덕연, 이선학, 정중엽(鄭重曄), 오세태, 이선협, 이백령(李栢齡)의 제문이 수록되어 있다.『誄祭文』에 수록된 김택수의 제문은

학(學)이 끊치고 도(道)가 없어짐이 세(世) 몇 천백(千百)인고? 만만(漫漫)한 장야(長夜)에 사람이 다 '집버거리[摘埴]'는데 양명이 월(越)에서 일어나 한 등불을 높이 달았도다! 우내(宇內)를 두루 비추어 성학(性學)이 울흥(蔚興)했으니, 동방의 혼흑(昏黑)이야 중토(中土)만 함도 아니라. 적막할사 천재(千載) 동안에 아조 반딧불 번득임도 없었도다. 선생이 특립(特立)하여 일거(一炬)를 외오서 밝히되 팔십팔세에 자조(自照) 자보(自寶)이시더라. 물(物)이 격(格)함에 지지(知至)함은 '의성(意誠)'에서 밝고 심(心)과 리(理), 지(知)와 행(行)은 '일병(一並)'에서 밝고 지지(知止)·지선(至善)은 '재기(在己)'에서 밝고 이간(易簡)과 박약(博約)은 '불이(不貳)'에서 밝고 덕성과 문학(問學)은 '일치(一致)'에서 밝았도다. 날로 사물에 섭(涉)함에 곧 양지에로 돌리어 그 시비를 헤아려 정(正)하고 신(身)은 이로써 수(修)하니 학(學)하는 정맥(正脈)이요 성(聖)되는 진수(眞髓)라. 앞서는 양명이오 뒤로서 선생의 일체 등염(燈燄)으로 더욱 빛나고 더욱 밝더니 슬프다. 이제 벌써 꺼졌으니, 뉘 다시 이 빛을 이으리오. 전날 내 학(學)을 모르나 뜻인즉 미(微)함을 찾으랴 하되 경전이 들어맞지 아니하여 마음에 의심됨이 많더니 추곡(楸谷) 눈 속에 다행히 춘풍(春風)에 뫼서 분비(憤悱)함을 계발(啓發)함에 황연(恍然)히 씌웠던 것을 벗긴 듯 했도다. 안 것 같으되 알지 못하고 깨친 듯 하되 깨치지 못하여 그 뒤 때때 나아감에 면(勉)하심과 모(慕)하옴이 더욱이 도타웠으나 무(霧)가 석(釋)하면 운(雲)이 옹(滃)하듯 하여 뵈오려 하여도 말유(末由)했도다. 작춘(昨春)에 나아가 뵈오니 형모(形貌)는 여위시고 언어 수작(酬酌)이 예와 다르심이 많기로 물러나와 생각하며 고년이시라 실로 익애(溺愛)를

「陽明學演論」의 내용과 일치한다[김윤경,「위당문고 소장 『뇌제문(誄祭文)』에 나타난 초기 하곡학파의 하곡학 인식」,『율곡학연구』55(2024), 116-117쪽].

품었더니 어찌 알으리오. 이 작별이 길이 명막(冥漠)을 격(隔)한 줄이야. 순순(諄諄)한 달래옴을 어느굿에서 다시 발자오리오. 오호통재라! 함(檻)[빈(殯)]이나 발(紼)[발인(發靷)]을 내게 일러준 사람이 없어 듣기도 그제 못하고 몸이 또 병에 걸려 장책(杖策)의 적(吊)이 이때껏 남 뒤지니 평석(平昔)을 고념(顧念)하며 정(情)과 의(義) 함께 미었도다. 이 슬픔이 어데 닿을고 눈물이 있어 새얌같도다. 엎대어 너기옵노니 정령은 현현히 하늘에 계실지라. 소자의 타(惰)함을 경(警)하여 소자의 혼(昏)함을 계(啓)하여 능히 자수(自修)하여 죽은 뒤에야 말게 하시고 또 서방을 돌보아 동지(同志)를 작흥(作興)하오서. 각각 심등(心燈)을 빛내고 모다 본령(本靈)을 밝히어 가림이 비치지 아니함 없어 다 같이 큰 밝음에로 돌아가게 하소서.[15]

김택수는 성학(性學)을 진작시킨 양명학의 학문적 가치를 높이 평가하면서 조선에는 이러한 학문이 없었는데, 정제두만이 이를 연구했다고 했다. 구체적으로는 물(物)이 격(格)함에 지지(知至)함은 '성의(意誠)'에, 심(心)과 리(理), 지(知)와 행(行)은 '일병(一並)'에, 지지(知止)·지선(至善)은 '재기(在己)'에, 이간(易簡)과 박약(博約)은 '불이(不貳)'에, 덕성(德性)과 문학(問學)은 '일치(一致)'에 그 의미가 있으며, 나아가 날마다 사물과 교섭함에 양지로 그 시비를 헤아려 바로하고 신(身)을 이것으로 수양했으니, 이것이야말로 학문하는 정맥이요 성인(聖人)이 되는 진수라고 했다. 왕수인 이후로 정제두만이 이런 학문을 했다고 함으로써 김택수는 스승 정제두를 양명학의 진정한 계승자로 지목한 것이다.

정인보는 정제두가 양명학자라는 평가가 필요했고, 김택수의 제문은

---

[15] 정인보, 「陽明學演論」, 『薝園國學散藁』(문교사, 1955), 284-286쪽.

표 4 | 「제문」에 나타난 정제두 문인들의 하곡학 인식

주제어 이름	박람강기	주자학 비판	주자학 긍정	양명학 긍정	정호 존숭	실	정치	은거
太學生 盧述					○	○	○	
門人 沈錥	○							
門人 尹淳					○			
門人 李震炳	○	○						
從子 鄭俊一	○		○		○	○		
門人 李匡明	○	○	○		○	○		
門人 李匡臣	○							
門人 宋德淵	○				○	○		
門人 崔尙復					○			○
門人 李善協	○					○	○	
門人 成以觀						○	○	
門人 吳世泰					○		○	
門人 李善學	○							

이에 부합했으므로 정인보는 김택수가 정제두를 가장 정확하게 평가했다고 한 것이다. 그러나 『하곡집』에 수록된 「제문」에서 나타나는 다른 문인들의 하곡학 인식은 김택수의 그것과는 조금 차이가 있다.

1736년(영조 12) 8월 11일에 정제두가 정침에서 세상을 떠났고, 17일에 장례를 치렀다. 앞서 언급한 바와 같이 노술·심육·윤순·이진병·정준일·이광명·이광신·송덕연·최상복·이선협·성이관·오세태·이선학 이렇게 총 13명이 제문을 작성했다. 이 제문을 분석하면 하곡학에 대한 이들의 공통된 인식을 살펴볼 수 있다.

「제문」에서 정제두의 문인들은 대체로 정제두를 박람강기(博覽强記)하고 자득(自得)한 인물로 평했다. 그리고 역행(力行)을 강조한 실(實)의 가치를 높이 평가했다. 한편 정제두의 양명학 연구에 대해서는 언급을 피했으며, 주자학 비판 역시 당시의 병폐에 대한 비판으로 축소하고 오히려 주

자의 정통으로 언급하기도 했다. 그리고 대체로 정호를 존숭한 것으로 평가했다. 또 예론과 탕평에 대한 그의 업적을 평가하거나 세자와 임금에게 한 강설을 높게 평가하기도 했다. 이상의 내용은 「제문」에 나타난 정제두 문인들의 하곡학 인식을 종합적으로 서술한 것이다.

그러나 문인 각자의 제문은 조금씩 차이를 보인다. 하곡학에 대한 인식이 미묘하게 다르다. 정제두의 문하에서 수학한 기간에 따라 그 내용에 차이를 보인다. 정제두의 문인은 크게 정제두가 강화도로 이거하기 이전에 문하에 들어온 전기 문인과 이거 이후에 들어온 후기 문인으로 구분할 수 있다.[16]

전기 문인은 심육·윤순·이진병 등이며, 이들은 정제두와 선대 인연으로 맺어진 관계이다. 반면 후기 문인은 이광명·이광신·이광사 등으로, 이들은 정제두와 후대 인연으로 맺어지게 된다. 전기 문인과 후기 문인은 15~20세가량의 나이 차이가 있으며, 학문적·정치적 성향에서도 차이를 보인다.

정제두는 자신의 견해만을 주장하지 않고 문하에 찾아온 사람이 주자학을 배우려 하면 주자학을 가르치고 양명학을 배우려 하면 양명학을 가르쳤다.[17] 그 결과 그의 문인들에게는 다양한 학문적 경향성이 나타난다. 대체로 전기 문인인 심육·윤순·이진병 등은 주희·정이의 학문에 대해 비판적이고 명도학을 존숭하며, 정치적으로는 소론 완론에 속했다. 반면 후기 문인인 이광명·이광신·이광사 등은 양명학에 대한 존숭을 보이고, 정치적으로는 소론 준론에 속했다.

---

16 기존 연구는 친견제자·재전제자·재전제자 이후 인물로 구분했는데, 이 책에서는 친견제자들을 학문적 경향과 입문 시기에 따라 전기 문인과 후기 문인으로 구분하고 그들의 후학들도 전기 문인 계열과 후기 문인 계열로 나누어 서술한다.
17 『霞谷集』卷11, 「門人語錄」.

이 두 집단은 나이 차이도 많이 나고 서로 교류가 많지 않았지만, 정제두 사후 추숭을 위한 노력을 함께했다. 문집을 함께 편집하거나 조정에 건의하여 증직과 시호를 받고, 서원 건립을 건의했다. 특히 공동으로 제사를 지내거나 묘소에 참배하는 활동을 통해 집단의식을 형성했다. 이들은 정제두에게 학문을 배우거나 정제두의 학문과 사상, 즉 하곡학에 영향을 받은 인물들이다. 따라서 이들을 하나의 집단으로 보고 하곡학파라 지칭할 수 있다. 다만, 하곡학파를 규정하기 위해서는 다음과 같은 기준이 필요하다.

① 정제두와 학연·혈연적 관계가 있을 것
② 양명학을 긍정하거나 혹은 정호에 대한 긍정을 나타낼 것
③ 주자학의 병폐를 비판할 것
④ 생리(生理)·만물일체(萬物一體) 등 정제두가 주장한 용어를 사용할 것
⑤ 실(實)을 강조할 것
⑥ 박학(博學)과 자득(自得)을 중시하는 학문 경향을 보일 것

하곡학파는 정제두와 학연 혹은 혈연적 관계를 갖고 있으며, 하곡학을 계승했다. 정제두는 학문을 정립하는 과정에서 주자학의 병폐를 비판하거나 양명학과 명도학을 긍정하는 모습을 보였는데, 하곡학의 계승은 이런 학문 태도를 통해 알 수 있다. 나아가 정제두와 마찬가지로 실(實)을 강조하거나 박학과 자득을 중시하는 학문 경향을 드러내야 할 것이다.[18]

---

18   자료의 한계로 인해 위에서 제시한 기준을 모두 충족하는 인물은 많지 않을 것이다. 따라서 정제두와 직접적인 연관성이 있으면서 위에 제시한 기준을 한두 가지만 충족하더라도 하곡학파에 속할 가능성이 있는 인물로 주목하고 앞으로 연구를 진행해야 할 것이다. 이 책에서는 하곡학파로 확실히 규정할 수 있는 인물만을 주된 분석 대상으로 삼는다. 다

정제두의 학맥은 정인보가 조선 후기 양명학의 전승 계보를 작성하는 과정에서 처음으로 정리했고,[19] 이후 하곡학파에 대한 연구는 정인보의 연구에 기반해 이루어졌다. 그 결과 지금까지 하곡학파에 관한 논문은 학파의 형성이나 집단적 모습에 대한 연구보다는 개별 인물에 대한 연구가 대부분이고, 이마저도 이광사·이광려·이영익·이충익·신대우·신작 등 몇몇 사람에게만 편중되었다.

선행 연구에서는 정제두 사후 문인 집단은 발전하지 못하고 이후 하곡학의 계승은 전주이씨 덕천군파를 중심으로 이루어지게 되었으며, 특히 정제두의 양명학은 정제두로부터 시작되는 영일정씨 정제두 가계와 이광명을 시작으로 하는 전주이씨 덕천군파 이경직 가문, 그리고 신대우를 시작으로 하는 평산신씨 신대우 가계와 이들 주변의 몇 명 안 되는 사우들에 의해 주로 혈연으로 맺어진 가학으로 이어져간 것으로 이야기했다.[20] 그러나 정제두 사후에도 상당 기간 동안 그의 문인 집단은 존재했으며, 이들을 이끈 것은 전주이씨 덕천군파 이경직 가문 인물들만이 아니었다.

전기 문인인 심육·윤순·이진병은 정제두의 생전에는 학문적·경제적·정치적으로 스승 정제두를 보필했으며, 사후에는 문집 편집에서 중요한 역할을 했다. 반면 전주이씨 덕천군파 이경직 가문에서는 이광명·이광신·이광사만이 정제두에게 직접 배웠고, 이들은 심육·윤순·이진병 등 전기 문인과 비교하면 상대적으로 짧은 기간 정제두의 문하에서 수학했다. 따라서 선행 연구의 기술과는 달리 하곡학파 내에서 전기 문인들의 역할은 중요했고, 이들의 역할은 정제두의 사후에도 계속된 것으로 볼 수 있다.

만 하곡학파의 외연을 확대하기 위해 하곡학파에 속할 가능성이 있는 인물을 제시하고자 한다.
19 정인보 저, 정양완 역(2006), 「石泉遺稿記」, 앞의 책, 284-286쪽.
20 서경숙(2000), 앞의 논문, 26-28쪽.

2. 전기 문인의 하곡학 계승

전기 문인은 정제두가 강화도로 이거하기 이전에 입문한 제자들로, 상당 기간 정제두의 문하에 머무르면서 하곡학을 온전히 전수받았다. 이들은 정제두와 맺은 인연으로 인해 정제두에게 입문한 경우가 많다. 정제두를 위해 정치·학술·경제활동을 벌인 것으로 보이며, 사후에는 문집 편집을 위한 업무를 담당하기도 했다. 다만 정제두가 사망하고 얼마 지나지 않아 이들도 하나둘씩 세상을 떠나면서 학문이 후대로 전해지지 못한 경향이 있다.

1) 정제두와 전기 문인의 관계

정제두는 61세 되던 해인 1709년(숙종 35)에 강화도로 이거했다. 표면적인 이유는 장손을 잃은 슬픔을 이기지 못해 선묘 가까운 곳에서 살겠다는 것이었다.[21] 그러나 안산에서 이웃하며 심성논쟁을 벌였던 박심이 한 해 전인 1708년에 사망하자 굳이 안산에 거처해야 할 이유가 없어졌으며, 나아가 1709년에는 최석정의 『예기유편(禮記類編)』을 둘러싸고 논란이 점화되고 있던 상황에서 경제적 기반이 확립되어 있고 심적으로도 편안한 강화도로 이거하게 된 것이다.

정제두는 명성을 구하지 않았기 때문에 애초에 문인이 많지 않았다. 서울에 있을 때는 문하에 출입하면서 학문을 배우고자 하는 사람이 더러 있

21　申綽, 『霞谷集』 卷10, 「年譜」, 61세조.

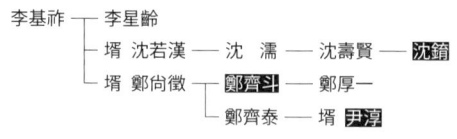

표 5 | 정제두와 심육·윤순의 관계도

었지만, 강화도로 이거한 뒤에는 왕래가 쉽지 않아서 문인이 더 적어졌다.[22] 그렇기 때문에 전기 문인들은 대체로 정제두와 선대부터 인연을 맺고 있는 경우가 많았다.

심육(沈錥, 1685~1753)[23]은 정제두와 인척관계로 어릴 때부터 사모하고 우러러보았으며, 오래전부터 문하에 출입했다.[24] 심육의 증조 심약한(沈若漢)과 정제두의 아버지 정상징은 모두 이기조(李基祚)의 사위였기 때문이다.[25] 이런 관계로 심육은 어려서부터 정제두를 봐왔다고 말했으며, 정제두의 아들 정후일을 정숙(鄭叔)이라 부르기도 했다.

윤순(尹淳, 1680~1741)[26]은 정제두의 아우 정제태의 사위로 정제두와는 혼

---

22 申綽, 『霞谷集』 卷10, 「年譜」, 61세조.
23 심육의 본관은 청송이고, 자는 화보(和甫)·언화(彦和), 호는 저촌(樗村)·저헌(樗軒)이다. 조부는 응교를 지낸 심유(沈濡)이고, 아버지는 영의정 심수현이다. 1705년(숙종 31)에 사마시에 입격하여 진사가 되었고, 1724년(영조 즉위) 왕자사부를 시작으로 세자시강원 자의·호조 참의·성균관 좨주·대사헌 등 많은 관직에 임명되었다. 대부분 벼슬에 나아가지 않고 일평생을 강학과 유람으로 보냈다. 특히 1727년(영조 3)에 아버지 심수현과 함께 연행을 다녀오면서 기록을 남기기도 했다.
24 沈錥, 『霞谷集』 卷10, 「行狀」.
25 이기조는 4명의 아들과 7명의 딸을 두었다. 아들은 이송령(李松齡)·이성령(李星齡)·이두령(李斗齡)·이영령(李永齡)이고, 사위는 홍처정(洪處靖)·심약한·김홍진(金弘振)·신여식(申汝栻)·김하진(金夏振)·정상징·김심(金涇)이다. 정상징은 정제두의 아버지이고, 심약한은 심육의 증조부로 정제두와 심육은 연척 관계이다. 또 이기조의 둘째 아들 이성령은 정제두에게 과문(科文)을 가르쳤다.

인 관계로 얽혀 있다. 정제두의 문하에 가장 오래 있었던 인물 중 한 명이다. 정제두에 대한 제문에서 밝히기를 정제두의 문하에 출입한 지 40여 년이 되었다고 했으니,[27] 윤순은 적어도 1696년(숙종 22) 이전부터 정제두에게 수학한 것이다.

한편 이진병(李震炳, 1679~1756)[28]은 정제두의 6대손인 정문승(鄭文升)이 작성한 「하곡집발(霞谷集跋)」에서 "선조께서 몰(沒)하신 뒤에 저촌 심공과 둔곡 이공 등 여러 문인이 유문(遺文)을 수집했으나 초고(草藁)를 내기도 전에 두 분께서 연이어 몰하셨다[先祖沒後, 樗村沈公與遁谷李公諸門人, 收集遺文, 未及出草, 兩公繼沒]."라고 하여 정제두의 문인으로 지목되었다. 그러나 이진병은 처사와 같은 생활을 하여 당대와 후대에 잘 알려지지 않았고, 문집이 아직 발굴되지 않았기 때문에 어떤 계기로 정제두에게 수학하게 되었는지는 알 수 없다.

다만 이진병의 아버지 이상(李相)과 정제두의 외삼촌 이성령이 가까운 관계였기 때문에 이진병이 이성령을 통해 정제두에게 수학했을 가능성이

---

26 윤순의 본관은 해평이며, 자는 중화(仲和), 호는 백하(白下)·학음(鶴陰)·만옹(漫翁)이다. 윤두수(尹斗壽)의 5대손으로, 지평을 지낸 윤세희(尹世喜)의 아들이다. 1705년(숙종 31) 26세에 생원시에서 1등 5위로 입격하고 동시에 진사시에서 1등 3위로 입격했다. 1712년(숙종 38)에는 절제(節製) 대신 치러진 반궁(泮宮)에서의 시험에서 수석을 해 직부전시를 명받았고, 이듬해 증광시 문과에 급제했다. 이후 이조판서·평안감사 등을 지냈고, 문장과 서법으로 유명했다.

27 尹淳, 『白下集』 卷9, 「祭霞谷鄭先生【齊斗】文」.

28 이진병의 본관은 금산이며, 자는 병연(炳然), 호는 둔곡(遁谷)이다. 1679년(숙종 5) 1월 24일 금산 서촌에서 현감 이상(李相)의 아들로 태어났다. 가난한 집안과 연로한 어머니를 위해 과거에 응시했지만 끝내 급제하지 못했다. 이후 학문에 전념하여 정제두와 윤증의 문하에 나아갔으며, 윤증에게 이기사칠설(理氣四七說)로 인정받기도 했다. 1737년(영조 13) 윤9월 19일에 광릉참봉에 제수되어 관직 생활을 시작했고, 이후 희릉직장·와서별제·진보현감·광흥주부 등을 역임했다. 1756년 3월 12일에 첨지중추부사가 되었고, 기로사에 들어가게 되었다. 학문을 독실히 하고 힘써 행했으며, 특히 역(易)에 조예가 깊었다. 심육과 깊이 교유했다.

있다.²⁹ 이진병은 집안이 가난하고 어머니가 연로한 상황에서 과거에 응시하여 칭찬을 들었지만 끝내 급제하지 못했고, 20세 무렵에는 과거를 포기하고 오로지 학문에만 전념했다. 정제두는 그런 이진병을 칭찬했고, 이진병도 정제두의 문하에 들어가 수학했다.³⁰ 그렇다면 이진병이 정제두의 문인으로 들어간 것은 1699년(숙종 25) 무렵임을 알 수 있다.

전기 문인들은 대체로 선대의 인연으로 정제두와 사제 관계를 맺고, 정제두가 안산에 거처할 때부터 문하에 출입했을 것이다. 이는 정제두뿐만 아니라 정제두의 동학(同學)들로부터도 학문을 전수받았을 가능성이 있음을 나타낸다. 실제로 심육과 이진병은 정제두 이외에도 윤증(尹拯)과 긴밀한 관계였음을 확인할 수 있다.

심육은 1707년(숙종 33)에 유봉(酉峯: 현재의 논산 지역)을 지나다가 처음으로 윤증을 만나 몇 년 동안 충청도에 거처하면서 시간이 날 때마다 윤증의 집을 왕래했다. 그러나 윤증이 연로하고 숙환이 있어서 직접적인 사승 관계를 맺지는 못했다.³¹ 대신 인척인 정제두에게 학문을 배우게 된 것이다. 이진병 역시 윤증의 문하에 출입했다.

이진병은 정제두의 문하에 들어가기 시작한 20세 무렵에 윤증에게도 배웠는데, 윤증은 매번 그의 독실함을 칭찬했고, 이기사칠설(理氣四七說)을 보고서는 훌륭하게 여겼다.³² 1714년(숙종 40) 정월에 윤증이 병환이 들

---

29 沈錥, 『樗村遺稿』 卷46, 「縣監李公墓誌銘」.
30 李喬年, 『艮谷遺稿』 卷6, 「遁谷李先生行狀」, "初以親老家貧, 應擧對策, 人見者, 皆吐舌曰, '甚可畏也.' 大小科解, 屢居上游, 而不利覆試, 乃慨然自奮曰, '科文顧不可已耶. 上面有一大事, 懼其不專不成也.' 時年二十有餘矣. 自是, 專用心, 於爲己之學. 嘗有詩曰, '簞瓢陋巷慙顔樂, 沂水春風慕點狂.' 霞谷鄭公見之, 歎賞不已. 先生於霞谷, 蓋嘗往來質疑, 發其志趣."
31 沈錥, 『樗村遺稿』 卷42, 「成德論」.
32 李喬年, 『艮谷遺稿』 卷6, 「遁谷李先生行狀」, "尹先生每歎其篤實, 見其理氣四七說, 甚嘉賞曰, '說出性理不差, 可謂見得大原.' 其以學識見詡如此, 而嘗行鄕飮酒於酉峯也, 以先生爲賓介亦以知禮見重也."

었을 때, 이진병을 불러 그의 손을 꼭 잡고 영결(永訣)의 말을 하길, "그대의 자질로 힘쓰고 그만두지 않는다면 무엇이 멀다하여 이르지 않을 수 있겠는가? 우리 집안 윤동수(尹東洙)와 윤동원(尹東源)도 학문을 향한 진실함이 있으니, 군이 그들과 더불어 노력하여 나아가게나."라고 했다.[33] 이는 윤증이 이진병의 학문의 독실함을 인정한 것이다.

심육과 이진병은 윤증의 문하에도 들어간 사실이 확인되어 윤증의 문인으로 분류되기도 한다. 특히 이진병의 경우 문집이 남아 있지 않아 행장과 묘갈명을 근거로 윤증의 고제로 보는 경우도 있다.[34] 하지만 윤증이 정제두에게 보낸 편지를 보면 그가 이진병을 정제두의 문인으로 인식하고 있었음을 분명히 알 수 있다.[35]

2) 전기 문인의 하곡학 인식

1736년(영조 12) 8월 11일 정제두가 세상을 떠나고 동년 10월 5일에 제를 지내니 윤순과 심육 등의 문인들은 제문을 지었는데, 이 제문에서 각자가 스승 정제두로부터 받은 학문적 영향의 대체를 살펴볼 수 있다.

윤순은 스승 정제두를 평하며 "이 마음을 보존하여 온갖 이치에 정밀하

---

33 李喬年, 『艮谷遺稿』 卷6, 「遁谷李先生行狀」, "甲午正月, 尹先生疾病, 字先生而進之執手, 訣曰, '以君才質勉勉不已, 何遠之不可到? 吾家東洙東源, 亦有向學之誠, 君須與之, 切偲輔益也.'"

34 시라이준은 행장과 묘갈명을 근거로 이진병이 정제두의 문인이 아니라 윤증의 고제라는 새로운 주장을 펼쳤다[시라이준(白井順), 「沈鋥と李震炳と李星齡: 鄭斉斗の周辺」, 『양명학』 30(2011)]. 그러나 윤증이 정제두에게 보낸 편지를 보면 이진병을 정제두의 문인으로 인식하고 있었음을 분명히 알 수 있다.

35 尹拯, 『明齋遺稿』 卷18, 「與鄭士仰【丙戌五月六日】」.

고 이 마음을 참되게 하여 온갖 일에 응했다[存此心而精萬理, 實此心而應萬事].''라고 했는데, 심즉리(心卽理)와 치양지(致良知)로 해석할 수 있는 여지가 있다. 또 "밖에 힘쓰는 자가 의혹을 제기하거나 옛것을 좋아하는 자가 의심하여도 선생은 스스로 믿고 후회하지 않았던 것은 남에게 알려지기를 구하지 않고 공자와 안자(顔子)를 스승으로 여겼기 때문이다.''라고 했는데, 밖에 힘쓰는 자는 즉물궁리(卽物窮理)를 행하는 주자학자를 의미하며, 옛것을 좋아하는 자는 의례에 있어 고례를 중시하는 자를 지칭한다. 윤순은 스승 정제두가 남에게 알려지기를 구하지 않고 공자와 안자를 스승으로 삼았기 때문에 스스로를 믿고 후회하지 않을 수 있었다고 평했다.[36]

반면, 이진병은 정제두가 세속의 학문에 초연했고 성인이 될 것이라는 믿음을 갖고 있었다고 평했다. 때문에 학문의 근원을 탐구하여 주돈이·정호·정이·주희 이전의 주공(周公)·공자·자사(子思)·맹자의 도(道)를 강론하기에 이르렀다고 보았다. 또 정제두의 학문이 박람강기하지만 앎이 참되고 실천이 진실된 특징을 지녀 성명(性命)에 대해서는 근원을 탐구하여 동정(動靜)이 서로 자뢰(資賴)하고 경(敬)과 의(義)가 서로 돕는다는 것을 알았으며, 제왕학과 음양의 조화, 문물의 변화에 이르기까지 모르는

---

[36] 尹淳, 『白下集』 卷9, 「祭霞谷鄭先生【齊斗】文」, "嗚呼! 存此心而精萬理, 實此心而應萬事, 乃先生之學之所以明通淵塞, 卒以底乎坦泰安履. 然而其處也, 默而成之, 樂其本然之天, 而不以辨博英華耀於人, 其進也, 禮而行之, 恭爲世臣之節, 而不以道德賓師尊其身. 雖務外者惑焉, 好古者疑焉, 而先生之所自信而不悔者, 有不求知乎人, 而謂孔顏之我師. 又況壽登大耋, 殆昔賢之所未有, 禮隆黃耉, 爲明主之所尊尙, 則先生仁德之享於天久矣. 又奚足以人之知不知而爲之加損與短長? 嗚呼! 小子顯蒙, 未有白圭之三復, 早辱南容之眷視, 出入門牆餘四十載, 雖不能仰高鑽堅, 窺測其一二, 若其俯仰屈伸, 粗立於名敎之內, 罔非依藉於先生之風旨. 何百年之有窮? 顧斯世其焉庇? 嗚乎! 唐虞之大法堙晦, 祖宗之六典荒墜, 先生之存也, 若可以遠契近述, 用行而有爲, 先生之歸也, 徒見其世衰運否, 學絶而不嗣, 斯誠一國人之無祿, 豈獨小子之私痛而已?"

것이 없었다고 평했다. 다만 자득한 것을 말하지 않았으니, 이는 세상 사람들이 헤아려 알 수 있는 것이 아니었기 때문이라고 했다.[37]

윤순과 이진병의 제문에서 공통된 서술은 정제두가 자신의 학문을 드러내지 않아 이를 아는 사람이 드물었다는 것이다. 그러나 정제두는 이진병과 심육 같은 문인들에게 자신이 자득한 학문을 전해준 것으로 보인다.

정제두는 1713년에 전날 초록해두었던 『명도유지(明道遺旨)』가 정리되지 않은 초고 속에 있어 책으로 엮어 대략 차례를 만들었다고 했는데, 실제로 완성된 것은 이듬해인 1714년이다. 그해에 정제두는 정호의 긴요한 말을 뽑고 문목(問目)으로 나누어 『정문유훈』 3편을 편찬하고 「정성서」를 주해했다.[38] 정제두는 1713년에 이진병에게 편지를 보내 『정문유훈』 편찬과 관련된 내용을 설명했는데, 이는 이진병이 이미 정제두로부터 명도학[정호의 학문]에 대해 전수받았기 때문에 가능한 것으로 볼 수 있다. 전수한 내용을 살펴볼 수 없지만, 심육의 『저촌유고(樗村遺稿)』를 통해 이들이 전해 받은 학문이 무엇인지 짐작할 수 있다.[39]

『저촌유고』에는 심육이 38세 되던 해인 1722년 4월 20일과 그 이듬해인 1723년 9월 22일에 정제두에게 보낸 편지 2편이 남아 있으며, 1722년 12월에 심육이 강화도로 가서 문답한 내용을 정리한 11개 조목의 「진강문답(鎭江問答)」이 남아 있다. 『하곡집』에도 정제두가 심육에게 보낸 편지인 「답심화보서(答沈和甫書)」 3편이 남아 있다. 이외에도 심육이 이진병에게 보낸 편지를 통해 그가 정제두 문하에서 어떤 활동을 했는지를 검토해볼 수

---

37 『霞谷集』 卷10, 「門人金陵李震炳祭文略」.
38 申綽, 『霞谷集』 卷11, 「年譜」, 66세조.
39 윤순과 이진병은 문집이 소략하거나 없기 때문에 더 자세히 검토하기는 어렵다. 문인들의 제문을 통해 이들이 정제두로부터 받은 학문적 영향을 대체적으로 살펴볼 수는 있지만 깊이 검토할 수는 없다. 반면, 심육의 경우 『저촌유고』가 남아 있어 그가 전해 받은 하곡학에 대해 좀 더 자세히 살펴볼 수 있다.

있다.

1722년 4월 20일 정제두에게 올린 편지에서 심육은 아버지의 갑작스러운 체직과 사행으로 인해 이진병과 함께 정제두의 문하에 머물면서 가르침을 받으려던 오랜 바람을 이루지 못하게 되었다고 한탄했다.[40] 그해 12월 심육은 드디어 강화도로 가서 정제두의 문하에서 가르침을 받게 되었고 그 내용을 「진강문답」으로 남겼다.[41] 정제두의 나이 74세, 심육의 나이 38세 때의 일이다. 심육은 11개 조목의 「진강문답」을 남겼는데, 이 가운데 8개 조목이 심학에 해당하며, 이를 통해 심육이 계승한 하곡학의 내용을 알 수 있다.

심육은 『근사록(近思錄)』, 『이정유서(二程遺書)』, 『이정외서(二程外書)』, 『중용장구(中庸章句)』 등에서 의문사항을 정제두에게 질문했다. 그 내용은 대체로 정호의 의견을 따르는 것이었으며, 이에 대해 정제두는 동의하는 입장을 취했다. 이런 경향은 여덟 번째 질문에서 잘 드러나는데, 심육과 정제두는 모두 정이와 주희보다 정호의 학문을 높이 평가하는 경향을 보였다.[42] 정호를 존숭하는 태도는 심육 이외에도 전기 문인들에게 공통적으로 나타나는 특징이다.

3) 전기 문인의 하곡학파 내 역할

심육은 경제적 지원과 정제두의 서울 내 보좌, 윤순은 정제두의 조정

---

40   沈錥, 『樗村遺稿』 卷25, 「上霞谷」.
41   沈錥, 『樗村遺稿』 卷38, 「附鎭江問答」.
42   「진강문답」과 관련된 내용은 이 책의 4장 1절에서 자세히 다룰 것이다.

내 정치적 보좌 등의 역할을 했음을 볼 수 있다. 정제두의 사후에 이들은 『하곡집』 편집에 적극적인 모습을 보이기도 했다.

심육은 강화도로 들어가 정제두의 문하에서 수학하려는 적극적인 태도를 보였으며, 정제두가 조정 일 때문에 서울에 올 일이 있으면 만나기를 청했다. 1723년 8월 6일에는 이진병에게 편지를 보내 자신의 집에 들러 며칠 머물다가 같이 강화도로 갈 것을 제안했으며,[43] 1724년 11월 20일에는 이진병에게 편지를 보내 정제두가 인산(因山: 경종의 장례) 때 서울로 오니 이때 먼저 올라와 자신과 함께 며칠 지내자고 했다.[44] 1728년에는 정제두가 사직하고 강화도로 가는 길에 심육의 집에 들렀는데, 심육은 효장세자의 죽음을 애도하고 공척(功慽)에 참여하느라 만나지 못해 애석해했다.[45] 심육은 정제두를 만날 기회가 있으면 항상 이를 준비했고, 그때마다 이진병에게 연락하여 같이 뵙고자 했다.

1730년에는 서울에서 스승 정제두를 모시는 모임이 있었는데, 심육은 이진병이 참석할 수 있도록 여정에 필요한 준비를 했다.[46] 1731년에는 이장(移葬)으로 인해 정제두가 안산 추곡에 오게 되었는데, 심육은 즉시 이진병에게 이 일을 알리고 함께 스승을 뵈러 가자고 했다.[47] 이진병이 이날 참석하지 못하자, 심육은 '스승을 뵙고 20일 뒤에 다시 이진병과 함께 찾아뵙겠다고 했으니, 그날은 무슨 일이 있어도 참석하라.'는 편지를 보냈다.[48]

1735년 정제두가 서울에 온다는 소식을 듣자 심육은 이진병에게 일정

---

[43] 沈錥, 『樗村遺稿』 卷30, 「與遁谷【癸卯八月六日】」(a_208_023a).
[44] 沈錥, 『樗村遺稿』 卷30, 「與遁谷【至月二十日】」(a_208_024b).
[45] 沈錥, 『樗村遺稿』 卷30, 「與遁谷」(a_208_026b).
[46] 沈錥, 『樗村遺稿』 卷30, 「與遁谷」(a_208_028a).
[47] 沈錥, 『樗村遺稿』 卷30, 「與遁谷」(a_208_038d).
[48] 沈錥, 『樗村遺稿』 卷30, 「與遁谷」(a_208_038d).

을 전하면서 스승을 찾아뵈려면 그 머무는 기간에 맞추어 올라올 수 있도록 미리 준비하라고 했다.⁴⁹ 이처럼 심육은 정제두가 서울로 간다는 소식을 들으면 지방에 있는 이진병에게 알려 함께 스승을 만나고자 했다. 이상의 내용으로 볼 때 심육이 정제두의 문인들 사이에서 중심 역할을 했음을 알 수 있다. 심육은 정제두와 긴밀하게 연락을 취해 정제두가 서울에 오는 날에 맞춰 모임을 주선하면서 문인들의 결속을 다지고자 했다.

심육은 문인들의 모임을 주선하고 서울에서 스승 정제두를 모시는 역할을 했으며, 틈나는 대로 학문을 전수받았다. 이런 모습은 정제두의 사후에도 나타나는데, 정제두가 1736년 8월 11일 축시(丑時)에 세상을 떠나자, 심육은 이진병에게 편지를 보내 스승의 별세를 알렸으며, 장지(葬地)는 집 뒤의 선묘 아래라는 사실을 전달했다. 또한 그는 이진병이 스승의 장례에 참석하기 위해 강화도로 가려면 마편(馬便)을 마련하기 쉽지 않을 테니 만나서 함께 움직일 것을 제안했다. 이진병이 오지 못한다는 소식을 들은 심육은 혼자 강화도로 가서 스승 정제두의 빈소에 곡을 하고 돌아와, 장례일이 17일로 잡혔으니 그때는 금양(衿陽)에서 만나 같이 갈 것을 제안하는 편지를 보냈다. 이듬해인 1737년에는 이진병의 방문에 필요한 마편을 마련해주지 못하는 사정을 이야기하면서 양해를 구하고, 4월 14일에 스승 정제두의 이장이 잘 마무리되었다는 소식을 알리는 편지를 보냈다.⁵⁰

심육은 이후 스승 정제두의『언행록(言行錄)』과 문집을 편찬하기 위한 작업에 참여했다. 1739년 12월 27일에는 류동(柳侗)⁵¹에게 편지를 보내『언

---

49 沈錥,『樗村遺稿』卷31,「與遁谷」(a_208_054b).
50 沈錥,『樗村遺稿』卷31,「與遁谷」(a_208_054b).
51 류동의 본관은 진주이고, 자는 경원(景愿)이다. 진사 류상진(柳尙晉)의 아들이자 영조 대 병조참판을 지낸 류수(柳脩)의 동생이다. 1722년(경종 2)에 태어나 1759년(영조 35) 문과

행록』과 관련하여 분명하지 않은 부분이 있지만 자세히 살펴보면 분명한 부분에서 그렇지 못한 부분을 보충할 수 있을 것이라고 했다.[52] 정제두의 『언행록』과 관련된 기록이 없어 자세히 알 수는 없지만, 류동이 작업하고 심육이 조언한 것으로 보인다. 문집 편찬에서는 정제두의 아들 정후일로부터 직접 부탁을 받은 심육이 적극적으로 임하게 된다.

1740년 정후일은 심육을 방문하여 정제두의 『유사(遺事)』 찬술을 부탁했고, 심육은 이진병에게 편지를 보내 스승의 『유사』와 『연보』 찬술은 자신들이 맡아야 할 일임에도 불구하고 자료가 부족해 기대에 부응하지 못할 것을 부끄러워했다. 그러던 중 1741년에 정후일이 갑작스레 사망했고, 심육은 자신이 보관하고 있던 스승의 유문 처리와 향후 문집 편찬과 관련하여 이진병과 상의했다. 심육은 이진병이 맡지 않으면 스승의 문집 편찬이 불가능하다고 보고 주관을 부탁했다.[53] 그러나 관련 인물들이 연이어 세상을 떠나면서 결국 문집은 편찬되지 못했다. 이후에도 몇 차례 시도되었지만 번번이 실패하여 현재 『하곡집』은 필사본 형태로 남게 되었다.

한편 윤순은 정제두를 현실정치에서 보좌하는 역할을 담당했던 것으로 보인다. 소론 완론의 핵심 인물로 숙종 대 후반부터 정치 일선에서 활동했으며, 스승 정제두가 정치적으로 곤란을 겪을 때 앞장서서 막으려 했다.

윤순은 소론 완론으로 김일경(金一鏡)·이진유(李眞儒) 등 소론 준론과 거리를 두었다. 특히 이진유·박필몽(朴弼夢) 등이 김일경을 소두(疏頭)로 추천하고 상소하여 김창집(金昌集)·이이명(李頤命)·이건명(李健命)·조태채(趙泰采) 등 노론 4대신의 죄를 논핵하려고 하자, 윤순이 말리면서 "지금 비망

에 급제했다. 이후 영조 대 사직령, 예조정랑 등을 지냈다.
52 沈錥, 『樗村遺稿』 卷29, 「與柳景愿【侗○己未臘月二十七日.】」(a_208_009a).
53 沈錥, 『樗村遺稿』 卷31, 「與遁谷」(a_208_062a).

기(備忘記)가 다행히 반한(反汗)되었으니, 모름지기 조용하게 진정시켜야 할 것이다. 사흉(四凶: 김창집·이이명·이건명·조태채)의 죄는 비록 논핵(論劾)할 만하다 하나, 요컨대 일이 끝나기를 기다려야지 경솔한 행동으로 후회를 초래함은 마땅하지 못하다. 또 인감(人鑑: 김일경의 자)의 처신과 행사(行事)를 살펴보건대 결코 더불어 일을 같이 할 만한 사람이 아니다."라고 하고, 그대로 장단(長湍)으로 돌아가버렸다. 이에 이진유는 처음에는 윤순의 말을 옳게 여겼지만 경종이 직언을 구하는 교지를 내리자 갑자기 김일경과 함께 상소하여 윤순에게 편지를 보내 불렀는데 윤순은 가지 않았다. 김일경이 뜻을 얻게 되자 윤순을 배척하여 조정에서 편안히 있지 못하게 만들었다.[54]

한편 1728년 무신란 때 윤순은 소론 완론의 중심 인물로 난을 진압하는데 직접 참여했다. 이는 스승 정제두가 조정 안에서 변란의 여파를 최소화하는 것과 동시에, 제자가 변란을 진압하는 일선에 나서는 두 측면이 작용한 것이다.

1728년(영조 4) 3월 14일 최규서(崔奎瑞)는 조정에 변란 소식을 알렸고, 이날 윤순은 도승지에 임명되어 조정에서 무신란을 진압하는 대책을 마련하다가 23일에는 감호제군사(監護諸軍使)가 되어 직접 진압 일선에 나서게 되었다.[55] 변란 소식을 접한 정제두는 서울로 와 영조를 안심시키는 한편 4월 28일「무신봉사(戊申封事)」를 강론하는 경연 자리에서 주희의 준론(峻論)을 말하며 "임금이 지극히 공평하고 사사로움이 없는 마음을 지니고 상벌을 공평히 하여 죄지은 사람은 벌을 주고 현자는 등용하여 시비와 곡직에서 중(中)을 얻는다면, 탕평의 정치가 저절로 이루어질 것입니다."라

---

54 『景宗實錄』, 景宗 2年 1月 22日.
55 『英祖實錄』, 英祖 4年 3月 23日.

고 했다.⁵⁶ 조정에서는 스승 정제두가 영조를 안심시키고 전쟁터에서는 제자 윤순이 직접 무신란을 평정함으로써 이후 소론이 겪게 될 피해를 최소화한 것이다.

윤순이 정치적으로 스승을 보좌했다면, 심육은 경제적·학문적으로 정제두를 보좌했다. 윤순은 평소 스승의 문집인『하곡집』의 편집을 맡겠다고 자청했지만, 1741년에 과로로 세상을 떠나면서 끝내 편집에 참여하지는 못했다. 심육과 이진병 역시 세상을 떠나거나 정치적으로 현달하지 못했기 때문에 스승의 문집을 간행하지 못했고, 하곡학파는 결집할 중심 세력을 잃게 되었다.

4) 전기 문인 계열의 하곡학 계승 양상

정제두의 고제 심육과 이진병은 사후에 윤증의 문인으로 기록되었다. 이는 이들의 사후 정치적인 문제와 결부되었을 가능성을 배제할 수 없다. 1753년(영조 29)에 심육이, 1756년에 이진병이 사망한다. 1755년 나주괘서 사건으로 소론의 정치적 패퇴가 분명해지면서 정제두보다 학문적 공격을 받을 가능성이 상대적으로 낮은 윤증의 문인으로 남는 것이 후손과 문인들의 정치적 생명을 보존하는 데 유리했기 때문이다. 그 결과 전기 문인의 후손과 재전문인에 의한 하곡학의 전승은 분명하게 드러나지 않게 되었다.

심육·윤순·이진병 등 정제두의 전기 문인 가운데 심육의 학문 전승만

---

56 『承政院日記』, 英祖 4年 4月 28日, "齊斗曰, '人君, 秉至公無私之心, 而賞罰均平, 罪者罪之, 賢者用之, 多寡厚薄, 曲直是非, 兩得其中, 然後自底於蕩蕩平平之政, 朱子, 論易象稱物平施遏惡揚善, 便是峻論矣.'"

이 비교적 분명하게 나타난다. 홍양호(洪良浩, 1724~1802)는 심육의 생질로서 심육의 영향을 많이 받았다.[57] 홍양호는 1733년에 10세의 나이로 모친 청송심씨(靑松沈氏)의 상을 당하고, 1736년에는 13세의 나이로 부친 홍진보(洪鎭輔)의 상을 당하는 등 어린 나이에 부모를 잃게 되었다. 이를 안타깝게 여긴 외삼촌 심육이 홍양호를 데려다 키우면서 학문을 전해준 것이다. 이 과정에서 하곡학이 심육을 통해 홍양호에게 전해지게 되었다. 홍양호를 하곡학파로 비정할 수 있는 또 다른 근거로는 홍양호가 정제두의 재전문인인 이광려·신대우 등과도 교류했으며, 하곡학의 핵심 개념인 생리(生理)라는 용어를 사용했다는 점을 들 수 있다.

제가 선생을 섬긴 것이 거의 30년입니다. 학식이 얕아 어찌 문장(門墻)의 높음을 헤아릴 수나 있겠습니까? 종묘백관으로 아름다움이 있으셨으며 일찍이 지팡이를 짚고 임금의 말씀을 받드는 사이에 또한 한두 가지 소문이 있었습니다. 선생께서는 항상 말씀하시길, "도(道)는 『중용』과 『대학』의 수장(首章)에 갖추어져 있으니, 배우는 사람이 도를 구할 때 이것을 버리면 할 것이 없다. 구하는 방법은 주자의 말에 상세하다."라고 하셨습니다. 『집주(集註)』의 '도의 본원은 하늘에서 나와서 바꿀 수 없으며, 실체는 자신에게 갖추어져 있어 떠날 수 없다. 학자는 여기에서 자신에게 돌이켜 구하여야 한다.'라는 구절을 인용하셨고, 자득하신 여러 구절로 남에게 말씀하시길, "우리 유자의 학문은 여기에 다 있다."라고 하셨으며, 또 말씀하시길, "성인은 하늘에 근본하고, 석씨는 마음에 근본하며, 무릇 왕양명과 육상산의 학문은 모두 마음에 근

---

57 홍양호의 본관은 풍산, 초명은 양한(良漢), 자는 한사(漢師), 호는 이계(耳溪)이다. 군수를 지낸 홍중성(洪重聖)의 손자이고, 홍진보의 아들이다. 어머니는 영의정 심수현의 딸이다.

본한다. 하늘에 근본하는 학문은 반드시 궁리(窮理)를 먼저 하니, 『대학』의 격치(格致)와 『중용』의 명선(明善)은 모두 물(物)이다."라고 하셨습니다. 이는 선생이 학문하시는 본령이며, 남을 가르치는 대강입니다. 대저 일용이륜(日用彝倫)의 사이와 동정어묵(動靜語默)의 즈음에 물(物)이 있으면 칙(則)이 있어 각기 그 직분을 다하니, 이 또한 선생의 덕행이 갖추어져 주선(周旋)하여 예(禮)에 들어맞는 곳이면서 사람들마다 볼 수 있는 곳입니다.[58]

1753년(영조 29)에 심육이 세상을 떠나자 홍양호는 제문을 작성했다. 이 제문에서 홍양호는 자신의 학식이 얕아 심육의 학문을 평가하기는 어렵다고 하면서 평소 심육이 했던 말을 전했다. 홍양호는 심육의 학문이 주자학에 근본하고 있다는 것을 드러냈지만, 실질적으로는 그다음에 전하는 말이 중요하다.

정(靜)한 가운데 동(動)하고 동(動)한 가운데 정(靜)하며, 경(敬)과 의(義)가 서로 돕고 겉과 속이 서로 길러주어 방촌(方寸)에 태극(太極)의 체(體)를 머금으며, 좌우(左右)에서 연비어약(鳶飛魚躍)의 묘(妙)를 만남에 이르러서는 오직 선생만이 그 즐거워할 바를 즐거워하시니, 이는 다른 사람이 능히 함께 알 수 있는 것이 아닙니다. 시험 삼아 밖으로 드러난

---

[58] 洪良浩, 『耳溪集』 卷24, 「祭伯舅樗村沈先生【鏛】文」, "小子之事先生, 蓋三十年所矣. 學諛識淺, 顧何足以窺測門墻之高? 宗廟百官之美, 而竊嘗於操杖履承辟咡之間, 亦有一二所聞焉. 先生之恒言曰, '道備於『庸』『學』首章, 學者求道, 舍是則罔可. 若其求之之方, 朱子言之詳矣.' 因擧集註, '道之本原出於天而不可易, 實體備於己而不可離. 學者於此, 反求諸身.' 而自得之數句以告人曰, '吾儒之學, 盡於是矣.' 且曰, '聖人本天, 釋氏本心, 凡王陸之學, 皆本心也. 本天之學, 必先窮理, 大學之格致, 中庸之明善, 皆是物也.' 此乃先生爲學之本領, 敎人之大綱, 而若夫日用彝倫之間, 動靜語默之際, 有物有則, 各盡其分, 則此又先生德盛行備, 周旋中禮處, 而人人之所得見也."

것을 살펴보면 화순(和順)이 마음속에 쌓여 영화(英華)가 밖으로 발산되니, 얼굴은 밝으면서도 등은 가득 찼으며, 바라보면 엄숙하지만 나아가 보면 온화하시며, 위엄은 두렵지만 모습은 본받을 만한 것은 옛사람이 칭한 성현의 성대한 덕스러운 모습이지만, 지금 선생에게서 볼 수 있습니다. 덕을 아는 사람이 드무니 누가 그 귀함을 알겠습니까? 제가 비록 불초(不肖)하여도 감히 친한 사람을 쫓아다니려는 마음을 먹고 지나친 칭찬의 말을 하여 웃어른을 속이는 죄에 스스로 빠지려는 것은 아닙니다.[59]

"정(靜)한 가운데 동(動)하고 동(動)한 가운데 정(靜)하다."라는 것은 정제두가 민이승과의 논쟁에서 계속 주장한 동정의 관계를 심육이 평소에 행했다는 것이다. "경(敬)과 의(義)가 서로 돕고 겉과 속이 서로 길러주어 방촌에 태극의 체(體)를 머금는다."라는 것과 "연비어약의 묘(妙)를 만남에 이르러서는 오직 선생만이 그 즐거워할 바를 즐거워하시니, 이는 다른 사람이 능히 함께 알 수 있는 것이 아니다."라는 것은 이진병이 정제두의 장례에서 사용했던 내용과 매우 유사하다. 심육은 정제두의 적전이며, 홍양호는 심육의 적전임을 알 수 있다.

홍양호의 손자 홍경모(洪敬謨, 1774~1851)는 성리 논쟁에 참여하거나 정치적으로 편향된 입장을 표명하지 않았다. 반면 불교 사상에 밝았고 노장사상에 적극적인 인식 태도를 가졌으며, 개방적인 사상 경향을 지녔다. 특

---

59 洪良浩, 『耳溪集』 卷24, 「祭伯舅樗村沈先生【錥】文」, "至於靜中之動, 動中之靜, 敬義夾持, 表裏交養, 方寸涵太極之體, 左右逢鳶魚之妙, 則惟先生樂其所樂, 而非他人之所能與知也. 試就其著於外者觀之, 則和順積中, 英華發外, 睟於面而盎於背, 望之儼而卽之溫, 威可畏而儀可象者, 此乃古人所稱聖賢德容之盛, 而今於先生見之矣. 知德者希, 孰識其貴? 而小子雖不肖, 亦不敢懷阿好之心而作溢美之辭, 以自陷於誣長者之罪也."

히 '성(醒)'에 대해 해석하면서 유가(儒家)의 성정(性情)과 불가(佛家)의 돈오(頓悟)를 통하여 이룩한 지혜이고, 기질(氣質)과 인욕(人欲)에 의해 가려진 심(心)을 회복하는 것이 성심(醒心)이라고 하여 성리학적 의미의 심성(心性) 이해에서 완전히 벗어났다.[60] 홍경모의 '성심(醒心)'은 18세기 중반부터 제기된 실사구시 학풍에 영향을 받은 것이며, 이런 경향은 하곡학에서도 나타난다. 이런 점에서 미루어볼 때 홍경모의 학문은 하곡학이 심육을 거쳐 홍양호를 통해 홍경모에게까지 전해진 것으로 볼 수 있다.

나아가 홍경모의 증손자 홍승헌(洪承憲, 1854~1914)은 정제두의 후손 정원하, 이광명의 후손 이건창·이건승 등과 교유했고, 일제강점기에는 이들과 함께 간도로 이주하여 독립운동에 참여하기도 했다.[61]

전기 문인 계열에서 하곡학을 계승한 또 다른 계통은 심육의 동생 심악(沈鍔)을 통해 심대윤(沈大允)에게까지 전해지고 심대윤의 적전인 정인표(鄭寅杓)가 이를 계승하는 경로이다. 정인표 역시 이건승·이건방(李建芳)·홍승헌 등과 교류했고, 하곡학을 정인보에게 전해주었다. 전기 문인의 대표 심육과 후기 문인의 대표 이광명 계열이 하곡학을 전승하여 정인보에게 이어짐으로써 정인보는 하곡학파의 마지막 적전이 된다.

---

60 권오영, 「조선후기 實事求是의 학풍과 홍경모의 학문」, 이종묵 편, 『관암 홍경모와 19세기 학술사』(경인문화사, 2011), 458-459쪽.
61 홍양호부터 홍승헌까지의 가계를 정리하자면, 홍양호(洪良浩)-홍낙원(洪樂源)-홍경모(洪敬謨)-홍익주(洪翼周)-홍우명(洪祐命)-홍승헌(洪承憲) 순이다.

3. 후기 문인의 하곡학 계승

후기 문인은 정제두가 강화도로 이거한 이후에 입문한 문인들이며, 정제두의 후손과 혼인으로 인연을 맺은 경우가 많다. 후기 문인은 전기 문인에 비해 나이도 어리고 상대적으로 늦게 입문하여 짧은 기간 수학했다. 때문에 정제두에게 직접 지도를 받기보다는 오히려 정제두의 아들 정후일의 영향을 받은 것으로 보인다. 따라서 정제두 생전에 이들의 학파 내 활동은 두드러지지 않았지만, 하곡학을 후대로 전하는 과정에서 큰 역할을 했다. 1755년 나주괘서사건으로 위기를 겪기는 했지만 이광려·신대우·이충익 등을 중심으로 강학활동이 이어졌고, 이는 하곡학을 후대로 전하는 계기가 되었다.

1) 정제두와 후기 문인의 관계

후기 문인은 대부분 전주이씨 덕천군파 이경직 가문 사람들이다. 이대성(李大成)의 손자인 이광명(李匡明, 1701~1778)[62]이 처음으로 정제두의 문인

---

62 이광명에 대한 기록은 그가 귀양 가서 지은 시가집인 『謫所詩歌』, 『霞谷集』에 전하는 제문, 아들 이충익이 지은 『椒園遺稿』의 「先考妣合葬誌」가 전부이다. 실제 이광명의 문집이나 글이 남아 있지 않아 학문의 전모를 살피기는 어려우며 생애조차 분명히 알기 어렵다. 이광명의 본관은 전주, 자는 양전(良轉), 호는 해악장인(海嶽丈人)이다. 이광명은 정종의 별자 덕천군의 후손으로 호조판서를 지낸 이경직의 현손이자, 좌찬성을 지낸 이정영(李正英)의 증손이며, 호조참판을 지낸 이대성의 손자이다. 아버지는 성균관 생원 이진위로, 송병원(宋炳遠)의 딸과 혼인하여 1701년 2월 17일에 이광명을 낳았다. 1710년(숙종 36) 아버지 이진위가 사망하자 어머니 은진송씨와 함께 강화로 이거해 정제두의 문하에 출입했다. 이후 정제두로부터 학문을 인정받아 손녀사위가 되었고, 20여 년 동안 그의 문하에

이 된 이후 사촌 형제인 이광신·이광사 등도 정제두의 문하에서 수학했다. 따라서 이광명의 강화도 이거는 하곡학파의 형성에 있어 중요한 의미를 지닌다고 하겠다.

이광명은 1710년(숙종 36)에 아버지 이진위(李眞偉)가 세상을 떠나자 어머니 은진송씨(恩津宋氏)와 함께 강화 사곡에 장사를 지내고 진강산에서 10여 리 떨어진 마니산 동쪽에 살면서 정제두의 문하에 출입했고, 이후 30년 동안 서울에 발걸음을 하지 않았다.[63] 이광명의 강화도 이거는 고모부인 최상관(崔尙觀)이 주선해주었을 가능성과 1640년(인조 18) 2월 강화유수로 부임한 고조부 이경직이 전장을 마련했을 가능성이 크다.[64] 이경직은 강화유수로 부임하기 전에 이미 강화도와 인연이 있었는데, 정묘호란 때는 이경직이 인조를 호종하여 강화도에, 병자호란 때는 인조를 호종하여 남한산성으로 간 그를 대신해 아들 이정영(李正英)이 집안 식구들을 이끌고 강화도로 왔다. 따라서 정묘호란과 병자호란 때부터 선대와 인연이 있던 강화에 거처를 마련하고 이광명이 들어간 것이라고 볼 수 있다. 이후 1716년(숙종 42) 2월에 조부인 이대성(李大成)이 강화유수로 부임해오면서 이광명의 강화 생활이 나아졌을 것으로 판단할 수 있다.

서 수학했다. 1755년 을해옥사 때 백부 이진유로 인하여 연좌되어 갑산으로 유배갔고, 끝내 풀려나지 못하고 1778년(정조 2) 11월 11일에 유배지에서 사망했다.

63 李建昇 編, 『家乘·德泉君派李氏15世』(한국학중앙연구원 마이크로필름), 「沙谷局內前後事實年條」, "肅宗庚寅年, 進士公眞偉下世, 葬于沙谷, 宋婦人率贈參議公, 卜居山下."; 李忠翊, 『椒園遺稿』 册二, 「先考妣合葬誌」.

64 이우진·이남옥은 이광명의 강화 정착은 조부 이대성이 1716년 4월에 강화진무사로 부임했다가 7월에 체직되었다는 점에 주목해 이때 전장이 마련되었을 가능성에 대해 이야기했다[이우진·이남옥, 「강화학파 형성담론의 재구성: 계보학적 접근방식을 중심으로」, 『양명학』 33(2012)]. 그러나 이광명은 1710년 아버지 이진위의 장사를 치른 이후에 그곳에 살았고, 조부 이대성은 1716년에 강화유수로 부임했기 때문에 이광명의 강화 이거와 이대성의 강화유수 부임은 상관관계가 없다. 다만 이대성의 강화유수 부임은 이광명의 강화 생활에 도움이 되었을 것으로 판단된다.

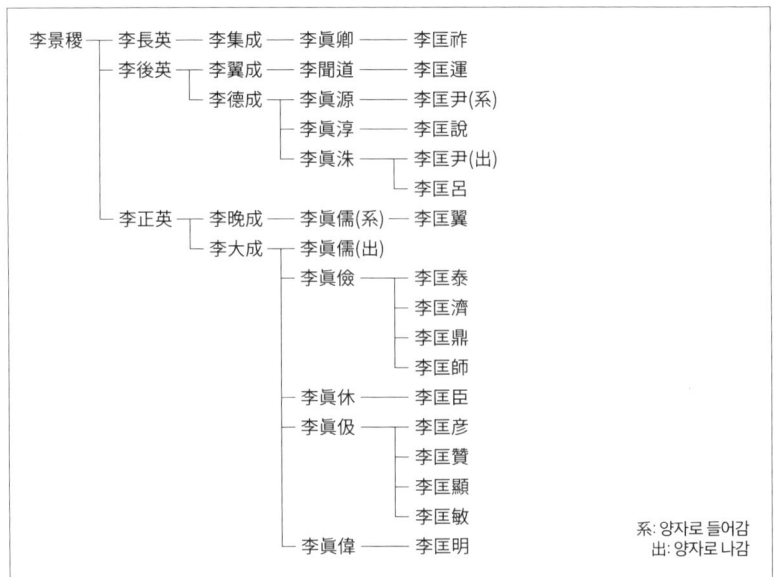

표 6 | 전주이씨 덕천군파 이경직 가문 가계도 약도

    아버지 이진위의 죽음으로 강화도로 이거한 10세의 이광명은 근처에 사는 정제두의 문하에 출입했고, 이광명이 성장하는 과정을 지켜본 정제두는 그의 덕량(德量)이 뛰어난 것을 보고 그를 손녀사위로 삼았다.[65] 그리고 이 인연은 정제두가 사망하는 1736년까지 20여 년 동안 이어지게 된다. 그러나 『하곡집』에는 이광명에게 보낸 편지가 없어 두 사람의 관계를 구체적으로 살펴볼 수는 없다. 다만 다른 기록을 통해 그 관계를 유추해볼 수 있다.[66]

---

65 李忠翊, 『椒園遺稿』 册二, 「先考妣合葬誌」.
66 정제두와 이광명이 모두 강화도에 거처하면서 이광명은 정제두의 문하에 자주 드나들었다. 따라서 굳이 편지를 주고받을 필요가 없었기 때문에 기록이 남지 않았을 것으로 보인다. 그럼에도 정제두가 심육·이진병·윤순 등 다른 제자들에게 보내는 편지에서 이광명을 비롯한 이광신·이광사 등 이경직의 후손을 언급하지 않은 데는 의문이 든다. 이는 심육·이진병·윤순 등은 강화도 이거 이전의 제자들이며, 이광명을 비롯한 이경직의 후손들

이광명이 어려서부터 정제두의 문하에 들어가 학문의 기초를 닦았다면, 이광신(李匡臣, 1700~1744)[67]과 이광사(李匡師, 1705~1777)는 학문의 기초를 닦은 상황에서 정제두의 문하에 출입했다. 이광신은 1700년에 아버지 이진휴(李眞休)와 어머니 풍양조씨(豊壤趙氏) 사이에서 태어났으나, 8세 때 부모를 모두 잃고 조부 이대성 밑에서 성장했다.

이광신은 20세가 되면서 성학(聖學)을 해야 한다고 생각하고 잠심(潛心)하여 이치를 강구하기 시작했는데, 민옥(閔鈺)·조진빈(趙震彬) 등과 함께 서로 권면했다.[68] 이후 강화에 들어가 정제두를 만나면서 그의 학문과 사상에 영향을 받게 되었다.[69]

> 강화도에 들어가 문강공(文康公) 정선생을 배알했다. 문강공은 대로

은 강화도 이거 이후의 제자들로 서로 간에 교류가 없었음을 의미한다. 두 제자 집단 간의 교류가 없었던 이유에 대해 다음과 같은 해석이 가능하다. 첫째, 윤순은 소론 완론의 대표 인물로서 이광명 등의 백부이자 소론 준론의 대표적인 인물인 이진유와 정치적으로 대립 관계에 있었기 때문에 서로 교류하기 어려웠을 것이다. 둘째, 정제두가 제자를 가르칠 때 많은 인물을 모아놓고 강학하는 방식 대신 일대일 혹은 소수 인원을 대상으로 강학하는 방식을 택했기 때문에 문인들끼리 인식하지 못했을 것이다.

67 이광신의 본관은 전주, 자는 용직(用直), 호는 항재(恒齋)이다. 이광신은 이광명과 마찬가지로 덕천군의 후손으로 이대성의 손자이다. 이광신의 아버지 이진휴는 1702년(숙종 28)에 생원시에서 장원하고 동시에 진사시에도 입격했다. 어머니 풍양조씨는 감역을 지낸 조시진(趙始晉)의 딸이다. 이광신은 8세에 부모를 모두 잃고 조부모의 손에 자랐다. 1713년 겨울 14세 때 황주변씨(黃州邊氏)와 혼인했다. 오한병이 들어 45세의 다소 이른 나이로 1744년 6월 4일에 사망했다. 이광신의 학문과 사상에 대해서는 그의 아들 이경익(李敬翊)이 정리한 『先藁』를 통해 살펴볼 수 있다. 특히 「擬朱王問答」(1732), 「答道甫書」(1734), 「祭霞谷鄭先生文」(1736), 「祭鄭富平文」(1741), 「答趙飛卿書」(1741), 「辨道甫理氣說」(1742), 「氷炭錄」(1743), 「論鄭霞谷學問說」(연도 미상), 「與襄仲辯難朱王理氣說」(1743년 이후 추정) 등은 그의 학문적 특징이 잘 드러난 글이다.
68 李匡師, 『圓嶠集選』 卷9, 「五兄恒齋先生行狀」.
69 이광신이 강화도에 간 이유는 정확히 알 수 없지만, 사촌 이광명이 강화도에 거주하고 있었고 8세에 부모를 모두 잃고 자신을 키워준 조부 이대성의 묘가 강화도에 있었기 때문에 자주 드나들었을 가능성이 있다.

(大老)로 학문이 깊은 분이지만, 세상에서는 혹 그분이 양명학을 가까이 한다는 말이 있었다. 이에 선생은 처음에는 문강공을 뵙고자 하지 않았는데, 그분의 학문이 정심(精深)하고 독실(篤實)한 것을 보고는 탄식하여 말하길, "그 글을 보지 않고 함부로 비난할 수는 없다."라고 했다. 돌아와 왕문성(王文成: 왕수인)의 문집을 보고 말하길, "비록 회옹(晦翁: 주희)의 순정(醇正)함만은 못하지만 도(道)를 깨달음이 정밀하고 간명하니, 또한 취할 만하다. 어찌 이단으로 배척할 수 있겠는가?"라고 했다. 그리고 「의주왕문답(擬朱王問答)」을 써서 변설했다.[70]

당시 조선 사회는 주자학을 존모하는 상황이었기 때문에 양명학을 가까이하는 정제두에게 학문을 청하기는 쉽지 않았다. 그러나 이광신은 정제두의 학문이 정심하고 독실한 것을 보고는 양명학에 대해 다시 생각하게 되었다. 그리하여 이광신은 왕수인의 문집을 보고 "양명학이 비록 주자학만큼 순정하지는 않지만 도를 깨치는 정밀함과 간명함은 또한 취할 수 있으니, 이단으로 배척할 수는 없다."고 판단하게 되었고, 1732년에 「의주왕문답」을 저술하여 주희와 왕수인을 빗대어 그 학문의 장단점을 변설했다.

이광신은 조선 후기 사상계의 일반적인 흐름처럼 주자학을 바탕으로 학문을 형성해나갔지만 격물치지·즉물궁리에 대한 해석에 의문을 품고 양명학을 받아들인 것으로 보인다. 정제두가 주자학의 입장에서 양명학을 이단시하거나 양명학의 입장에서 주자학을 공격하지 않았던 것처럼

---

[70] 李匡師, 『圓嶠集選』 卷9, 「五兄恒齋先生行狀」, "後以事入江都, 拜鄭文康先生. 文康以大老邃學, 世或議其右新近, 先生初不欲見. 及見精深篤實, 歎曰: '不見其書, 未可輕詆.' 歸取王文成集讀之曰: '非若晦翁之醇然, 見道精約, 要亦可取. 何至斥以異類?' 爲作「擬朱王問答」以辨之."

이광신 역시 주자학과 양명학의 장단점을 분명히 파악하고 성학의 바탕으로 삼았던 것이다. 이광신은 공부하는 입문처에서 번잡함과 간이함, 분리와 합함의 차이가 있을 뿐 주자학과 양명학의 가치를 모두 인정하며, 본인의 학문으로 완성해나간 정제두의 학문과 사상을 온전히 계승했다.

이광신과 마찬가지로 이광사 역시 1731년(영조 7)이 되어서야 강화도로 들어가 처음으로 정제두를 만났다. 이광사는 자신의 며느리[정제두의 손녀]에게 보낸 편지에서 자신과 정제두의 관계에 대해 다음과 같이 말했다.

> 정하곡(鄭霞谷) 선생의 덕의(德義)를 경모(敬慕)하다가 1731년 처음으로 강화도로 들어가 선생을 뵙고 실학의 요체를 배우게 되었다. 이듬해 다시 들어가서 몇 달 머물면서 더 배우고 그 뒤에도 몇 차례 왕래했다. 그 후 1736년 8월에 가족을 이끌고 강화도로 들어가 끝까지 수학하려 했다. 배가 나루에 이르렀을 때 선생의 부음을 듣게 되었고, 상복을 입고 달려가 장례를 치렀다.[71]

이광사는 27세 때인 1731년에 처음으로 강화도에 거처하던 정제두를 찾아가 학문을 배웠고, 몇 차례 더 왕래한 이후 1736년 8월에는 아예 강화도로 들어가 전심하여 학문을 배우려 했다. 그런데 배가 나루에 도착했을 때 정제두의 부음을 듣게 되었고, 그 뜻을 이루지 못했다는 것이다. 이는 이광사가 정제두로부터 학문에 대한 요체를 더 전수받지 못했다는 것을 보여준다. 정제두의 장례에 이광사는 종형인 이광명을 대신해 제문을 작

---

[71] 李匡師, 『圓嶠集選』 卷2, 「書贈稚婦繭紙」, "余慕霞谷鄭先生德儀, 積歲年而居稍左. 辛亥春, 始入江都, 拜先生牀下, 聞實學之要. 其明歲復入留累月, 益有聞, 後或往來. 丙辰八月, 盡室入江都, 專爲卒業計, 舟次甲津, 聞先生已觀化, 麻絰趨哭, 至觀葬."

성하여 애도를 표했다.[72] 이광사는 정제두의 아들 정후일이 1741년에 세상을 떠나자 그의 어린 딸을 자신의 둘째 아들 이영익과 혼인시켜 정제두 가문과 인연을 맺었다.

이광명은 어려서부터 정제두의 문하에서 수학하면서 정제두에게 좋은 평가를 받아 그의 손녀사위가 되었고, 이후 이광명의 가계는 계속 강화도에 세거하면서 하곡학의 전승에 크게 기여했다. 반면 이광신과 이광사는 다소 늦은 시점에 정제두의 문하에 출입하여 학문을 배웠지만, 문인으로 인정받지 못했던 것으로 보인다. 나아가 이광신이 작성한 정후일의 제문을 보면 이광신은 정식으로 정제두에게 입문한 것이 아니라 오히려 정후일의 영향을 더 많이 받은 것으로 보인다.[73] 따라서 후기 문인들은 이광명을 제외하고는 정제두에게 문인으로 인가받지 못했고, 오히려 정후일에게 학문적 영향을 받은 것으로 보인다. 그럼에도 이광신의 예처럼 정제두의 학문 형성 과정(주자학의 단점을 비판하며 양명학을 수용하고 이후 양명학의 단점마저 극복하며 자신만의 학문 체계를 완성해가는 과정)을 밟아가며 하곡학을 온전히 계승하거나, 이광사의 예처럼 정제두를 흠모하여 자신의 아들과 정제두의 손녀를 혼인시켜 두 집안을 혼맥으로 연결하고자 노력했다.

---

72 이광사가 사촌형을 대신해 작성했다는 제문(李匡師,『圓嶠集選』卷6,「爲從父兄祭霞谷鄭先生文」)과『하곡집』에 수록된 이광명의 제문(『霞谷集』卷10,「祭文【李匡明】」)의 내용이 일치하기 때문에 이광사가 이광명을 대신해 제문을 작성했다고 판단했다.

73 李匡臣,『先藁』卷3,「祭鄭富平文」, "歲辛酉三月, 鄭丈卒于京第. 四月二十七日壬戌, 將發靷, 其前二日庚申, 侍生完山李, 一鷄一拜, 以奠于靈筵曰, '於乎! 小子蒙陋, 未能束脩於老先生. 而亦獲奉誨以周旋. 景慕之篤, 不後於人. 今梁木已摧矣, 老成典刑, 公尙在焉.'"

2) 후기 문인의 하곡학 인식

이광명은 어려서부터 정제두의 문하에서 수학하여 학문의 기초를 닦고 하곡학의 정수를 전해 받았을 가능성이 있으나 문집을 비롯한 기록이 남아 있지 않아 그 내용을 알 수 없다. 나아가 정제두가 세상을 떠났을 때 작성된 제문 역시 이광사가 대신 쓴 것이기 때문에 그가 인식한 하곡학에 대해서도 알 수 없다. 다만, 그의 생애를 통해 짐작할 뿐이다.

이광명은 20여 년 동안 정제두의 문하에서 수학했고, 스승이 세상을 떠난 뒤에도 강화도에 남아 학문에 정진했다. 항상 게으른 기색 없이 풍모가 엄정했으며, 즐겁거나 노여운 기색을 드러내지 않았고, 1755년 을해옥사 때 유배된 갑산에서도 의기(意氣)가 평소와 같이 편안했다고 한다.[74] 효성 또한 지극하여 귀양지에서 어머니에 대한 그리움을 토로하는 「북찬가(北竄歌)」를 짓기도 했으며, 어머니 은진송씨가 죽었다는 소식을 듣고 소리내어 통곡하고 매일 아침저녁으로 남쪽을 향해 곡을 했다고 한다.[75] 하지만 끝내 유배에서 풀려나지 못하고, 1778년 11월 11일에 유배지에서 사망했다. 그렇다면 이광명은 정제두로부터 전수받은 학문을 체화하여 항상 실천했으며, 특히 유배라는 심적으로 고통스러운 상황에서도 마음을 안정되게 유지했다는 것[定性]을 알 수 있다.

하곡학에 대한 온전한 인식은 이광신에게서 나타난다. 그동안 이광신의 학문과 사상에 대해서는 세 가지 측면으로 이해되어왔는데, 주왕절충론자로 보는 경우,[76] 하곡학 가운데 양명학의 전수자로 보는 경우,[77] 양명

74　李忠翊, 『椒園遺稿』 册二, 「先考妣合葬誌」.
75　李忠翊, 『椒園遺稿』 册二, 「先考妣合葬誌」.
76　심경호, 「恒齋 李匡臣論」, 『진단학보』 84(1997); 서경숙(2000), 앞의 논문.
77　정인재, 「恒齋 李匡臣의 心學: 양명과 주자의 종합론」, 『서강인문논총』 23(2008); 나카 스

학자로 보는 경우이다.[78] 그러나 이광신의 학문과 사상을 주자학과 양명학 등으로만 보기에는 다른 방향성을 지니고 있다. 그는 하곡학을 온전하게 계승했기 때문이다. 그럼에도 세간에 그의 학문과 사상에 대한 오해가 있었던 것은 이광사의 제문「제항재종형문(祭恒齋從兄文)」의 다음 구절 때문이다.

> 처음에는 회암(晦菴: 주희)을 사모하여 격물치지에 대한 의지를 밝혔습니다. 하지만 후에 하곡(霞谷: 정제두)을 통해 신건의 학설[新建之說: 양명학]을 듣고 내면에 마음을 써 마땅히 지(知)와 행(行)을 합일시켜야 된다고 생각했습니다. 남들의 늘어지고 지리함에 비할 바가 아니었습니다. 초학자는 요령에 어두워 밖으로 내달리기 쉬운데, 형은 마음에 계합(契合)하여 여러 해를 구했습니다. 높이 받들어 믿고 사모했으나, 끝내 의심이 생겨 다시 왕양명과 주자의 두 책을 책상에 올려두고 일일이 참조하여 그 득실을 비교했습니다. 처음에는 흑백이 어지럽게 뒤섞였으나, 여러 해 동안 이와 같이 해서 혈전을 그치지 아니하니, 결국 회옹(晦翁: 주희)은 순연(純然)하여 하자가 없으며 왕양명의 학설은 지나치게 고원하고 성급하다는 것을 알게 되었습니다. 이에 왕양명의 글은 두고 오로지 고정(考亭: 주자학)에 전념했습니다.[79]

미오 저, 이영호·이혜인·곽성용 공역, 「제2장 항재(恒齋) 이광신(李匡臣)」, 『조선의 양명학』(성균관대학교 출판부, 2016), 121-166쪽.

[78] 천병돈, 「항재 이광신의 先蓴 연구」, 『양명학』 22(2009).

[79] 李匡師, 『圓嶠集選』 卷6, 「祭恒齋從兄文」, "始慕晦菴, 闡明格致. 後聞霞谷, 新建之說, 用心於內, 當合知行. 不比夫人, 蔓延支離. 初學昧要, 易至外馳, 兄契於心, 求之數歲, 尊崇信慕, 終乃生疑. 復將王朱, 二書在几, 一一參互, 比較得失. 始時黑白, 棼然參差, 如是累歲, 血戰不已, 終見晦翁, 純然無疵, 王之爲說, 過高而捷, 擔閣其書, 專意考亭."

이광사는 「제항재종형문」에서 "본래 주자학에 전념했던 이광신이 정제두를 통해 양명학을 접한 이후 높이 받들어 믿었으나 끝내 의심이 생겨 다시 왕양명과 주자의 글을 꼼꼼히 살펴보고 몇 년을 연구한 끝에 주자학은 순연하여 하자가 없으나 양명학은 지나치게 고원하고 성급하다는 것을 알고 결국 주자학에 전념하게 되었다."고 했다. 이 구절만 보면 이광신의 학문이 주자학에서 양명학을 거쳐 다시 주자학으로 돌아왔다는 뜻으로 해석된다.

하지만 이광신이 직접 작성한 「제하곡정선생문(祭霞谷鄭先生文)」, 「논정하곡학문설(論鄭霞谷學問說)」 등을 보면 그는 결코 양명학을 이단시하지 않았다. 좀 더 정확하게 표현하면, 양명학을 연구해 자신의 학문으로 체화한 정제두의 학문과 사상, 즉 하곡학을 이단시하지 않았다.

선생은 초년에 주자학에 종사하여 『주자대전(朱子大全)』·『주자어류(朱子語類)』 등의 의미에 대해 정밀히 탐독하여 누에고치의 실이나 소의 털처럼 복잡한 것도 연구하여 꿰뚫지 못한 것이 없었습니다. 다만 격물치지에 대해서는 마음에 돌이키고 일에 적용해보니 끝내 들어맞지 않는 것이 있었습니다. 중년 이후에 양명의 글을 구해서 읽다가 치양지·지행합일의 간이(簡易)하고 결정(潔淨)함에 이르러 알지 못하는 사이 분명하게 깨달음이 있게 되어 다시 여러 경전을 참고했습니다. 무릇 정일(精一)·명성(明誠)의 묘(妙)는 착착 서로 부합하여 마침내 치지(致知)에 전심(專心)했습니다. 이것은 일부러 주자와 다름을 구하고자 해서가 아니라 단지 입문하수(入門下手)하는 곳에서 번잡함과 간이함, 분리와 합함의 차이가 없을 수 없어서 그러했던 것입니다. 그러나 주자를 높이고 믿는 것 역시 실제로는 처음과 다르지 않았고 그외에 글의 의미가 명확하고 타당한 곳에서도 학설을 바꾼 적이 없습니다. 문인이 만약 『장구

(章句)』와 『집주(集註)』로 배우고자 하면 『장구』와 『집주』로 전수해주고 양명의 학설로 유인하려고 하지는 않았습니다. 독실히 공부하기만 하면 이것으로 하든 저것으로 하든 해가 되지 않고 모두 같은 곳으로 돌아가 일치하기 때문입니다. 그러므로 만약 양명의 학설을 청하여 묻는 사람이 있으면 또한 꺼리지 않고 그 원하는 바에 따라 양쪽을 모두 들어 힘을 다했습니다. 이것이 선생께서 학문하는 처음부터 끝까지 주장했던 뜻입니다. 하지만 세상의 도청도설(塗聽道說)하는 사람들은 주자와 양명이 무슨 도를 하는지 무슨 학문을 하는지도 알지 못하면서 마치 유학과 불교가 얼음과 숯처럼 같지 않은 것으로 보며, 양명을 배척해 이단이라 하고 선생을 헐뜯어 이학자(異學者)라 하니 진실로 더불어 의논할 수 없습니다. 그런데 선배들 중에 명재(明齋) 윤선생(尹先生: 윤증)·남계(南溪) 박선생(朴先生: 박세채)·최명곡(崔明谷: 최석정)·민성재(閔誠齋: 민이승) 등은 이를 깊이 우려했습니다. 그러나 양명에 대해서 깊이 연구하지도 않고 우려했으니 지나친 것입니다. 심지어 문인 후학들도 옛 견해를 이어받아 면하지 못하며 양명이 이단이 아니라는 것을 참으로 알지 못하고 반드시 미봉책으로만 엄호하여 혹 '선생께서 어찌 일찍이 양명학을 했겠는가?'라고만 하니, 이 또한 잘못된 것입니다.[80]

---

[80] 李匡臣, 『先藁』, 「論鄭霞谷學問說」, "先生初年, 從事考亭之學, 『大全』·『語類』等書, 義理精微, 蠶絲牛毛, 靡不研窮玩索. 而顧於格致之說, 反之心驗諸事, 終有所抵捂者. 中年以後, 得陽明書讀之, 至其致良知·知行合一之說, 簡易潔淨, 不覺躍如, 而有省, 又復參之諸經. 凡精一·明誠之妙, 鑿鑿相符, 遂乃專心致知. 於此, 此非故欲求異於考亭, 只以入門下手處, 不能無繁簡離合之差而然也. 然尊信考亭, 實不異於初, 而其他文義之明當處, 亦未嘗移易. 及門者如欲以『章句』·『集註』學之, 則授之以『章句』·『集註』, 不欲必以陽明說誘引. 蓋以其篤實用工, 則以此以彼不害爲同歸一致故也. 然而若有請問陽明說者, 亦不以諱之, 隨其所扣, 竭兩端而亹亹不已焉. 此先生爲學之始終主意也. 世之塗聽道說, 不知考亭陽明之爲何道何學, 視若儒釋氷炭之不同, 斥陽明爲異端, 譏先生爲異學者, 固不可與議. 而先輩長者如明齋尹先生·南溪朴先生·崔明谷·閔誠齋諸公, 蓋嘗深憂之, 而亦恐於陽明, 考之不深, 而其憂之也過矣. 至於門人後學不免承沿舊見, 未能眞知陽明之不爲異端, 而必欲綱縫掩護, 或以爲

이광신은 "[하곡] 선생은 초년에 주자학에 종사하여 정밀히 연구했으나, 격물치지나 즉물궁리에 대한 주자의 학설에는 동의하지 못하여 주돈이와 정호의 학설을 통해 해석하고자 했는데, 특히 「마음이 곧 도이고 도가 곧 마음이니, 마음 밖에 도가 없고 도 밖에 마음이 없다」는 학설은 더욱 동의했다. 중년 이후에는 왕양명의 책을 읽고 양명학의 치양지·지행합일에 대해서는 주돈이와 정호도 밝히지 못한 것이 있다고 하여 전념했다."라고 하여 정제두의 양명학 연구에 대해서 인정했다.[81]

하지만 이광신은 "[정제두의 양명학 연구가] 주자학과 다름을 구하고자 한 것이 아니라 근본이 되는 대체와 공부하려는 입문처에서 번잡함과 간이함, 분리와 합함의 차이가 없을 수 없기 때문에 그러한 것이며, 이외에 글의 뜻이 명확하고 마땅한 태도에서는 한 글자도 고치지 않았다."라고 하여 정제두가 주자학을 부정한 것은 아님을 분명히 했다. 또한 이러한 경향은 정제두가 문인을 교육하는 태도에서도 나타났는데, "문하에 찾아오는 사람이 주자가 편차한 『(대학·중용) 장구』와 『(논어·맹자) 집주』로 배우고자 하면 이를 전수해주고 양명학으로 유인하지 않았지만, 혹 양명학을 배우고자 하는 학생은 이를 전수해주었다."라고 했다. 정제두는 주자학이든 양명학이든 독실하게 공부하기만 하면 서로 해를 끼치지 않고 좋은 결과를 가져올 수 있다고 믿었기 때문이다. 이광신은 정제두의 양명학 연구에 대해서 부정하지 않았으며, 그의 학문관을 믿고 따랐기 때문에 그와 같이

先生何嘗爲陽明學云爾, 則是亦誣也."

81 『霞谷集』卷11, 「門人語錄」, "李匡臣曰: '先生初年, 從事於考亭之學, 凡大全語類, 義理精微, 蠶絲牛毛, 靡不貫穿研索. 顧其格致之訓, 卽物窮理之說, 終覺有牴牾未入者, 求之濂溪明道說, 則格致訓義, 雖亦未有異於考亭, 而道體工夫之實處, 則渾全簡易, 未見有離析. 至如心卽道·道卽心, 心外無道·道外無心之說, 尤有默契而妙合焉. 又復參之諸經, 凡明誠精一一貫之妙, 鑿鑿然相符. 中年得陽明書讀之, 至其致良知知行合一之說, 乃有發周程所未發者, 遂乃躍然省悟, 專心致知.'"

말했던 것이다.[82]

그는 "세상에서 도청도설(道聽塗說)하는 사람이 주자학과 양명학이 무엇인지도 모르면서 양명을 배척하여 이단이라 하고 [하곡] 선생을 헐뜯어 이학자(異學者)라고 한다. 선배들 중에서도 윤증·박세채·최석정·민이승 등은 양명학을 깊이 연구하지 않고 우려했으며, 문인 중에서도 양명학이 이단이 아니라는 사실을 알지 못하고 미봉책으로 '[하곡] 선생이 어찌 일찍이 양명학을 했겠는가?'라고 하기도 했으니, 이는 잘못된 것이다."라고 하여 양명학은 이단이 아니며 정제두가 양명학을 연구한 것이 잘못된 것이 아니라는 점을 분명히 했다.[83] 이광신이 바라본 하곡학 그리고 그 계승 방향에 대해서는 「제하곡정선생문」에 좀 더 자세히 기록되어 있다.

병진(丙辰) 10월 신유(辛酉, 1741) 삭(朔) 6일 병인(丙寅)에 후학 이 아무개는 삼가 변변치 않은 제수를 올리고 분향하기 위해 와서 하곡 정 선생님의 영전 아래 곡하고 올립니다. 글로써 고하길 다음과 같이 합니다. 아! 도(道)를 아는 사람도 명실(名實)이 불명확하며 동이(同異)를 구분하기 어렵습니다. 자줏빛을 붉은색이라 하는 사람은 진실로 망령된 것이며, 붉은색을 가리켜 자줏빛이라 하는 사람도 미혹된 것입

---

82 『霞谷集』卷11, 「門人語錄」, "李匡臣曰: '[…] 於此, 非故欲求異於考亭, 只是於根本大體與功夫入門處, 不能無離合繁簡之差而然. 然尊信考亭, 亦未嘗不篤, 其他文義之明當處亦未動一字. 及門者如欲以章句集註學之, 則亦授之以章句集註, 不必以陽明說引誘. 蓋以其篤實用工, 則以彼此不害爲同歸一致故也. 然而若有請問陽明說者, 則亦必隨其所叩, 竭兩端而亹亹.'"

83 『霞谷集』卷11, 「門人語錄」, "李匡臣曰: '[…] 此先生爲學之始終主意也.【世之塗聽道說, 不知考亭陽明之爲何道何學, 視若儒釋氷炭之不同, 斥陽明爲異端, 譏先生爲異學者, 固不可與議. 而先輩長者如明齋·南溪·明谷·誠齋諸先生蓋嘗憂之, 而亦恐於陽明考之不深, 而其憂之也過矣. 至於門人後學不免承沿舊見, 未能眞知陽明之不爲異端, 而必欲緪縫掩護, 或以爲先生何嘗爲陽明學云爾則是亦誣也.】'"

니다. 세상은 선생께서 왕씨의 학문[양명학]을 하여 주자학을 등한시했다 해서 우러러 믿고 흠모하는 사람이 드뭅니다. 심한 자는 단서의 다름과 문로(門路)의 차이를 보고 마치 흑백으로 판단하며 이뿐만 아니라 자줏빛이 붉은색에게 하듯이 하니, 생각하지 않을 뿐입니다. 만약 왕씨와 선생의 학문이 사물과 분리되고 문자를 생략하여 지견(知見)이 장애가 되고 요오(了悟)를 구경(究竟)으로 삼는다면 주자를 배반했다고 하는 것이 가능하며 이단이라 하는 것도 가능합니다. 그러나 왕씨의 학문은 한 조각 양지(良知)상에서 홀로 전수하고 묘하게 계합할 뿐만 아니라 다시 경전의 훈의에 상고하고 의리를 정밀히 연구하여 사무(事務)를 두루 논의하고 문장에 발휘하니, 공적(空寂)에 오염되었다고 말할 수 없는 것은 명확합니다. 선생께서도 먼저 그 큰 뜻을 세우고 널리 학문하여 아는 것이 많으셨습니다. 위로는 당우(唐虞: 요·순)와 수사(洙泗: 공자)의 미언오지(微言奧旨)로부터 아래로는 염락관민(濂洛關閩: 주돈이·정호·정이·장횡거·주희)과 유양사채(游楊謝蔡: 유초·양시·사량좌·채원정)의 다양한 학설에 이르기까지 참고하고 증명하기를 마치 자기 말을 외는 것처럼 하여 예악(禮樂)·산수(算數)·성력(星曆)·곤여(坤輿) 등 뭇 이치가 깃든 곳을 관통하지 않음이 없었습니다. 이를 혹 도도하게 흘러 막힘이 없다고 할 수는 있겠지만, 작고 치우침이 있다고 누가 할 수 있겠습니까? 그렇다면 선생을 왕씨학(양명학)을 했다고 하겠습니까? 고정학(주자학)을 했다고 하겠습니까? 저것은 말속(末俗)의 비난이며, 못난 사람들의 부화뇌동일 뿐입니다. 아! 양명학과 주자학의 구분은 대개 격물(格物)의 훈의에서 근원합니다. 주자의 훈의는 '지(至)'로써 '사물의 이치를 궁구해 나아간다'는 의미이며, 양명의 훈의는 '정(正)'으로써 '본원의 공부를 진실로 바로한다'는 의미입니다. 이에 후학들은 각기 주로 하는 바 있으니 양명학을 주로 하는 사람은 회암이 사물을 우선하고 본원을 뒤로

미뤄 자기에게 돌이키는 요체가 없이 지리한 폐단만 있다고 하며, 주자학을 주로 하는 사람은 양명이 본원만 오로지하고 사물을 내팽개쳐 궁리하는 공부가 없이 건너뛰는 폐단만 있다고 합니다. 그러나 저는 그렇게 생각하지 않습니다. 지금 '격(格)'이란 글자를 '지(至)'로 해석하든 '정(正)'으로 해석하든 누가 공자와 증자(曾子)의 뜻을 얻었는지는 알 수 없습니다. 양가(兩家)의 학문을 여기에 국한시켜 편협하게 할 필요는 없습니다. 지금 자포자기한 사람을 배제하고 만약 이미 학문에 뜻을 둔 사람이 있다면 궁리(窮理)와 성신(誠身) 이 두 가지는 애초에 두 가지로 병행해야 합니다. 일상생활에서 천 가지 만 가지 사물에 눈을 뜨고 바라보더라도 애초에 막힘이 있으니 일에 따라 강색(講索)할 필요는 없으며, 한 마디밖에 안 되는 이 마음에 노심초사하고 전전긍긍하더라도 애초에 마음을 잃어버리는 과오가 있으니 곳에 따라 꼭 존성(存省)할 필요도 없습니다. '격(格)'이란 글자를 '지(至)'로 해석할지 '정(正)'으로 해석할지 기다리지 말고 강색하고 존성할 줄 알아야 하니, 수레의 바퀴와 새의 날개를 하나만 쓰고 하나는 버릴 수 없기 때문입니다. 그렇다면 회암이 어찌 '지(至)'라는 한 글자를 사수(死守)하여 사물을 궁구하기도 전에 본원의 조(操)를 맡고 버려두었던 사물을 이미 궁구한 연후에 본원의 공부에 착수했겠습니까? 양명 또한 어찌 '정(正)'이란 한 글자로 한정하여 본원이 바로잡히기도 전에 사물에 나아가는 것을 버려두고 본원이 이미 바로 된 때에는 사물의 공을 쓸모없다고 했겠습니까? 진실로 이와 같다면 회암은 지리하고 양명은 겉넘다고 할 수 있겠습니다. 하지만 회암은 정자의 '치지(致知)'를 하면서 경(敬)이 없는 경우는 있지 않다[有致知不在敬]'는 훈의에 일생 동안 고심하고 노력해 종사했으니, 사물을 우선하고 본원을 뒤로하지는 않았다는 것을 알 수 있습니다. 양명은 평소 말하고 일할 때에 매번 움직임상에서 한계점의 분수(分數)를 사용하니[用邊然占分數] 본원을 오로지하고 사물을 내버려두지 않았다는 것을 또한 알 수 있습니다. 그러므로 『대학』훈의 상에 나아가 각기 어떤 걸 주장하는지에 따라 '지(至)'로 해석하거나 '정(正)'으로 해석할 뿐입니다. 양가(兩家)의 학문은 반드시 여기에 국한되어 치우침이 있지는 않습니다. 그렇다면 후학 중에 이것과 저것을 논하는 사람은 단지 학설의 시비득실을 논할 수는 있지만 그 학술이 지리한지 아니면 걸넘는지를 모두 의심할 필요는 없습니다. 가령 혹 입문하는 곳이 조금 다르더라도 이는 또한 지자지지(智者之知)·인자지인(仁者之仁)·자공지지(子貢之知)·자로지용(子路之勇)에 불과할 뿐입니다. 그런데 어찌하여 문호를 갈라 서로 비방한단 말입니까? 육구소(陸九韶)에 대한 주자의 제문[祭梭山文]에 이른바 "진실로 마음을 다해 선(善)을 택했으니, 비록 순서는 다를지라도 같은 유파이다."라고 한 것은 또한 이 때문입니다.[84]

---

[84] 李匡臣, 『先藁』, 「祭霞谷鄭先生文」, "維歲次丙辰十月辛酉朔六日丙寅, 後學李某謹齋鷄絮辨香匍匍而來, 哭奠于霞谷鄭先生靈几之下. 文以告之曰: 於乎! 知道者亦名實不明, 而同異難分. 認紫爲朱者固妄矣, 指朱爲紫者亦惑矣. 世以先生爲王氏之學而逕庭乎考亭也, 鮮能尊信而慕響焉. 甚者則視以端緒之異, 門路之差, 有若白黑之判, 不翅如紫之於朱, 其亦不思也已. 如使王氏與先生之學離絶事物脫略文字, 而知見爲障礙, 以了悟爲究竟, 則謂之背朱子可也, 異端亦可也. 而王氏之學, 不但於一片良知上, 單傳妙契, 而又復稽驗經訓, 研精理義, 彌論乎事務, 發揮乎文章, 則其不可謂染空寂也明矣. 先生亦已先立其大者, 而優優乎學博而知多, 上自唐虞洙泗微言奧旨, 下逮濂洛關閩游楊謝蔡, 夥然衆說, 參互講證, 如誦己言, 以至禮樂·算數·星曆·坤輿凡理之所寓, 靡不淹貫. 蓋或浩而靡涯, 孰云寡而有偏? 然則其將喚先生爲王氏學乎? 考亭學乎? 彼末俗之訾訛, 特俙儒之觀場而已. 嗚呼! 王朱之分, 蓋原於格物之訓. 朱訓以至而以爲窮至事物之理, 王訓以正而以爲誠正本原之功. 於是乎, 後之學者, 各有所主, 主於王者, 謂晦庵先事物後本原, 無反身之要, 而有支離之弊, 主於朱者, 謂陽明專本原遺事物, 無窮理之工, 而有經蹠之疾. 然愚竊以爲不然. 今格字之爲至爲正, 未知其孰得於孔子·曾子之旨, 而兩家之學, 未必局於斯, 而有所偏也. 何者? 今夫人除非自暴自棄者. 若旣有志乎學, 則窮理誠身, 斯二者, 自不能不兩下功夫, 日用事物, 千條萬緖, 開眼森羅, 自有揀遇, 不得必要隨事而講索焉. 此心方寸, 凝氷焦火, 轉頭起滅, 自有放過, 不得必須, 隨處而存省焉. 此不待格字之爲至爲正, 而方知講索而存省也. 而車鳥之輪翼, 自不可擧一而廢一故也. 然則晦庵豈可死守一至字, 而事物未窮之前, 一任本原之操, 舍之事物旣窮然後, 方下本原之功歟? 陽明亦豈可局定一正字, 而本原未正之前, 姑舍事物之來接, 而

이광신은 양명학과 주자학의 구분이 격물의 훈의에서 근원한다고 보았는데, 주자의 훈의는 '지(至)'로써 '사물의 이치를 궁구해 나아간다'는 의미이며, 양명의 훈의는 '정(正)'으로써 '본원의 공부를 진실로 바로한다'는 의미라고 하여 일반적인 해석과 크게 다르지 않았다. 다만 양명학자와 주자학자가 서로를 비난하는 지점을 다음과 같이 설명했다. 그는 "양명학자는 '주자가 사물을 우선하고 본원을 뒤로 미뤄 자기에게 돌이키는 요체가 없이 지리한 폐단만 있다'고 하며, 주자학자는 '양명이 본원만 오로지하고 사물을 내팽개쳐 궁리하는 공부가 없이 건너뛰는 폐단만 있다'라고 하여 서로를 오해하고 있다."고 했다.

하지만 이광신은 '격물(格物)'의 '격(格)'을 '지(至)'로 해석하든 '정(正)'으로 해석하든 근본적으로 문제가 없다는 입장이었다. 더 나아가 양명학과 주자학을 여기에 국한시켜 편협하게 해석할 필요는 없다고 여겼다. 왜냐하면 학문에 뜻을 둔 사람이라면 궁리(窮理)와 성신(誠身) 이 두 가지를 처음부터 병행해야 하기 때문이다.

일상생활에서 어떤 상황에 마주치게 되면 아무리 궁리해도 애초에 막힘이 있게 되니 상황마다 궁리할 필요가 없으며, 노력하여 마음을 바르게 해도 애초에 잃어버리는 잘못이 있게 되니 항상 존성(存省)할 필요도 없다는 것이다. 따라서 '격물'의 '격'을 '지(至)'로 해석할지 '정(正)'으로 해석할지 기다리지 말고 강색(講索)하고 존성(存省)할 줄 알아야 한다고 했다.

本原旣正之時, 無用事物之功歟? 誠如是則晦庵果支離也, 陽明果徑獵也. 而晦庵一生苦心竭力, 從事於程子未有致知不在敬之訓, 則其不爲先事物後本原可見矣. 陽明平日立言行事, 每動用上用邊然占分數, 則其不爲專本原遺事物, 亦可見矣. 故曰此特就大學訓義上各隨主意之如何. 而爲至爲正而已. 而兩家之學, 未必局於斯, 而有所偏也. 然則後學之論彼此者, 只可論訓說之是非得失, 而不必幷疑其學術之爲支離爲經蹟也. 假令或有入頭之少殊, 而此亦不過爲智者之知·仁者之仁·子貢之知·子路之勇. 顧何必分門割戶, 互相詆排也哉. 朱夫子祭梭山文, 所謂苟誠心而擇善, 雖異序而同流者, 蓋亦以此也."

그렇기 때문에 '지(至)'라는 한 글자를 사수하여 사물을 궁구하기도 전에 본원의 조(操)를 맡고 버려두었던 사물을 이미 궁구한 연후에 본원의 공부에 착수했다는 주자에 대한 비난이나, '정(正)'이라는 한 글자로 한정하여 본원이 바로잡히기도 전에 사물에 나아가는 것을 버려두고 본원이 이미 바로 된 때에는 사물의 공을 쓸모없다고 했다는 양명에 대한 비난이 모두 잘못된 것이다. 또한 주자는 '치지(致知)를 하면서 경(敬)이 없는 경우는 있지 않다[有致知不在敬].'라는 정자의 훈의에 한평생 고심하고 노력해 종사했으니, 사물을 우선하고 본원을 뒤로하지는 않았다는 것을 알 수 있으며, 양명은 평소 말하고 일할 때에 매번 움직임상에서 한계점의 분수를 사용하니[用邊然占分數] 본원을 오로지하고 사물을 내버려두지 않았다는 것을 또한 알 수 있다고 했다. 이광신은 이처럼 양명학과 주자학에 대한 오해를 비판하고 거시적 관점에서 학문을 바라보아야 한다고 주장했다. 이는 정제두의 학문관과 일치하는 면이다.

이광신은 조선 후기 사상계의 일반적인 흐름처럼 주자학을 바탕으로 학문을 형성해나갔지만 격물치지와 즉물궁리에 대한 해석에 의문을 품고 양명학을 받아들인 것으로 보인다. 정제두가 주자학의 입장에서 양명학을 이단시하거나 양명학의 입장에서 주자학을 공격하지 않았던 것처럼 이광신 역시 주자학과 양명학의 장단점을 분명히 파악하고 성학의 바탕으로 삼았던 것이다. 이광신은 공부하는 입문처에서 번잡함과 간이함, 분리와 합함의 차이가 있을 뿐 주자학과 양명학의 가치를 모두 인정하며, 본인의 학문으로 완성해나간 정제두의 학문과 사상을 온전히 계승했다. 이광신의 학문적 태도와 방향의 전환은 초년에는 주자학을 학문적 기초로 삼았지만 20대 이후 양명학에 심취했다가 논쟁을 거치면서 두 학문의 장단점을 깨닫게 되었던 정제두의 학문 연구 과정과 매우 흡사한 모습을 보인다.

한편 이광사는 정제두를 명예나 식색(食色)에 초탈하여 몸을 더럽히지 않았으며, 정제두가 자신을 드러내거나 스승이 되기를 좋아하지 않았다고 평했다. 스승이 되기를 좋아하지는 않았지만, 배우러 온 사람이 분발하지 않으면 가르쳐주지 않고 돌아가 생각하게 했으니, 이는 자득하도록 유도한 것이다. 이광사는 '정제두가 주자를 비판했다'는 평가에 대해서 당시 말류(末流)들이 선지후행(先知後行)에 힘쓰는 것을 비판하고 지행합일(知行合一)을 이루고자 한 것이라고 주장하면서, 정제두가 송나라 학자들의 견해를 열심히 실천했다는 근거를 제시했다. 이외에도 정제두의 박람강기를 말하면서도 많은 지식을 소화해 풀이했다고 평했으며, 예론에 있어 정제두가 시왕지례(時王之制)를 따랐다는 점을 분명히 밝히면서 정제두의 이런 행동은 자사(子思)·공자·정자(程子)에게서 그 근거를 찾아볼 수 있다고 했다.[85]

1755년 을해옥사는 소론의 정치적 몰락을 가져왔으며, 하곡학파에 심대한 타격을 주었다. 특히 이진유로 인해 연좌되어 이광명과 이광사는 귀양을 가게 되었고, 이는 하곡학의 전승에 중요한 역할을 담당해야 하는 이들의 부재를 가져왔다. 이후로는 이광사의 영향을 받은 이광려와 이영익, 이광명의 양자 이충익, 정후일의 사위 신대우 등을 중심으로 가학을 통한 전승이 이루어졌다.

3) 후기 문인 계열의 하곡학 계승 양상

후기 문인은 전주이씨 덕천군파 이경직 가문의 인물들이 대표적이다.

---

85 李匡師, 『圓嶠集選』 卷6, 「爲從父兄祭霞谷鄭先生文」.

후기 문인 이광명·이광신·이광사 중에서 특히 이광명이 중요한 것은 가계로 이어지는 학문 전승의 맥이 구한말까지 끊이지 않았기 때문이다. 이광명 가계는 강화에서 계속 세거하면서 사마시와 문과에 합격하여 관직에 진출했고, 그 덕분에 하곡학이 후대에까지 전승될 수 있었다.[86]

이광명의 아들 이충익(李忠翊, 1744~1816)은 본래 이광현(李匡顯)의 아들로 이광명이 1755년(영조 31)에 있었던 을해옥사로 유배간 지 5년 뒤인 1760년 무렵에 입후되었다.[87] 1755년 이충익의 생부인 이광현은 기장으로, 양부인 이광명은 갑산으로 귀양갔기 때문에 이들이 이충익의 학문에 영향을 미쳤을 가능성은 적다. 따라서 하곡학이 이광명에서 이충익으로 직접 전승되었다고 보기는 어렵다. 그렇다면 이충익의 학문에 직접적인 영향을 준 사람은 누구일까?

1755년 을해옥사로 인해 하곡학파는 심대한 타격을 받았다.[88] 그중에서도 이광사·이광명 등 이경직 가문의 타격이 컸다. 실제로 이광사와 이광명은 을해옥사와 큰 관련성이 없음에도 불구하고 소론 강경파 이진유의 조카라는 이유로 연좌되어 귀양을 가게 되었다.[89]

정제두의 사후에 아들 정후일을 비롯해 전기 문인 윤순·심육, 후기 문인 이광신 등이 세상을 떠났고, 1755년 을해옥사로 인해 이광명과 이광사가 귀양을 가면서 정제두의 학문을 전수해줄 스승이 사라져버렸다. 후속

---

86 기존 연구에서는 정제두가 이광명·이광사·이광신 등에게 학문을 전수했고, 이후 하곡학의 가학 전승을 당연한 결과처럼 말하고 있지만, 하곡학 전승은 이광명 가계만이 후대까지 분명하게 드러난다.
87 李忠翊, 『椒園遺稿』 册二, 「先考妣合葬誌」.
88 을해옥사에 대해서는 조윤선, 「조선후기 영조 31년 乙亥獄事의 추이와 정치적 의미」, 『한국사학보』 37(2009) 참고.
89 조윤선(2009), 위의 논문, 244쪽.

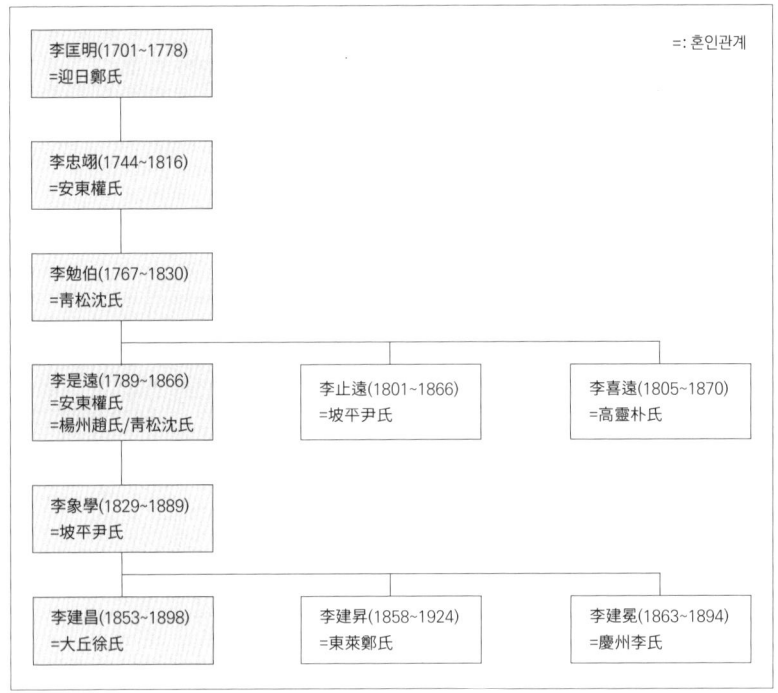

표 7 | 이광명-이건창 가계도

세대로는 이광사의 영향을 받은 이광려와 이광사의 아들인 이긍익·이영익 형제, 그리고 정제두의 손녀사위인 신대우 등이 남아 있었을 뿐이다. 1760년에 입양된 이충익은 양부인 이광명보다 아마도 이들과의 학문 교류를 통해 하곡학을 전수받았을 가능성이 높다. 실제로 신대우의 아들 신작은 신대우가 이광려·이영익·이충익 등과 어울리며 학문과 덕을 닦고 종일토록 담소를 나누며 토론했다고 했다.[90] 가장 연장자인 이광려가 신대우·이영익·이충익 등에게 하곡학을 전하고, 이후 신대우가 강화도에 거처하면서 하곡학파의 후학을 양성했을 것으로 보인다.

---

90 申綽, 『石泉遺稿』 卷1, 「戶曹參判宛丘先府君墓碑」.

하곡학의 전승에서 이광려의 역할은 매우 중요했다. 을해옥사 이후 남아 있는 사람 가운데 가장 연장자였고 항렬상 가장 높았기 때문이다. 이충익은 이광려를 스승으로 생각했다.[91] 이충익의 학문 형성에 많은 영향을 미친 신대우 역시 이광려를 통해 하곡학을 전수받았을 가능성이 매우 높다.

신대우(申大羽, 1735~1809)는 1749년(영조 25) 15세의 나이로 정후일의 딸과 혼인하면서 하곡학파와 인연을 맺었다. 그러나 곧 부모를 모두 여의고 집안이 가난하여 서울에서 생활할 수 없게 되자, 장모 문화유씨(文化柳氏)의 주선으로 강화도 진강산 남쪽 2리쯤에 세 들어 살게 되었다.[92] 신대우와 장모 문화유씨의 관계는 각별했다. 신대우가 강화도로 이거했던 1754년, 문화유씨는 아들 정지윤(鄭志尹)을 잃었다. 부모를 잃은 사위와 아들을 잃은 장모는 서로 모자(母子)처럼 의지하고 돌보았다.[93]

장모가 얻어준 강화도 집은 수운헌(睡雲軒)·내사(內舍)·정우(庭宇)·당호(堂戶)로 이루어져 있었는데, 방은 사방 한 장에 불과하고 흙으로 된 계단과 소나무 처마로 된 초라한 집이었다고 한다.[94] 수운헌은 최규서가 편액한 거실의 이름이니, 신대우가 살았던 집은 바로 최규서의 옛집이었던 것이다. 신대우는 이러한 인연을 바탕으로, 최규서가 정제두와 주고받은 친필 서한을 엮어 『최충정첩(崔忠貞帖)』을 만들고 후기를 남긴 바 있다.[95]

신대우는 정후일의 행장인 「조선고통훈대부부평도호부사수원진관병

---

91 李忠翊, 『椒園遺稿』 冊2, 「李參奉集叙」.
92 申大羽, 『宛丘遺集』 卷5, 「鄭氏夫人墓誌銘」; 申綽, 『石泉遺稿』 卷1, 「先府君事狀」; 申綽, 『石泉遺稿』 卷2, 「先妣遺事」.
93 申大羽, 『宛丘遺集』 卷10, 「祭柳夫人文」.
94 정양완·심경호, 「江華學派의 文學과 思想 (1): 月巖 李匡呂論·宛丘 申大羽論」(한국정신문화연구원, 1993), 377쪽.
95 정양완·심경호(1993), 위의 책, 382쪽; 申大羽, 『宛丘遺集』 卷1, 「崔忠貞帖後記」.

마동첨절제사정공행장(朝鮮故通訓大夫富平都護府使水原鎭管兵馬同僉節制使鄭公行狀)」에서 "정지윤은 훌륭한 선비였는데 일찍 죽었고, 아들 정술인(鄭述仁)은 신대우에게 정후일의 가르침을 배웠다."라고 했다.[96] 이러한 언급은 하곡학이 정후일 → 신대우 → 정술인으로 전승되었음을 보여준다. 그러나 이는 직접적인 사승 관계가 될 수 없다. 신대우는 1749년에 결혼하고 1754년에 강화도로 이거했다. 당시 정제두와 정후일은 이미 사망한 뒤이며, 따라서 정제두 → 정후일 → 신대우로 이어지는 학맥은 사숙(私淑)으로 계승한 학맥이다.

일반적으로 신대우가 1754년 강화도로 이거한 뒤 이광명에게 많은 가르침을 받은 것으로 해석한다.[97] 하지만 1755년(영조 31)에 이광명은 을해옥사로 유배당한다. 물론 약 1년의 기간이 있었지만, 그 기간은 길지 않기에 그 영향력은 결코 크지 않았을 것이다.

신대우에게 스승이 있었다면 그가 강화도에 이거했던 1754년에 생존했던 인물이어야 하며, 연장자여야 한다. 이 두 조건을 충족하는 인물로는 이광명, 이광사, 이광려가 있다. 하지만 앞서 말한 바와 같이 이광명과 이광사는 을해옥사로 함경도 갑산과 부령으로 유배를 갔으므로 신대우에게 깊은 가르침을 주지 못했을 것이다. 나머지 한 사람 이광려는 유배를 가지 않았고, 신대우와 30년에 가까운 시기를 함께 보냈다. 사실 신대우는 평소 이광려의 문장에 깊이 공감하고 있었다. 또한 그는 이광려의 언사가 과격하지 않고 겸손함이 몸에 배었으며 사서에 밝고 육경의 정수를 흡입했다고 평가했다. 이광려는 금석문과 전서(篆書)에 대한 취향이 있었

---

96 申大羽, 『宛丘遺集』卷8, 「朝鮮故通訓大夫富平都護府使水原鎭管兵馬同僉節制使鄭公行狀」, "志尹善士蚤死, 有子述仁, 以大羽習於公聞."

97 이용규, 『江華學派 學人들의 발자취』(수서원, 2007), 169쪽.

는데, 이 또한 신대우에게 깊은 영향을 주었던 것으로 보인다.[98] 따라서 신대우의 실질적인 스승은 이광명보다는 이광려라고 보는 게 타당할 것이다.

신대우는 1785년(정조 9)에 출사하기 전까지 18년 동안 줄곧 강화도에 머물며 강학했다. 특히 문중 자제들을 과거에 대비시켰다는 점에 주목할 필요가 있다. 자신의 동생인 신대흡(申大翕)과 아들인 신진(申縉)·신작(申綽)·신현(申絢)을 비롯해서 처조카인 정술인 등에게 기본적인 경서와 정시(程詩)·정문(程文) 등 과거에 필요한 공부를 시켰다.[99] 자신은 과거에 응시하지 않았으나, 자제들에게는 과거를 통해 출사하도록 한 것이다. 그 결과 정술인이 1783년(정조 7)에 진사가 되어 나중에 벼슬이 판관에 이르렀고, 셋째 아들인 신현은 1794년(정조 18)에 문과에 합격했다. 첫째 아들 신진과 둘째 아들 신작도 여러 차례 과거에 응시하여 1804년(순조 4)에 모두 생원이 되었고, 신작은 1809년(순조 9)에 문과에도 급제했다. 이와 같이 신대우는 하곡학파 내에서 문중 자제들을 가르치고 실질적으로 이끌었던 인물이다.

신대우는 강화도에서 용안실(容安室)을 열어 문중 자제들을 가르쳤고, 출사 이후에는 홍양호와 교류하여 전기 문인 계열과 후기 문인 계열의 교두보 역할을 함으로써 하곡학이 당대에 학계에 전파되고 후대로 계승되는 데 많은 영향을 미쳤다. 또 신대우가 정제두의 유고를 정리했다는 사실에서 하곡학파에서 차지하는 위상을 짐작할 수 있다.[100] 이광명의 아들

---

98 정양완·심경호(1993), 앞의 책, 333쪽.
99 정양완·심경호(1993), 앞의 책, 405쪽.
100 국립중앙도서관 소장의 22책본 『霞谷集』에 붙어 있는 정문승(鄭文升)의 「霞谷集目錄跋」에 따르면, 정제두의 문인인 심육과 이진병 등이 정제두의 유고를 모았고 신대우가 그 유고를 처음으로 정리하여 35권의 목록을 작성해두었다고 한다. 신대우가 정리한 정제두의 유고는 대부분 산일되어 정문승이 발문을 썼던 1856년(철종 7) 무렵에는 경설(經說), 서

이충익 역시 신대우에게 많은 영향을 받았다.

이충익(李忠翊, 1744~1816)은 어려서부터 신대우를 종유했으며 사는 곳이 가까워 한 달에 세 번은 반드시 만났다고 했다. 중년 이후로는 친부와 양부의 유배지로 다니느라 자주 보지는 못했지만, 매년 모일 때마다 밤낮으로 술을 마시며 문장을 논하여 지은 것이 있으면 서로 보여주고 토론하여 신대우의 문집인 『완구유집(宛丘遺集)』에 수록된 글은 이미 모두 보았다고 했다.[101] 즉 신대우는 이충익의 학문적 동료이자 선배였던 셈이다.

이충익 가계와 신대우 가계는 두 사람이 죽은 후에도 꾸준히 교류했다. 1824년(순조 24) 정월에 신대우의 셋째 아들인 신현이 강화유수로 부임한 뒤인 4월에 신진·신작·신현이 외가의 산소를 성묘하면서 연구시(聯句詩)를 지었는데, 이때 이면백(李勉伯)과 이시원(李是遠)도 참석했다.[102] 이충익의 아버지 이광명과 신대우가 모두 정후일의 사위라는 점이 작용한 것이라 할 수 있으며, 이는 신대우와 이충익 사후에도 두 가계가 계속 교류했다는 증거이다.

한편 이충익은 이광려가 사망한 지 23년 만인 1805년(순조 5)에 그의 글을 직접 산정(刪定)하여 만든 문집을 『이참봉집(李參奉集)』이라 명명하고 서문(敍文)을 지었다. 이 글에서 이충익은 이광려의 학문을 "조용히 안으로 수양[默默內修]"하는 실천 위주의 학문으로 평가했다.[103]

(書), 소(疏) 등만이 약간 남아 있었으며, 신대우가 과연 『霞谷集』을 책으로 묶었는지 여부조차 상고할 수 없게 되었다고 한다[정양완·심경호(1993), 앞의 책, 310쪽].

101 李忠翊, 『椒園遺稿』 冊2, 「宛丘集序」.
102 이 연구시는 민영규 소장의 「椒園聯句」 두루마리에 적혀 있다. 원래는 100운(200구)이었으나, 현재는 64구만 전한다; 이 연구시의 원문과 번역은 정양완·심경호(1993), 앞의 책, 316-319쪽 참조; 관련 연구로는 박용만, 「강화학파(江華學派)의 연구시(聯句詩)에 관한 고찰」, 『한국한시연구』 12(2004)가 있다.
103 李忠翊, 『椒園遺稿』 冊2, 「李參奉集叙」.

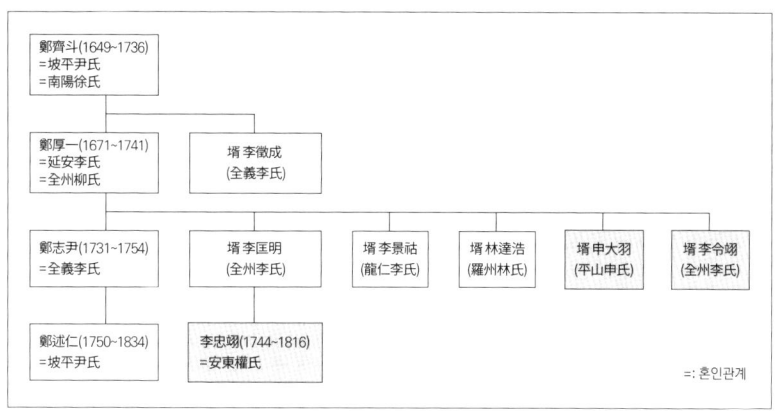

표 8 | 정제두 가계의 혼맥도 및 신대우·이영익·이충익의 관계도

    이충익이 보기에 이광려는 늙어서도 학문을 좋아했는데, 독서는 두루 널리 읽기보다는 정밀히 읽어 옛사람의 본뜻을 구하려고 애썼다. 또 글을 짓는 데 옛사람의 문체를 답습하지 않고 시속의 가락에 구애받지도 않았으며, 창조성을 깊이 생각했다.[104]

    이충익의 학문 형성에서 이영익(李令翊, 1740~1780)의 역할 또한 매우 중요했다. 이충익은 불교에 심취하여 1768년(영조 44) 무렵에는 승려 혜운(慧雲)과 함께 마니산 망경대 폭포 아래에 7칸 암자를 지었다가 관가의 벌을 받을까 두려워 스스로 철거하기도 했다. 이영익은 이를 조롱하는 시를 지어 보냈고, 이충익은 그에 대해 해명하는 시를 지었다.[105] 이는 이충익이 불교에 심취한 것에 대해 이영익이 계도한 하나의 사건이다. 이외에도 두 사람은 치열한 토론과 비판을 통해 학문을 연마해나갔다.[106]

---

104 李忠翊, 『椒園遺稿』 冊2, 「李參奉集叙」.
105 李忠翊, 『椒園遺稿』 冊1, 「營小庵于望京谷, 有以官禁沮, 埋材以俟後. 幼公從兄, 以詩嘲, 信筆自解」.
106 李忠翊, 『椒園遺稿』 冊2, 「從祖兄信齋先生家傳」.

이 둘 사이에는 왕수인의 치양지설과 『고문상서(古文尙書)』의 진위 여부에 관한 논쟁이 있었다. 이충익이 왕수인의 치양지설을 좋아하자 이영익은 주희를 배워야 한다고 충고했으며, 이충익은 『고문상서』를 진서(眞書)로 보았으나 이영익은 위서(僞書)로 보는 등의 차이가 있었다.[107] 이충익뿐만 아니라 신대우도 『고문상서』의 의리(義理)가 좋기 때문에 위서로 의심하지 않았는데, 이영익은 '문체 면에서 『고문상서』가 위서'라는 이광사의 가르침을 받고 위서라고 주장했다. 이광사는 오징(吳澄)이 문체 면에서 『고문상서』를 위서로 논한 것에 근거했다. 이영익의 『고문상서』 위서설은 신작을 거쳐 정약용(丁若鏞)에게까지 전해지게 되었다.[108]

『대학』의 격물에 대한 논의 역시 치열했다. 이영익은 '격물(格物)'의 '물(物)'을 '물유본말(物有本末)'의 '물(物)', '치지(致知)'의 '지(知)'를 '지소선후(知所先後)'의 '지(知)'라고 했는데, 이충익은 이렇게 보면 문맥이 통하지 않는다며 그의 견해에 반대하고, 격물치지를 성의(誠意)의 방도라고 주장했다. 그럼에도 이영익과 이충익은 모두 『고본대학(古本大學)』에 착간이 없다고 보았으며, '본말선후(本末先後)'의 요체에 대해서는 그 견해가 서로 다르지 않았다.[109] 이영익이 '격물'의 '물'을 '물유본말'의 '물'로, '치지'의 '지'를 '지소선후'의 '지'로 본 것은 왕간(王艮)의 설과 유사하며,[110] 이충익이 격물치지를 성의의 구체적인 방법이라고 한 것은 왕수인의 치양지설

---

107 李忠翊, 『椒園遺稿』 冊2, 「從祖兄信齋先生家傳」.
108 심경호, 『江華學派의 文學과 思想 (3): 員嶠의 學術思想・信齋李令翊論』 (한국정신문화연구원, 1995), 360-383쪽.
109 李忠翊, 『椒園遺稿』 冊2, 「從祖兄信齋先生家傳」.
110 周汝登, 『王門宗旨』 卷8, 「王心齋先生語抄」, "『大學』是經世完書. 喫緊處只在止於至善. 格物却正是止至善. 格物之物即物有本末之物. 其本而末治者否矣, 其所厚者薄而其所薄者厚, 未之有也, 此格物也. 故即繼之曰, 此謂知本, 此謂知之至也."; 馮從吾, 『少墟集』 卷2, 「語錄」, "王心齋謂格物是格物有本末之物, 致知是致知所先後之知."

에 따른 해석이다.¹¹¹

특기할 점은 이충익이 이광려의 문집인 『이참봉집』과 신대우의 문집인 『완구유집』의 편집 과정에 참여하여 그 서문을 작성했으며, 이영익의 생애에 대한 기록을 남겼다는 것이다.¹¹² 이충익은 이광려·신대우·이영익 등과 함께 학문과 덕을 수양했고, 누구보다도 이들의 생애와 학문에 대해서 잘 알았기 때문에 문집 편집과 서문·전기 작성이라는 막중한 임무를 맡았다고 볼 수 있다. 이광려·신대우·이영익의 학문은 각기 다른 점을 내포하고 있지만, 그 저변에는 공통점이 있다. 이광려의 '묵묵내수(默默內修)', 신대우의 '전내실기(專內實己)', 이영익의 '전수곤핍(專輸悃愊)'이 바로 그것으로, 용어는 다르지만 그 뜻은 한 가지이다. 내 안의 진실된 마음[實心]에만 집중하여 수양하는 것이다. 이는 정제두의 영향에서 비롯되었다. 정제두는 「존언(存言)」에서 다음과 같이 말했다.

> 나는 학문을 안에서 구하지 밖에서 구하지 않는다. 이른바 안에서 구한다는 것은 돌이켜 살피고 안으로 성찰하여[反觀內省] 외물을 끊는 것이 아니다. 오직 안에서 스스로의 만족[自慊]을 구하고 다시는 바깥의 득실을 일삼지 않으며, 오직 내 마음의 옳고 그름을 다하고 다시는 남의 옳고 그름을 따르지 않으며, 사물의 근본에서 그 참됨을 이루고 다시는 행위의 자취에 구애되지 않는 것이다. 나의 마음속에 있을 뿐이니, 어찌 남에게 관여되겠는가?¹¹³

---

111 鄭寅普, 「陽明學演論 61」, 『동아일보』, 1933년 12월 12일.

112 이충익의 『초원유고』에 「李參奉集叙」, 「宛丘集序」, 「從祖兄信齋先生家傳」이 남아 있다.

113 鄭齊斗, 『霞谷集』 卷9, 「存言 下」, "吾學求諸內而不求諸外. 所謂求諸內者, 非反觀內省而絶外物也. 惟求其自慊於內, 不復事於外之得失, 惟盡其心之是非, 不復徇於人之是非, 致其實於事物之本, 不復拘於事爲之迹也. 在於吾之內而已, 豈與於人哉?"

정제두는 학문을 자기 안에서 구해야 한다고 했다. 내적 수양에 힘써 스스로의 만족을 구하고, 내 마음의 시비(是非)를 다하며, 사물의 근본에서 참됨[實]을 구하면 된다고 여겼다. 외부의 득실을 일삼거나, 남의 시비를 따르거나, 행위의 자취에 구애되어서는 안 된다는 것이다. 그는 주자학을 제대로 공부하지 않고 주희를 가탁하여 견강부회하는 당대의 학문적 태도를 비판했다.[114] 이는 밖으로는 인의(仁義)의 이름만을 빌리고 안으로는 사리사욕의 실속을 챙기는 당시의 세태에 대해서 왕수인이 비판했던 것과 같다.[115] 정제두의 이러한 비판은 자신이 추구하는 참된 학문의 방향을 찾고자 하는 노력에서 비롯된 것이었다.

정제두 사후 2년 뒤인 1738년 3월 6일 경기 유학 박필일(朴弼一) 등이 상소하여 정제두의 원우에 사액하기를 청했으나 허락되지 않았다.[116] 이 상소에서 정제두의 학문을 '실심실학(實心實學)'이라 평하고 정제두를 '한 시대의 유종(儒宗)'이라 칭했다.[117] 실심실학을 하곡학의 근본이라고 본 것이다.

정제두의 '실(實)'을 강조하고 '허가(虛假)'를 비판하는 학문적 태도는 그의 문인들에게도 전수되어,[118] 이광신의 '성정본원(誠正本原)·무실(務實)',

---

114 鄭齊斗,『霞谷集』卷9,「存言 下」.
115 王陽明,『傳習錄』, 180條目.
116 『英祖實錄』, 英祖 14年 3月 6日.
117 『霞谷集』卷10,「請設書院儒疏【再疏】」, "惟我先正, 實心實學, 爲一世儒宗."
118 정인보는 「陽明學演論」에서 하곡학파의 허가 비판적 학문 태도에 대해서 처음으로 언급했고, 이후 유명종은 이충익의 「假說」을 소개하면서 이충익과 이지(李贄)의 허가 비판에 대해 비교했다[유명종,「江華學派의 陽明學傳統」,『철학연구』 29(1980), 4장]. 심경호는 정제두와 그의 문류들이 '실심(實心)'을 강조한 태도로 당대 가학(假學)에 대해서 비판했다고 했고[심경호,「江華學의 虛假批判論」,『대동한문학』 14(2001); 심경호,「강화학파의 가학(假學) 비판」,『양명학』 13(2005)], 김윤경은 '假'의 용례를 분석하는 방법으로 이충익의 가론과 이탁오·정제두의 가론을 비교 연구했다[김윤경,「李忠翊의 '假論': 이탁오 眞假論, 정제두 假論과의 비교」,『동양철학연구』 73(2013)].

이광사의 '존실리(存實理)', 이영익의 '성의신독(誠意愼獨)', 이충익의 '구진(求眞)', 이시원의 '진지독행(眞知篤行)', 이상학의 '추실심(推實心)·무대체(懋大體)', 이건창의 '반본(反本)', 이건승의 '실심실사(實心實事)' 등으로 나타나게 된다.[119] 각자의 개성과 시대 상황에 따라 드러나는 학문은 다를지라도 모두가 '실'을 강조하고 '허가'를 비판하는 태도를 취한 것이다. 특히 이충익의 「가설(假說)」은 이후 그의 후손들이 취하고 있는 허가 비판적 태도의 토대가 된 것으로 볼 수 있다.

또한 이충익은 현실 상황을 반영하여 「군자지과설(君子之過說)」에서 당쟁을 일삼는 현실을 비판했으며, 이러한 태도는 그의 후손들에게 이어졌다. 이면백은 『감서(憨書)』를 지어 시대상을 비판했는데, 「무론(武論)」에서는 조선이 문약한 원인을 밝혔고, 「동론(同論)」에서는 당화(黨禍)의 원인을 밝혔으며, 「예론(禮論)」에서는 말세의 선비들이 명실(名實)을 문란하게 한 것에 대해서 공격했다.[120] 이외에도 「비지설(碑誌說)」을 지어 비지문(碑誌文)을 작성할 때 묘주(墓主)에게 아첨하는 태도를 경계하여 묘지문의 공기(公器) 기능을 회복해야 한다고 주장했다.[121]

이시원은 『국조문헌(國朝文獻)』 100여 권을 남겨 손자 이건창이 『당의통략(黨議通略)』 2권을 집필하는 단초를 열었고,[122] 이건창은 『당의통략』의 「원론(原論)」에서 '도학이 너무 중한 것, 명의(名義)가 너무 엄한 것, 문사(文辭)가 너무 번다한 것, 형옥이 너무 엄밀한 것, 대각(臺閣)이 너무 준엄한 것, 관직이 너무 많은 것, 벌열(閥閱)이 너무 성한 것, 태평세월이 너무

---

[119] 심경호(2005), 위의 논문, 245-247쪽.
[120] 정인보, 「朝鮮古典解題 3: 憨書」, 『동아일보』, 1931년 1월 19일; 『憨書』는 현재 전하지 않는다.
[121] 심경호(2005), 앞의 논문, 262-263쪽.
[122] 李建昌, 『明美堂集』 卷9, 「黨議通略序」.

오래된 것' 등을 붕당의 원인으로 논했다.¹²³ 이처럼 정제두의 '허가' 비판적 태도는 이충익의 「가설」을 거쳐 이면백의 『감서』와 이건창의 『당의통략』의 사론으로까지 이어지게 되었다.

---

123 李建昌, 『黨議通略』, 「原論」, "其亦可謂古今朋黨之至大至久至難言者歟. 竊嘗論之其故有八, 道學太重一也, 名義太嚴二也, 文詞太繁三也, 刑獄太密四也, 臺閣太峻五也, 官職太淸六也, 閥閱太盛七也, 承平太久八也."

3장
하곡학파의 지역적 확산

하곡학파는 정제두의 학문과 사상을 계승한 일군의 학자들을 말한다. 정제두 사후에 그의 학문과 사상은 심육·윤순·이진병·이광명·이광신· 이광사·신대우 등에게 계승되었고,[1] 학맥뿐만 아니라 혈연과 혼인으로도 이어졌다.[2] 특히 정제두 본인의 가계와 손녀사위인 이광명·신대우 가계 는 하곡학파의 주축을 형성했다.

하곡학파에 대한 연구는 정인보로부터 시작되었는데, 그는 「양명학연 론」에서 정제두와 그 문인을 중심으로 조선시대에 양명학을 연구했다고 판단되는 사람을 '조선양명학파'로 규정했다.[3] 이후 정인보의 연구를 기초 로 정양완·심경호·박광용·서경숙·최재목·천병돈 등이 정리한 하곡학파 구성원은 다음과 같다.[4]

영일정씨 정제두 가계의 정후일·정지윤·정술인·정문승·정기석(鄭箕 錫)·정원하, 전주이씨 덕천군파 이경직 가문의 이광명·이광신·이광사 이 후 이광려·이긍익·이영익·이충익·이면백·이시원·이건창·이건승·이건

---

* 3장의 내용은 필자의 「하곡학파의 지역적 전개와 사상사적 의미」, 『양명학』 60(2021)을 수 정·재구성한 것이다.

1 이외에도 정제두의 문인으로는 『霞谷集』 卷11, 「祭文」과 「門人語錄」에서 그의 문인을 자 처한 최상복·성이관·오세태·송덕연, 정제두의 사위 이징성과 손녀사위 이경호, 민이승 의 아들 민윤창·민경창·민회창, 박심의 아들 박양흔 등을 들 수 있다.

2 정양완·심경호, 『江華學派의 文學과 思想 (1): 月巖 李匡呂論·宛丘 申大羽論』(한국정신문 화연구원, 1993), 11쪽.

3 정인보, 『薝園國學散藁』(문교사, 1955), 261-262쪽.

4 하곡학파의 계보를 정리한 주요 선행 연구로는 정양완·심경호(1993), 앞의 책; 정양완, 『江華學派의 文學과 思想 (2): 員嶠 李匡師論·員嶠와 信齋의 東國樂府』(한국정신문화연구 원, 1995); 심경호, 『江華學派의 文學과 思想 (3): 員嶠의 學術思想·信齋李令翊論』(한국정 신문화연구원, 1995); 정양완, 『江華學派의 文學과 思想 (4): 石泉 申綽論』(한국정신문화 연구원, 1995); 정양완, 『江華學派의 文學과 思想 (5): 특히 耕齋 李建昇의 『海耕堂收艸』를 中心으로』(도서출판 월인, 2012); 박광용, 「강화학파의 인물과 사상」, 『황해문화』 10(1996); 서경숙, 「初期 江華學派의 陽明學」(성균관대학교 박사학위논문, 2001); 최재목, 「강화 양명학파 연구의 방향과 과제」, 『양명학』 12(2004); 천병돈, 「강화학파의 형성과 사 상적 계보」, 『인천학연구』 7(2008) 등이 있다.

방, 평산신씨 신대우 가계의 신진·신작·신현 등이다.[5] 이외에 하곡학파의 마지막 계승자라고 할 수 있는 정인보와 그의 스승인 정인표, 그리고 그들과 교유했던 홍승헌 등도 하곡학파의 일원이라 할 수 있다.

이 가운데 후대까지 하곡학을 계승한 영일정씨 정제두 가계, 전주이씨 덕천군파 이경직 가문의 이광명 가계, 평산신씨 신대우 가계는 하곡학파의 주축을 형성했다. 3장에서는 이상의 하곡학파 주요 가계를 중심으로 가계 기록인 족보와 가승을 비롯해 개인 기록인 묘도문자와 행장 등을 분석하여 18~19세기 하곡학의 계승과 지역적 확산에 대해 검토하고, 주요 거점이었던 강화·광주·진천에서의 활동에 대해서 논하도록 하겠다.

1. 하곡학파의 주요 가문들

하곡학파는 세대를 이어가며 강화에서 경기와 충청 지역으로 전개되어 갔다. 이 과정에서 하곡학의 계승, 다른 학문과의 교류, 시대적 요구에 따른 부흥 등이 일어나게 되었다. 18~19세기 하곡학파의 지역적 전개 과정에 대해서는 주요 가계의 족보·가승·묘도문자·행장 등을 통해 세거지 및 묘역 정보를 검토하여 확인할 수 있다.

---

[5] 서경숙·천병돈 등은 정제두의 직전제자를 초기 하곡학파(강화학파), 재전제자를 중기 하곡학파, 그 이후를 후기(말기) 하곡학파로 구분했다[서경숙(2001), 위의 논문, 20~42쪽; 천병돈, 「초기 하곡학파의 하곡학적 사유」, 『동양철학연구』 88(2016); 천병돈, 「후기 하곡학파의 실천정신」, 『양명학』 50(2018); 천병돈, 「중기 하곡학파의 학술사상 연구」, 『양명학』 54(2019)]. 하지만 이 책에서는 하곡학파의 지역적 전개 과정을 추적하기 위해 가계를 중심으로 하곡학파를 정리했다.

1) 영일정씨 정제두 가계[6]

정제두의 선대인 정광윤(鄭光胤)·정운(鄭雲)·정구응(鄭龜應)·정열(鄭說) 등의 묘는 안산에 조성되었고, 정근(鄭謹) 이후로는 강화에 묘역이 조성되었다. 정제두 가문과 강화의 인연은 정제두의 고조인 정구응으로부터 시작된다. 정구응은 권개(權愷)의 딸과 혼인했는데, 권개의 집안은 강화 지역의 유력 가문이었다. 1597년 정유재란 때 정제두의 증조 정근이 외가가 있는 강화로 이거하고 권개의 외손봉사를 하면서 정제두 집안은 강화에 세거하게 되었다. 이후 정근이 강화 지역의 유력 가문인 강화최씨(江華崔氏)[최계선(崔繼善)의 딸], 창원황씨(昌原黃氏)[황치경(黃致敬)의 딸]와 혼인하면서 정제두 집안은 강화 지역의 유력 가문으로 성장하게 된다.[7]

정제두의 선대인 정근 이후 정유성—정상징—정제두—(정후일)—정지윤이 강화에 세거하고 묘역을 조성했으며, 정제두의 후손은 강화·통진·천안 등지에 묘역을 조성했다. 정제두의 증손 정지윤 이후로 정규석(鄭奎錫)·정원세(鄭元世)·정문상(鄭文商)·정태석(鄭泰錫)·정윤석(鄭崙錫)·정화석(鄭華錫) 등의 묘가 강화에 조성되었고, 정제두의 아들 정후일 이후로 정술인·정문영(鄭文永)·정문겸(鄭文謙) 등의 묘가 통진에 조성되었다. 천안에는 정문승의 묘가 조성된 이후로 그의 아들 정기석[정문영에게 출계한 아들]과 손자 정원하의 묘가 조성되었다. 천안으로 확산된 것은 구한말 하곡학파가 재결집하는 데 중요한 역할을 했다.

---

6 정제두의 가계는『迎日鄭氏世譜』에 근거해 정리했다. 『迎日鄭氏世譜』는 1915년 정덕영(鄭悳永)이 간편(刊編)한 연활자본으로, 전체 24권 23책으로 이루어져 있다. 현재 국립중앙도서관(한고朝58-가24-8)에 소장되어 있고, 한국학중앙연구원에도 마이크로필름(MF R35N 4453, MF R35N 4455, MF R35N 4456)으로 사본이 있다. 필자는 한국학중앙연구원에 있는 마이크로필름으로 확인했다.

7 이남옥, 「하곡 정제두의 인적네트워크」, 『양명학』 49(2018), 145쪽.

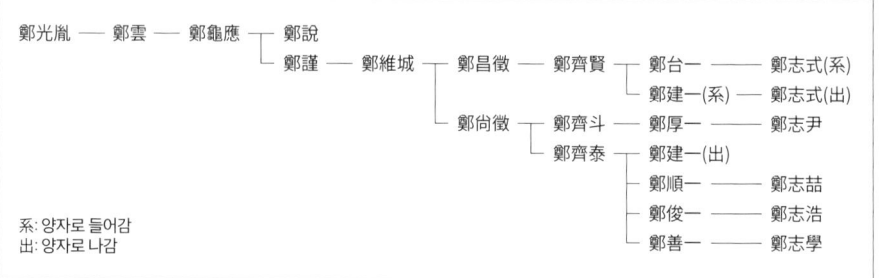

표1 | 정제두 가문 약도[鄭光胤-鄭志尹]

사실 천안에 처음 묘를 조성한 것은 정제두의 첫째 부인인 파평윤씨(坡平尹氏)[윤홍거(尹鴻擧)의 딸]와 둘째 부인인 남양서씨[서한주(徐漢柱)의 딸]를 합폄(合窆)하면서부터이며, 이후 정문승 가계가 천안에 묘역을 조성했다. 파평윤씨와 남양서씨를 합폄한 곳은 천안 북십리 부토리 계좌(癸坐)이며,[8] 이들의 5대손인 정기석과 그 아들 정원하의 묘는 부토리 묘역에 조성되었다.[9] 정문승의 묘는 천안 서십리 산죽촌 봉접산 을좌(乙坐)에 조성되었다.[10]

정유성–정상징–정제두–(정후일)–정지윤 이후에도 정규석·정원세·정문상·정태석·정윤석·정화석 등의 묘가 계속 강화에 조성되었지만, 정후일–(정지윤)–정술인–정문영의 묘는 통진에 조성되고, 정문승–정기석–정원하의 묘는 천안에 조성된 것으로 볼 때, 영일정씨 정제두 가계는 강화를 근거로 경기[통진]와 충청[천안] 지역으로 확산되어갔다고 할 수 있다.

---

8   『迎日鄭氏世譜』卷六上, 鄭齊斗條, 5-6쪽; 파평윤씨와 남양서씨의 초장지(初葬地)는 안산 추곡이었으나, 1691년(숙종 17)에 천안으로 개장했다(申綽, 『霞谷集』卷10, 「年譜」, 43세 조).

9   『迎日鄭氏世譜』卷十六中, 鄭箕錫條, 11쪽; 『迎日鄭氏世譜』卷十六中, 鄭元夏條, 11쪽.

10 『迎日鄭氏世譜』卷十六中, 鄭文升條, 12쪽.

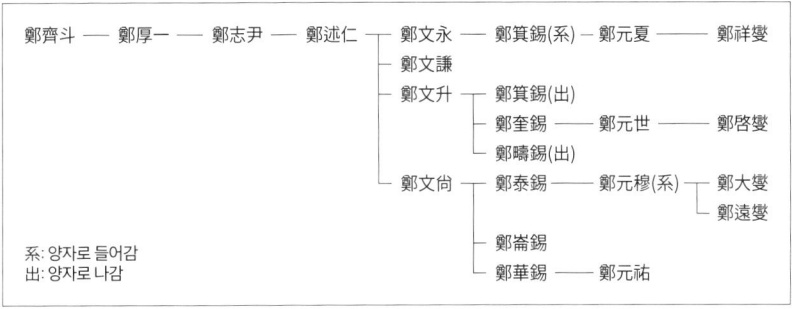

系: 양자로 들어감
出: 양자로 나감

표 2 | 정제두 가계 약도[鄭齊斗-鄭啓燮]

표 3 | 정제두 가계 묘역 분포

성명(생몰년)	활동 시기	묘역	처부1, 처부2	과거	주요 관직
鄭齊斗(1649~1736)	17세기 후반	江華/鎭江山	尹鴻擧(파평윤씨) 徐漢柱(남양서씨)		의정부우찬성 성균관 좨주
鄭厚一(1671~1741)	18세기 전반	通津/石井里	李端相(연안이씨), 柳春陽(전주유씨)		부평부사
鄭志尹(1731~1754)	18세기 전반	江華/鎭江山	李徵成(전의이씨)		
鄭述仁(1750~1834)	18세기 후반	通津/古里串	尹光裕(파평윤씨)	진사	전주판관
鄭文永(1775~1805)	18세기 후반	通津/葛山	朴宗來(반남박씨) 俞彦盆(기계유씨)	생원	
鄭箕錫(1813~1889)	19세기 후반	天安/富土里	洪淳謨(풍산홍씨)		돈녕부도정
鄭元夏(1854~?)	19세기 후반	天安/富土里	洪善周(풍산홍씨)	진사 문과	참판
鄭祥燮(1874~?)			洪承憲(풍산홍씨)	진사	
鄭文謙(1782~1800)	18세기 후반	通津/古里串	李潞秀(연안이씨)		
鄭文升(1788~1875)	19세기 전반	天安/鳳棲山	尹光垂(파평윤씨)	진사	공조판서 겸 판의금부사
鄭奎錫(1819~1876)	19세기 전반	江華/鎭江山	尹致弘(해평윤씨)		
鄭元世(1844~1925)	19세기 후반	江華/鎭江山	李義性(한산이씨)	진사	군수, 감찰
鄭啓燮(1876~?)			李源逸(용인이씨)	생원	
鄭文商(1790~1821)	19세기 전반	江華/廣城津	朴尙榮(고령박씨)	생원	
鄭泰錫(1809~1891)	19세기 후반	江華/廣城津	成載崇(창녕성씨)		
鄭元穆(1868~1910)	19세기 후반	鐵原/四要里	李健緯(전주이씨)		
鄭崙錫(1814~1894)	19세기 후반	江華/廣城津	李玄好(전의이씨)		
鄭華錫(1819~1887)	19세기 후반	江華/摩尼山	李沆(덕수이씨)	생원	옥과현감

특히 정기석이 문의현령·지평현감·안성군수 등을 지내면서 진천에 정제두 가계의 거처를 마련했고, 19세기 말 정원하는 진천에 낙향하여 홍승헌·정인표 등과 교유하며 하곡학의 부흥을 이끌었다.

2) 전주이씨 덕천군파 이경직 가문: 이광명·이광사·이광신 가계[11]

전주이씨 덕천군파 이경직 가문은 이광명이 강화 이거 후 정제두 문하에 출입하고 이후 이광사와 이광신이 정제두의 문인이 되면서 하곡학파의 주요 가문으로 성장하게 되었다. 특히 이광명 가계는 강화에 세거하면서 대를 이어 하곡학을 계승하고, 하곡학파의 주축으로 자리 잡았다.

이광명·이광신·이광사의 선대인 이유간(李惟侃)·이경직·이정영의 묘는 과천에 조성되었으며, 종조부인 이만성(李晩成)과 백부인 이진유의 묘는 장단에 조성되었다. 이후 과천과 장단은 이경직 가문의 묘역으로 활용되어 이광제(李匡濟)·이능효(李能孝) 등의 묘는 과천에, 이진검(李眞儉)·이광사 등의 묘는 장단에 조성되었다. 이광명의 조부인 이대성과 아버지인 이진위의 묘가 강화에 조성된 이후 이광명 가계는 강화에 세거하면서 묘역을 조성했고, 이진휴의 묘가 고양에 조성된 이래로 이광신·이광언(李匡彦)·이긍익 등의 묘역이 형성되었다. 이외에 충주·파주·제천·용인 등지에 묘역을 조성했다.

---

11   전주이씨 덕천군파 이경직 가문의 지역적 전개 과정에 대해서는 이남옥(2020), 앞의 논문, 163-173쪽을 참고했다. 다만 지역적 전개 과정 등 세부 사항을 검토하기 위해 全州李氏德泉君派宗會 編, 『全州李氏 德泉君派譜』 卷2(2003), 641, 648-655, 766-791쪽을 다시 분석했다. 참고로 『全州李氏 德泉君派譜』는 고서 상태의 파보로는 국립중앙도서관 소장 전10책의 1938년 석판본(古朝58-가33-264)이 있고, 1983년과 2003년에 전주이씨 덕천군파 대종회에서 만든 파보가 있다. 1938년에 간행된 석판본은 현재 한국학중앙연구원에서 마이크로필름으로 복제하여 보관 중이며(MF R35N 4290), 필자는 이 자료를 기초로 삼았다.

이광명 가계·이광사 가계·이광신 가계를 중심으로 지역적 전개 양상을 살펴보면 다음과 같다. 강화 사곡에 이광명의 아버지 이진위의 묘가 조성된 이후로 이광명 가계는 모두 강화에 묘역을 조성했다. 세부적으로는 강화 안에서 이동이 있었다. 이대성-이진위-이광명-이충익은 사곡에 묘역을 조성했다. 이충익의 아들 이면백은 건평에 묘를 조성했고, 그의 첫째 아들 이시원은 직산동에, 둘째 아들 이지원과 셋째 아들 이희원은 건평에 묘를 조성했다. 이시원의 아들 이상학은 하도면에 묘를 조성했고, 이상학의 첫째 아들 이건창은 건평에, 둘째 아들 이건승과 셋째 아들 이건면은 사곡에 묘를 조성했다. 이지원의 아들 이상기는 정포에, 이희원의 첫째 아들 이상만은 선도포에, 둘째 아들 이상원과 셋째 아들 이상관은 건평에 묘를 조성했다. 요약하자면, 이광명 가계는 모두 강화에 묘역을 조성했지만, 세부적으로는 '사곡 → 사곡·건평 → 건평·직산동·하도면·정포·선도포'로 이동이 있었다고 볼 수 있다.

한편 이광사의 아버지 이진검의 묘가 장단 송남면 거창리에 조성된 이후로 이광사의 묘도 이곳에 조성되었다. 이광사의 첫째 아들 이긍익의 묘는 고양 목희리에, 둘째 아들 이영익의 묘는 삭녕 탄부리에 조성되었다. 그리고 이긍익의 아들 이면기의 묘가 파주 칠목동에 조성된 이래 그 아들

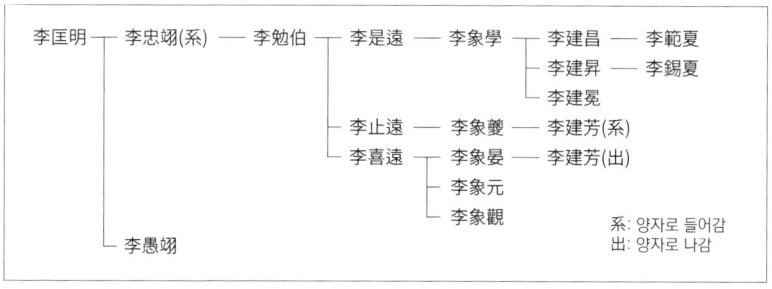

표 4 | 이광명 가계 약도[李匡明-李範夏]

표 5 | 이광명 가계 묘역 분포

성명(생몰년)	활동 시기	묘역	처부1, 처부2	과거	주요 관직
李匡明(1701~1778)	18세기 전반	江華/沙谷	鄭厚一(영일정씨)		증 이조참의
李忠翊(1744~1816)	18세기 후반	江華/沙谷	權益達(안동권씨)		증 이조참판
李勉伯(1767~1830)	18세기 후반	江華/乾坪	沈惠倫(청송심씨)	생원 진사	증 이조판서
李是遠(1789~1866)	19세기 전반	江華/稷山洞	權球(안동권씨) 趙學達(양주조씨) 沈舘(청송심씨)	문과	이조판서 증 영의정
李象學(1829~1889)	19세기 후반	江華/下道面	尹滋九(파평윤씨)	진사	군수 증 이조참판
李止遠(1801~1866)	19세기 전반	江華/乾坪	尹儀鎭(파평윤씨)	생원	군수
李象夔(1824~1852)	19세기 전반	江華/井浦	尹滋晩(파평윤씨) 金學琫(강릉김씨)		
李喜遠(1805~1890)	19세기 전반	江華/乾坪	朴允榮(고령박씨)		
李象蔓(1829~1872)	19세기 후반	江華/仙都浦	沈義正(청송심씨)	진사	
李象元(1833~1890)	19세기 후반	江華/乾坪	成載權(창녕성씨)		
李象觀(1842~?)	19세기 후반	江華/乾坪	朴齊淳(반남박씨) 李晦根(월성이씨) 崔鳳相(수원최씨)	진사	
李愚翊(1763~1791)	18세기 후반	江華/沙谷	미상		
李建昌(1852~1898)	19세기 후반	江華/乾坪	徐長淳(대구서씨)	문과	공조판서
李建昇(1858~1924)	19세기 후반	江華/沙谷	鄭基晩(동래정씨)	진사	주사
李建冕(1863~1894)	19세기 후반	江華/沙谷	李圭聞(경주이씨)		

이술원과 이황원의 묘는 파주 구곡에 조성되었다. 이영익의 아들 이면우의 묘가 양근 신촌에 조성되었고, 그 아들 이발원의 묘도 이곳에 조성되었다. 요약하자면, 이광사 가계는 '장단 → 고양·삭녕 → 파주·양근'으로 이동이 있었다고 볼 수 있다.

이광신의 묘가 고양 목희리에 조성된 이후로 그의 아들 이경익·이명익, 이경익의 첫째 아들 이면행의 묘도 이곳에 조성되었다. 이경익의 둘째 아들 이면형의 묘는 충주 탄방에 조성되었고, 그의 아들 이휘원과 손

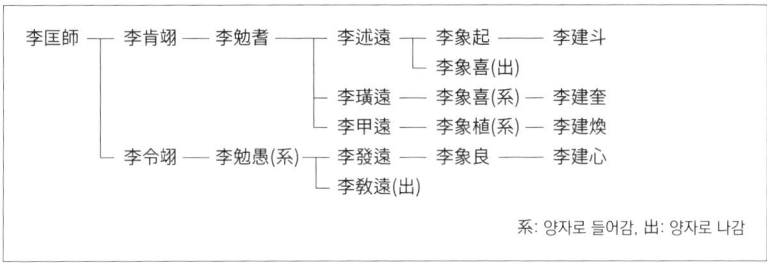

표 6 | 이광사 가계 약도[李匡師-李建斗]

표 7 | 이광사 가계 묘역 분포

성명(생몰년)	활동 시기	묘역	처부1, 처부2	과거	주요 관직
李匡師(1705~1777)	18세기 전반	長湍/居昌里	權聖重(안동권씨)		
李肯翊(1736~1806)	18세기 후반	高陽/木稀里	尹相時(파평윤씨)		
李勉耆(1789~1846)	19세기 전반	坡州/漆木洞	朴孝身(반남박씨)		
李述遠(1813~1862)	19세기 전반	坡州/句谷	朴華壽(반남박씨)		
李象起(1833~?)	19세기 후반	미상	宋仁萬(여산송씨)		
李象喜(1841~?)	19세기 후반	미상	우봉이씨		
李璜遠(1819~1857)	19세기 전반	坡州/句谷	창녕조씨		
李象喜(1841~?)	19세기 후반	미상	우봉이씨		
李甲遠(1825~?)		미상	광주이씨		
李象植(1857~1934)	19세기 후반	漢城/典農里	청주한씨		
李令翊(1738~1780)	18세기 후반	朔寧/炭釜里	鄭厚一(영일정씨)		
李勉愚(1761~1823)	18세기 후반	楊根/新村	진주강씨		
李發遠(1780~1828)	19세기 전반	楊根/新村	은진송씨		
李象良(1807~?)	19세기 전반	미상	청해이씨		

자 이상선의 묘는 충주 소태에 조성되었다. 이면행에게 입후된 이면형의 아들 이형원의 묘가 은진 의곡에 조성되었고, 그의 아들 이상겸과 이상함의 묘도 은진에 조성되었다. 이면형의 넷째 아들 이보원의 묘는 노성 당북에 조성되었다. 요약하자면, 이광신 가계는 '고양 → 고양·충주 → 은

진·노성'으로 이동이 있었다고 볼 수 있다.

이광명·이광신·이광사 가계의 18~19세기 지역적 전개를 요약하면, 이광명 가계는 강화 안에서는 '사곡 → 사곡·건평 → 건평·직산동·하도면·

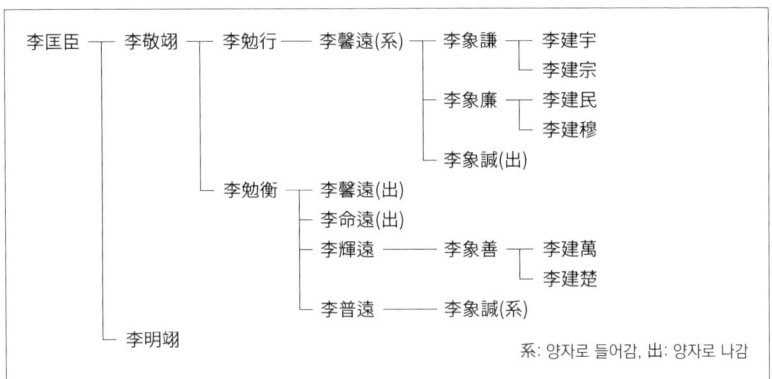

系: 양자로 들어감, 出: 양자로 나감

표 8 | 이광신 가계 약도[李匡臣－李建宇]

표 9 | 이광신 가계 묘역 분포

성명(생몰년)	활동 시기	묘역	처부 1, 처부 2	과거	주요 관직
李匡臣(1700~1744)	18세기 전반	高陽/木稀里	邊致殷(황주변씨)		
李敬翊(1720~1767)	18세기 전반	高陽/木稀里	尹東采(파평윤씨)		
李勉行(1737~1763)	18세기 전반	高陽/木稀里	曺命敬(창녕조씨)	진사	
李馨遠(1765~1839)	19세기 전반	恩津/義谷	林泰運(나주임씨)		
李象謙(1787~1834)	19세기 전반	恩津	柳涑(전주유씨)		
李象廉(1804~1852)	19세기 전반	미상	韓思誼(청주한씨)		
李勉衡(1742~1798)	18세기 후반	忠州/炭方	趙鎭維(한양조씨)		
李命遠(?~?)		미상	미상		
李輝遠(1778~1858)	19세기 전반	忠州/蘇台	尹芮圭(파평윤씨)		
李象善(1816~1840)	19세기 전반	忠州/蘇台	曺錫永(창녕조씨)		
李普遠(1781~1815)	18세기 후반	魯城/堂北	미상(파평윤씨)		
李象諴(1807~?)	19세기 전반	恩津	미상(경주이씨)		
李明翊(1733~1774)	18세기 후반	高陽/木稀里	미상(한양조씨)		

정포·선도포'로 이동이 있었으나 모두 강화에 묘역을 조성했으며, 이광사 가계는 '장단 → 고양·삭녕 → 파주·양근'으로 이동이 있었고, 이광신 가계는 '고양 → 고양·충주 → 은진·노성'으로 이동이 있었다. 즉 강화에

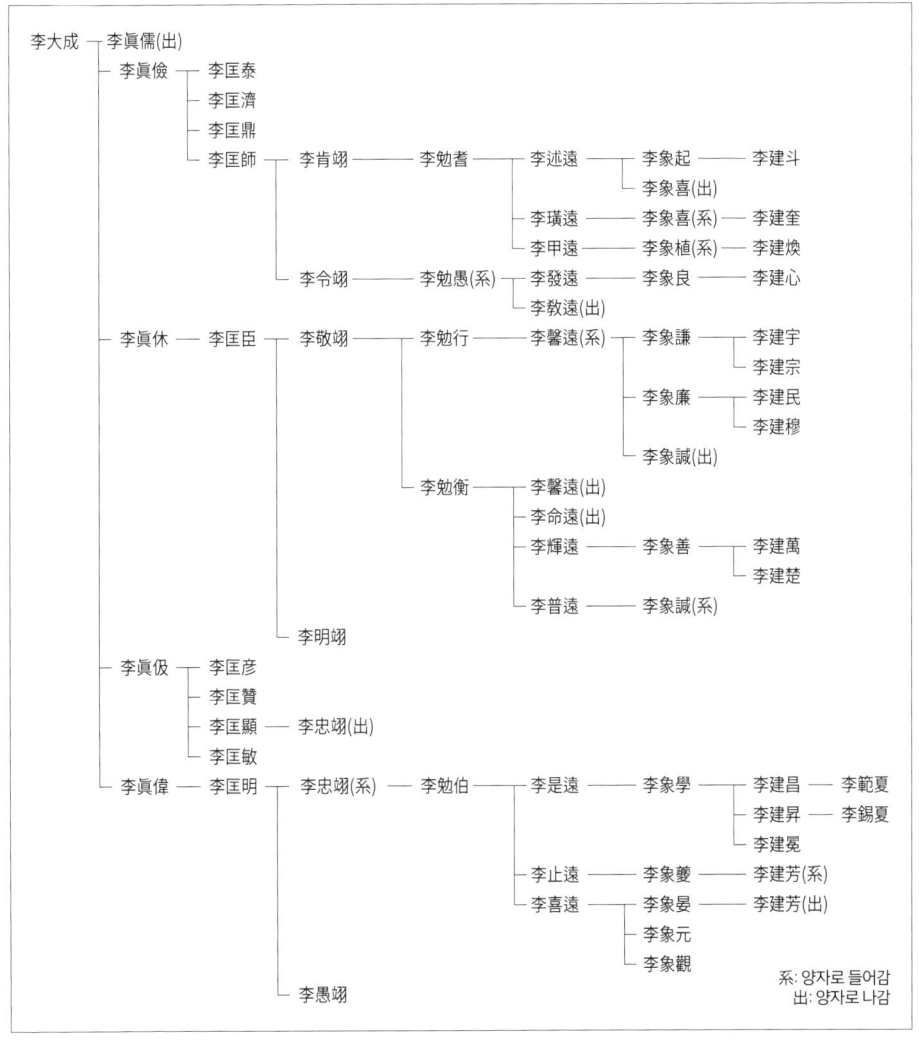

표 10 | 이경직 가문 가계 약도 [李大成 – 李建昌]

세거한 이광명 가계를 제외한 이광신·이광사 가계는 18~19세기에 경기와 충청으로 확산되어가는 양상을 보였다.

3) 평산신씨 신대우 가계[12]

신대우의 본관은 평산으로, 임진왜란 때 삼도도순변사로 탄금대에서 배수진을 치고 왜군과 싸우다 순국한 신립(申砬)의 후손이다. 신대우의 5대조 신해(申垓)는 본래 신경진(申景禛)의 아들이지만, 신경인(申景禋)에게 입후되었다. 고조는 숙종 대 성천부사를 지낸 신여절(申汝晢)이고, 증조는 사복시주부를 지낸 신탁(申琢)이다. 신대우의 조부 신택하(申宅夏)는 문과에 급제해 우승지를 지냈고, 아버지 신성(申晟)은 의영고직장을 지냈다.[13]

신대우의 8대조 신화국(申華國) 사후 처음에는 양주 망우리에 장사 지냈고, 후에 금천 삼성산으로 이장했다.[14] 이 가문은 이후에 금천을 추향(楸鄕)으로 삼았다. 신립·신해·신여절의 묘가 금천에 조성된 것 역시 신화국

---

12 평산신씨 신대우 가계에 대해서는 平山申氏 文僖公派譜所 編, 『平山申氏 文僖公派世譜』 (平山申氏 文僖公派譜所, 1997)에 근거해 정리했다. 단, 각 개인별로 가장·묘표·묘갈명 등의 기록이 있으면 이를 우선했다.

13 신대우가 정후일의 사위가 된 구체적인 계기는 알 수 없다. 다만, 신작은 "증조 신택하가 승지였을 때 정제두에게 임금의 명령을 전하러 갔다가 정제두와 이야기를 했고 후에 정제두가 집안 사람들에게 신택하 집안과 혼인을 해야겠다고 말했다."고 했다(申綽, 『石泉遺稿』卷2, 「先妣遺事」, "初我曾王考承旨府君, 傳諭于霞谷先生. 先生與語, 大敬重, 歸語家人 結後日婚媾. 故夫人歸于我, 年始十五."). 그러나 신택하가 최석정의 문인이었기 때문에 정제두는 그전부터 신택하를 눈여겨보았을 것으로 추정된다.

14 맏아들 신잡(申磼)이 호성공신 2등에 책록되어 신화국도 영의정과 평주부원군에 증직되었다.

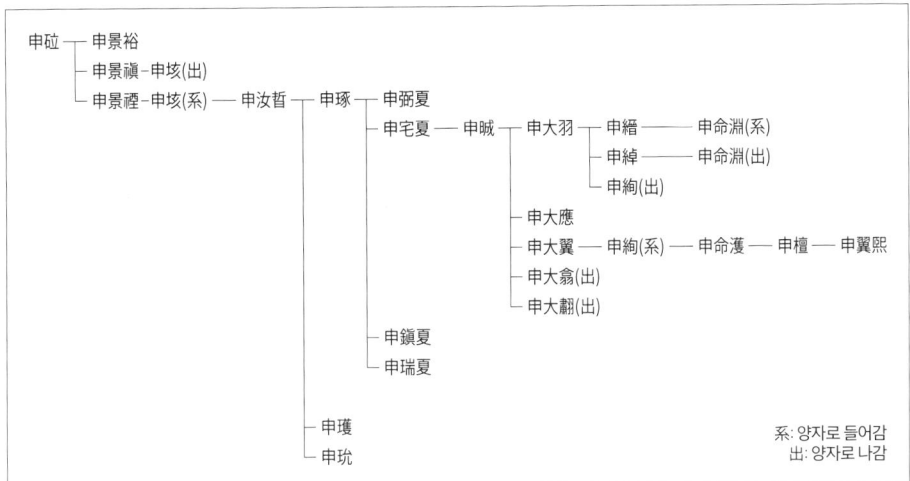

표 11 | 신대우 가계 약도[申砬−申翼熙]

이후 금천이 추향이었기 때문이다.[15]

    신립의 묘가 광주(廣州)로 이장되고, 그의 아들 신경인의 묘 역시 광주에 조성되면서 광주는 새로운 추향으로 기능하게 된다. 신탁 이후 본격적으로 이곳에 묘역이 조성되었는데, 신택하·신성·신대우·신현·신명호 직계의 묘가 모두 광주에 조성되었다. 세부적으로는 광주 안에서도 '실촌 → 우치 → 무갑'으로 이동이 있었다.

    1792년(정조 16) 7월에 신대우가 청성부원군(淸城府院君) 김좌명(金佐明)의 구택(舊宅)이 있는 귀천에 전사(田舍)를 마련하고, 이후 신대우 가계는 광주에 세거하게 되었다. 광주 지역 묘역 조성은 이후 신대우 가계가 광주에 세거하는 계기가 되었다.[16]

---

15 신립의 묘도 처음에는 금천에 조성되었다가 훗날 광주로 옮겼다.
16 광주 사촌 역시 하곡학파의 주요 거점 중 하나이다. 민영규는 "광주 사촌의 신씨 집안은, 충북 진천 초평리 少論班鄕과 나란히, 강화학의 유력한 줄기를 형성하고 있었다."라고 했다[민영규, 『江華學 최후의 광경 西餘文存其一』(도서관 우반, 1994), 50쪽].

표 12 | 신대우 가계 묘역 분포

성명(생몰년)	활동 시기	묘역	처부 1, 처부 2	과거	주요 관직
申華國(1517~1578)[17]	16세기 전반	楊州/忘憂里 → 衿川/三聖山	尹懷貞(파평윤씨)	생원	증 영의정
申礎(1546~1592)[18]	16세기 후반	衿川/三聖山 → 廣州/實村	李聃命(전주이씨) 崔弼臣(전주최씨)	무과	삼도도순변사
申景禋(1590~1643)[19]	17세기 전반	廣州/牛峙	(고흥유씨) 李星吉(전주이씨)	무과	삼도수군통제사
申垓(1598~1637)[20]	17세기 전반	衿川/三聖山	李敬元(함평이씨) 趙國俊(한양조씨)	생원	돈녕부도정
申汝晳(1632~1695)[21]	17세기 후반	衿川	許啓(양천허씨)		성천부사
申琢(1650~1693)[22]	17세기 후반	廣州/牛峙	趙遠期(임천조씨)		사복시주부
申宅夏(1683~1742)[23]	18세기 전반	廣州/牛峙	李思良(연안이씨)	문과	승정원우승지
申晠(1710~1753)	18세기 전반	廣州/牛峙	任珽(풍천임씨)		의영고직장
申大羽(1735~1809)[24]	18세기 후반	廣州/武甲山	鄭厚一(영일정씨)		호조참판
申縉(1756~1835)	18세기 후반		李祖源(연안이씨) 徐徽善(연안서씨)	생원	장릉참봉
申綽(1760~1828)	18세기 후반		朴在源(반남박씨) 權樂仁(안동권씨)	생원 문과	
申絢(1764~1827)	18세기 후반	廣州/武甲山	李崇培(전의이씨)	문과	
申命濩(1790~1851)	19세기 전반	廣州/武甲山	朴宗羽(반남박씨)		적성현감
申命淵(1792~1854)	19세기 전반				
申檀(1837~?)				진사 문과	대사헌
申翼熙(1894~1956)	20세기 전반	서울/우이동			국회의장

---

17 申琓, 『絅菴集』卷6, 「五代祖贈純忠積德補祚功臣領議政平洲府院君府君家狀」.
18 申琓, 『絅菴集』卷6, 「高祖贈純忠積德秉義補祚功臣領議政平陽府院君行判尹府君家狀」.
19 朴世堂, 『西溪集』卷14, 「東城君申公墓表」.
20 金錫胄, 『息庵遺稿』卷23, 「有明朝鮮國贈資憲大夫兵曹判書兼知義禁府事平原君行嘉義大夫敦寧府都正兼五衛都摠府副摠管申公墓碣銘」.
21 朴世堂, 『西溪集』卷13, 「成川府使申公墓碣銘」.

18세기 후반_하곡학파

19세기 전반_하곡학파

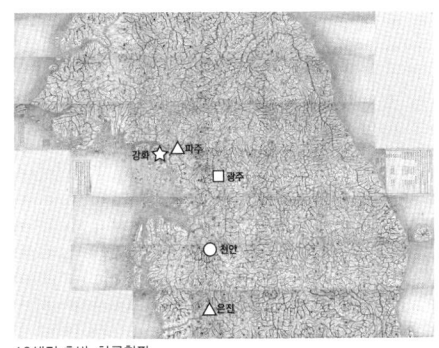
19세기 후반_하곡학파

○ : 영일정씨 정제두 가계
△ : 전주이씨 덕천군파 이경직 가문
□ : 평산신씨 신대우 가계
☆ : 정제두 가계 + 이광명 가계

그림 1 | 18~19세기 하곡학파의 지역적 전개 양상

18~19세기 하곡학파는 대체로 강화에서 경기와 충청 지역으로 전개되어간 것으로 볼 수 있다. 영일정씨 정제두 가계는 강화와 통진을 주요 거점으로 삼아 천안 등지로 확산되어가는 모습을 보였고, 전주이씨 덕천군파 이광신 가계도 충주·은진·노성 등 충청 지역으로 확산되어가는 모습

---

22 朴世堂, 『西溪集』 卷14, 「司僕主簿申君墓表」.
23 李晩秀, 『屐園遺稿』 卷11, 「右承旨申公墓誌銘」; 申大羽, 『宛丘遺集』 卷8, 「李夫人內儀」.
24 申綽, 『石泉遺稿』 卷1, 「戶曹參判宛丘先府君墓碑」.

을 보였다. 한편 전주이씨 덕천군파 이광명 가계는 강화에 세거했고, 평산신씨 신대우 가계는 광주로 이거한 후 세거했다. 이러한 지역적 전개 과정에서 강화·광주·진천은 하곡학파의 주요 거점으로 활용되었다.

2. 하곡학파의 세 거점, 강화·광주·진천

정제두가 말년을 보내고 영일정씨 정제두 가계의 묘역이 조성되었으며 전주이씨 덕천군파 이광명 가계의 세거지인 강화, 평산신씨 신대우 가계가 묘역을 조성하고 세거한 광주를 비롯해 정제두의 후손인 정기석과 정원하가 홍승헌·정인표 등과 교유한 진천은 하곡학파의 주요 거점이 되었다.[25] 하곡학파가 지역적으로 확산되는 과정에서 기존에 이미 지역을 선점하고 있던 학자들과 필연적으로 교류하게 되었다.

광주 사촌으로 이거한 신대우 가계의 신작과 그의 아들 신명연은 광주 마현에 살고 있던 정약용 집안과 세교를 맺게 되었으며, 진천에 거점을 확보한 정제두 가계의 정기석과 그 아들 정원하는 지역 유지인 풍산홍씨 홍양호 가계의 홍승헌, 동래정씨 정인표 등과 교유했다. 여기서는 하곡학파의 세 거점이라 할 수 있는 강화·광주·진천에 세거한 각 가계와 그들의 하곡학 계승 및 확산에 대해서 살펴보겠다.

---

25 민영규는 "진천이, 少論의 班鄕이자, 홍문원·정학산·鄭闇朝, 그리고 李相禼·鄭寅普에 이르기까지 강화학의 유력한 據點의 하나가 된 데엔 대개 이러한 데에 그 연유가 있다."[민영규(1994), 앞의 책, 40쪽]라고 했으며, "광주 사촌의 신씨 집안은, 충북 진천 초평리 少論班鄕과 나란히, 강화학의 유력한 줄기를 형성하고 있었다."[민영규(1994), 앞의 책, 50쪽]라고 했다.

1) 강화: 하곡학의 계승지

강화(江華)는 정제두가 말년에 이거하고 자신의 학문을 정리하다 생을 마감한 곳으로 정제두의 사상과 학문을 계승한 하곡학파 인물들에게는 일종의 유적지와 같은 장소이다.[26] 정제두의 거처와 묘역이 이에 해당한다. 정제두는 강화로 이거한 이후 대체로 선묘 곁에 있는 별당에서 생활했다.[27] 진강에도 '초정(草亭)'이라는 집을 짓고 거처했다.[28] 정제두는 초정에 공들여 집을 짓고 나서 「초정신거(草亭新居)」라는 시를 지었다.

新居一鑿小如舟	새 집을 짓고 보니 작기가 배와 같은데
平野微茫袵鉅流	들판은 망망하여 큰 물줄기를 베개로 삼았네.
戶氣長連蓬海闊	사립문 기운은 봉래 바다에 넓게 이어졌고
簷雲遙際岱岑浮	처마 끝 구름은 멀리 태산에 떠서 이어졌네.
乾坤合近先天運	건곤은 합하여 선천의 운에 가깝고
萬象涵虛太始秋	만 가지 형상은 태시 때의 함허로다.
但見白鷗何浩蕩	흰 갈매기를 바라보니 어찌나 자유로운지
正知吾道更悠悠	바로 알았네 우리 도의 유유함을.

---

[26] 민영규는 '강화학'이란 용어를 사용하여 이들의 학문을 규정했으며[민영규, 「爲堂 鄭寅普 선생의 行狀에 나타난 몇 가지 문제: 實學原始」, 『동방학지』 13(1972)], 정양완과 심경호는 『江華學派의 文學과 思想』이라는 제목으로 이광려·이광사·이영익·신작·신대우·이건승 등에 대해 연구했다. 이후 '하곡학'과 '하곡학파'라는 명칭이 사용되기 전까지 대부분의 선행 연구는 '강화학'과 '강화학파' 혹은 '강화 양명학'과 '강화 양명학파' 등의 용어를 사용했다. 이러한 점으로 미루어 볼 때 하곡학파에서 강화의 중요성은 대부분의 연구자가 인지하고 있던 바이다.

[27] 申綽, 『霞谷集』, 卷10, 「年譜」, 88세조.

[28] 申綽, 『石泉遺稿』 卷2, 「霞谷遺聞」; 정제두는 초정에 공들여 집을 짓고 나서 「草亭新居」라는 시를 지었다(鄭齊斗, 『霞谷集』 卷7, 「草亭新居」).

不外吾心性	우리 심성에서 벗어나지 않으면
天人自一元	하늘과 사람은 원래 한 가지 근원인데
如何永物理	어찌하여 사물의 이치만을 구하다가
轉使亡其源	도리어 근원을 잃을 것인가.[29]

    정제두는 대체로 강화 하일리 지역에서 생활했고, 이곳에 정제두 가계의 묘역이 조성되었다. 한편 정제두가 항상 거처했다고 하는 별당에서 훗날 정제두의 후손 정원하는 홍승헌·이건창 형제와 함께 정제두를 사모하며 하곡학을 이야기했다.[30] 정제두의 묘와 거처가 있었다는 점에서 강화는 정제두의 학문과 사상을 강론하기에 적합한 곳이었다.

    정제두 가계가 강화 이외에도 통진과 천안 등지로 확산되어간 것과 달리, 이광명 가계는 강화에서 대대로 세거하면서 하곡학파의 주요 가계로 성장해갔다. 이광명은 1710년(숙종 36)에 아버지 이진위가 세상을 떠나자 강화 사곡에 장사 지내고 어머니 은진송씨와 함께 이곳에 정착했다.[31] 그리고 정제두 문하에서 그 능력을 인정받아 정제두의 손녀사위가 되었다.[32] 그는 가문의 위세가 성대할 때도 서울에 살기를 좋아하지 않아서 강화에 거처를 마련하고 정제두 문하에서 학문에 힘을 쏟았다. 그는 항상 부지런했으며 품격이 원대했다. 또 희로애락과 같은 감정을 드러내지 않았으니, 비록 낭패스러운 상황에 빠졌을지라도 의기가 평소와 같이 편안해서 사람들이 그 한계를 헤아릴 수 없을 정도였다.[33] 그러나 1755년(영조 31)

---

29 鄭齊斗,『霞谷集』卷7,「草亭新居」; 정제두 저, 윤남한 역,『국역 하곡집 1』.
30 민영규(1994), 앞의 책, 40쪽.
31 李建昇 編,『家乘: 德天君派李氏十五世』,「沙谷局內前後事實年條」(한국학중앙연구원 마이크로필름, R35N 6127); 李忠翊,『椒園遺藁』册二,「先考妣合葬誌」.
32 李忠翊,『椒園遺稿』册2,「先考妣合葬誌」.

에 소론 강경파 이진유의 친족이라는 이유로 연좌되어 갑산으로 유배를 가게 되었다.[34] 그리고 1778년(정조 2) 11월 11일 유배지에서 세상을 떠날 때까지 끝내 풀려나지 못했다.

1755년의 을해옥사로 인해 이광명을 비롯해 이승효·이광정·이광언·이광찬·이광현 등 이진유의 친족이었던 대부분의 사람들이 유배를 가게 되면서 전주이씨 덕천군파 이경직 가문은 큰 타격을 입게 되었다.[35] 강화에는 이충익과 신대우만 남게 되었다.

이충익은 본래 이광현의 아들인데, 이광명에게 입후되어 생부 이광현의 유배지인 기장과 양부 이광명의 유배지인 갑산을 오가며 봉양했다.[36] 이충익은 강화 초피산 아래에 집을 짓고 살았는데,[37] 1754년(영조 30)에 이미 강화로 옮겨와 살던 신대우를 종유했다.

신대우 역시 이광명과 마찬가지로 정제두의 손녀사위로 하곡학파의 일원이 되었다. 신대우는 1749년(영조 25)에 정후일의 딸과 혼인했는데, 곧 부모가 모두 세상을 떠나게 되었다. 이후 그는 서울 생활이 어려워지자 장모 문화유씨의 도움을 받아 강화 옹일로 이사 왔다.[38] 신대우가 이사 온 1754년에 정지윤이 세상을 떠났고, 아들을 잃은 장모 문화유씨와 부모를 잃은 사위 신대우는 모자처럼 서로 의지하며 돌보았다.[39]

---

33 李忠翊, 『椒園遺稿』 冊2, 「先考妣合葬誌」.
34 李忠翊, 『椒園遺稿』 冊2, 「先考妣合葬誌」.
35 『承政院日記』, 英祖 31年 3月 11日.
36 이광명의 부인 영일정씨가 세상을 떠난 1760년 이후 이충익은 이광명에게 입후되었다(李忠翊, 『椒園遺稿』 冊2, 「先考妣合葬誌」); 李勉伯, 『岱淵遺藁』 卷2, 「先考妣合窆誌」.
37 李勉伯, 『岱淵遺稿』 卷2, 「先考妣合窆誌」; 초피산은 현재의 인천광역시 강화군 화도면 덕포리에 있다.
38 申大羽, 『宛丘遺集』 卷5, 「鄭氏夫人墓誌銘」; 申綽, 『石泉遺稿』 卷1, 「先府君事狀」; 申綽, 『石泉遺稿』 卷2, 「先妣遺事」.
39 申大羽, 『宛丘遺集』 卷10, 「祭柳夫人文」.

신대우는 1765년(영조 41)에 동생 신대숙(申大翽)의 혼사와 이듬해에 있을 큰딸의 혼사를 위해 집안 식구를 모두 이끌고 나갔다가 1767년(영조 43)에 강화로 돌아왔고, 1785년(정조 9) 선공감가감역에 제수되어 출사하기 전까지 강화를 떠나지 않았다.

신대우는 1773년(영조 49) 6월에 용안실을 지어 강학했다.[40] 그곳에서 신대우와 그의 세 아들 이외에도 이충익의 아들인 이면백과 정후일의 손자 정술인이 공부했다.[41] 용안실은 하곡학파의 강학처였던 셈이다.

이충익이 친부와 양부의 유배지를 오가느라 신대우와 자주 만나지는 못했지만, 매년 모일 때마다 밤낮으로 술 마시며 문장을 논하여 지은 것이 있으면 서로 보여주고 토론했다.[42] 이충익과 신대우 이외에도 이덕윤·이광려·남건복·이영익 등 하곡학파의 주요 인물들은 때때로 어울려 강학하고 토론했다.[43]

이후 이충익–이면백–이시원–이상학–이건창·이건승 등의 이광명 가계는 강화 사곡에 세거하면서 정지윤–정술인–정문승–정기석–정원하 등의 정제두 가계, 신대우–신진·신작·신현·신명연·신명호-신단 등의 신대우 가계 등과 교류를 이어갔다.

신대우와 이충익이 죽은 후에도 강화는 여전히 하곡학파의 주요 거점으로 인식되었다. 정제두의 묘와 거처가 존재했으며, 이충익 가계가 세거하고 있었기 때문이다. 문과에 급제한 신작은 형 신진과 함께 1814년(순조 14)

40　申綽, 『石泉遺集』 後集 卷8, 「日乘」, 英祖 49年, "英宗大王冊九年六月葺容安室."; 정양완·심경호(1993), 앞의 책, 320-322쪽.

41　李勉伯, 『岱淵遺蘁』 卷2, 「宛丘齋申先生六十一歲壽序」; 정양완·심경호(1993), 앞의 책, 399-408쪽.

42　李忠翊, 『椒園遺稿』 冊2, 「宛丘集序」.

43　申綽, 『石泉遺稿』 卷1, 「戶曹參判宛丘先府君墓碑」.

2월에 강화에 가서 외가의 산소와 중부모(仲父母)의 산소에 영소(榮掃)를 행했다. 그리고 어릴 때 살았던 옹일의 옛집을 찾아보았는데, 수운헌과 내사 등은 옛 모습 그대로였으나 용안실은 흔적도 없이 사라진 상태였다. 그리고 이충익을 만나 1811년(순조 11)에 이충익이 지은 신대우의 묘지 초고를 수정해달라고 부탁했다.[44]

1824년(순조 24) 정월 병인일에 계씨가 강화유수에 제수되었다. […] 4월 병신일에 동복 형제가 하현으로 가서 외갓집 산소를 성묘했다. 옹일의 옛집에 들렀다가 사곡으로 가서 이모와 이종사촌형[姨兄: 이충익]의 묘를 성묘했다. 그리고 그대로 백분[伯奮: 이면백의 자(字)]의 집에서 잤다. 다음 날 백분과 함께 연운(聯韻)하여 부시(賦詩)를 짓고 늦게 관영(官營)으로 돌아왔다.[45]

1824년(순조 24)에는 신현이 강화유수에 제수되자 4월에 신진·신작·신현 삼형제는 하현으로 가서 정제두의 묘를 비롯해 외갓집 산소를 성묘하고 자신들이 살던 옹일의 옛집에 들렀다가 사곡으로 가서 이모와 이종사촌형인 이충익의 묘를 성묘했다. 그리고 이충익의 아들 이면백의 집에서

---

44 申綽, 『石泉遺集』 後集 卷8, 「日乘」, 純祖 14年, "十四年.【甲戌. 公年五十五.】二月甲辰, 陪伯氏上京. 甲寅同兄弟發沁, 已木還京.【公之離沁, 已二十八年矣. 今以榮掃之行, 重來此地. 翁逸舊廳, 睡雲軒, 及內舍廳宇堂戶, 皆童時舊觀, 而容安小室, 年久頹圮, 無復遺跡矣. 某丘某對持點如昨日, 而中間人事之嬗變, 不覺淚沾衣也. 舊村多流散, 尙有故老若干人, 及故老之子若孫其少者, 則問其父與祖之姓名, 方知其爲誰某矣. 有申光輝者, 年八十四, 尙能强健, 坐記前時事無遺. 村人爭指酒肉來賀, 管絃爲樂, 至夜而罷, 是也. 行榮掃外氏諸處山所, 及仲父母山所, 尋翁逸舊廳, 往砂谷, 見姨兄, 托文草修整事. 還入府中, 觀奎章閣書畫. 時, 留守洪義浩, 殿令尹植也. 甲寅自京離發, 戊午還發上京, 往還凡六日.】"
45 申綽, 『石泉遺集』 後集 卷8, 「日乘」, 純祖 24年, "十四年.【甲申. 公年六十五.】正月丙寅季氏拜沁留. […] 四月丙申, 胐同兄弟, 往霞峴, 省掃外氏諸山, 歷入翁逸舊宅, 轉往砂谷, 省姨母及姨兄墓, 仍宿伯奮家. 翌日與伯奮, 聯韻賦詩, 晩後還營."

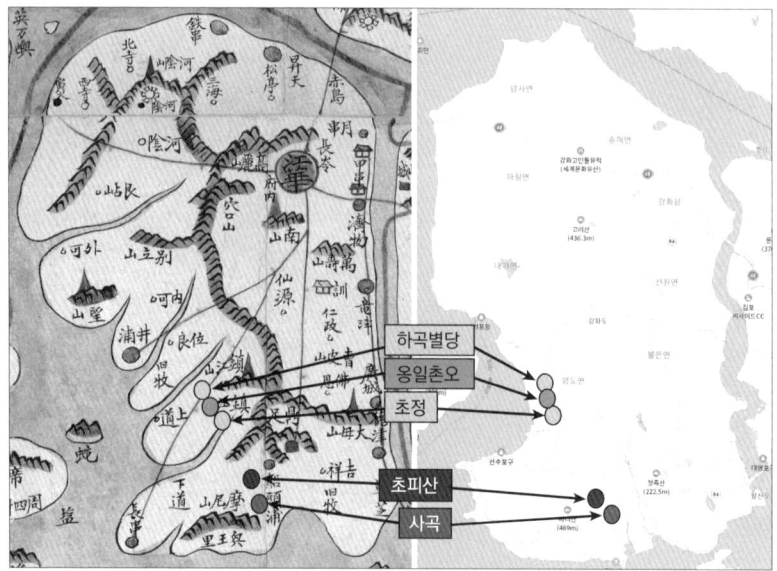

그림 2 | 동여도와 현대 지도[구글 지도]에 표시한 하곡학파 관련 강화 유적지

- 하곡별당(霞谷別堂): 정제두가 선묘 근처에서 살던 곳으로 구한말 정원하가 홍승헌과 함께 잠시 거처함.
- 초정(草亭): 정제두가 만년에 새로 지은 거처.
- 옹일촌오(翁逸村塢): 최규서의 옛집이 있던 곳이자, 신대우가 세 들어 살았던 곳. 신대우는 이곳에 강학 공간인 용안실을 지었음.
- 초피산(椒皮山): 이충익이 거처하던 곳.
- 사곡(沙谷): 이광명 가계가 세거하던 곳. 이대성·이광명·이시원 등의 묘가 있음.

하룻밤 묵었다. 다음 날 이면백과 함께 연구시를 짓고 관영으로 돌아왔다. 연구시는 신진·신작·신현과 이면백 이외에도 이면백의 아들 이시원이 참여했다.

이 모임은 인척이라는 인식이 작용한 것이지만 그 이면에는 혼맥으로 이어진 하곡학의 계승도 자리하고 있었다. 그리고 영일정씨 정제두 가계·전주이씨 덕천군파 이경직 가문의 이광명 가계·평산신씨 신대우 가계의 인물들은 정제두의 묘와 거처, 그리고 각 가계가 생활했던 공간인 만큼 강화를 중요한 지역으로 인식했다.

2) 광주: 하곡학과 다산학의 만남

신대우는 말년에 경기 광주 사촌(社村)에 집을 짓고 가족과 함께 이곳에 거처했다. 신대우의 선대인 신경진이 광주 우치에 선산을 조성한 이후 신대우의 조부 신택하가 자신의 아버지 신탁의 묘를 광주에 만들면서 신대우 가계의 세거 기반이 마련되었다고 할 수 있다. 신대우의 부인 영일정씨가 1801년(순조 1) 3월에 사망하자 6월에 무갑산에 장사 지내기도 했다.[46]

1805년(순조 5)에 신진의 주도로 광주 사촌에 집이 완성되었다. 외사(外舍)는 16칸이고, 내사(內舍)까지 포함하면 모두 22칸이었다. 3월에 공사를 시작해서 6월에 외사가 마무리되었고, 윤6월에 기초가 완성되었으며, 7월에 벽을 바르고 창호에 관계된 일이 모두 마무리되었다.[47]

1805년(순조 5) 8월 계사에 완구부군(宛丘府君: 신대우)을 모시고 경산으로 출발했다가 기유에 돌아왔다.【이때 사촌(社村)의 집이 새로 만들어졌는데, 누(樓)·헌(軒)·방(房)이 모두 깔끔하고 견고했다. 청천(晴川)의 모래밭은 마을을 두루 에워싸고 가을 산의 단풍잎은 물에 비치니 아름다웠다. 달빛 아래 물가를 거니니 이 또한 절경이었다. 며칠을 머물며 거닐고 두루 살펴보다 돌아왔다. 그래서 그 누의 이름을 수명루(水明樓)라 하고 안평대군의 글씨를 집자(集字)하여 걸었다.】[48]

46　申綽,『石泉遺集』後集 卷8,「日乘」, 純祖 1年, "今上元年. […] 三月己丑丁太夫人憂. […] 六月甲子安葬于鰲甲山下巽坐原.【先是伯氏, 與箕城人安廷行, 占穴於此.】"; 정양완·심경호(1993), 앞의 책, 458쪽.

47　申綽,『石泉遺集』後集 卷8,「日乘」, 純祖 5年, "五年. […] 六月己卯社村外舍成.【三月始役, 至是畢, 爲十四間. 並內舍, 爲卄二間. 閏六月, 土切畢. 七月, 塗壁窓戶之事畢. 皆伯氏往來躬驗以成也.】"; 정양완·심경호(1993), 앞의 책, 461쪽.

48　申綽,『石泉遺集』後集 卷8,「日乘」, 純祖 5年, "五年, […] 八月癸巳, 陪宛丘府君, 發庚山行,

1808년 7월에 신대우는 사직서를 올리고 광주 사촌으로 돌아갔다. 그 해 11월에 3남 신현은 성천부사가 되었는데, 신대우가 평소에 좋아하던 곳이었다. 1809년 4월에 신작과 신현은 신대우를 모시고 신현의 성천 임소(任所)로 갔다.[49] 이 무렵 풍담(風痰)을 앓고 있던 신대우는 11월에 공관에서 세상을 떠났고,[50] 1810년 정월에 발인하여 부인 영일정씨 묘에 합장되었다.[51] 이후 이곳 광주 사촌은 신대우 가계의 묘역 및 세거지가 되었다.

1811년(순조 11)에 이면백은 이충익이 찬술한 신대우의 묘지를 가지고 광주 사촌에 왔다. 신대우 가계가 강화를 떠난 후에도 신대우와 이충익은 종종 교유했으나, 사촌 집에서는 첫 만남이라고 할 수 있다. 1814년 5월에 이충익이 사곡에서 사촌에 왔는데, 이때 이만수(李晩秀)·박종경(朴宗京)·김계온(金啓溫)도 동행했다.[52]

앞서 언급한 바와 같이 1814년에는 문과에 급제한 신작이 신진과 함께 강화를 찾아 외가의 산소를 성묘하고 어릴 때 살았던 옹일의 옛집을 들렀다가 사곡으로 가서 이충익을 만나보았다. 또 1824년에 강화유수가 된 신현은 신진·신작과 함께 외가의 산소를 성묘하고 옹일의 옛집을 들렀다가 사곡으로 가서 이모 영일정씨와 이종사촌인 이충익의 묘를 성묘하고

己酉還.【時, 社廳新構, 樓軒房精灑堅固. 晴川平沙, 抱村周遭, 秋山紅葉, 映水鮮娟. 汀洲步月, 景色絕佳. 杖履留連, 浹望而歸. 仍名其樓曰水明樓, 集安平字書揭.】

49 申綽,『石泉遺集』後集 卷8,「日乘」, 純祖 9年, "九年, […] 四月乙巳, 宛丘府君就養于成川任所. 公及季氏陪往."

50 申綽,『石泉遺集』後集 卷8,「日乘」, 純祖 9年, "九年, […] 十一月丁丑, 聞宛丘府君患候. 發成川行, 命護從.【時, 宛丘府君, 以風痰之候, 屢日靡寧. 而以公會圍在近, 不許通報. 命人馬遲發, 比至入場日, 使之抵達. 二十日, 終場罷後, 乘昏歸家. 人馬始到, 待曙發程. 已無及於皐復之前矣.】戊寅, 宛丘府君皐復于公館."

51 申綽,『石泉遺集』後集 卷8,「日乘」, 純祖 10年, "十年, […] 正月癸未發引, 卯時合窆于鄭夫人墓右."

52 申綽,『石泉遺集』後集 卷8,「日乘」, 純祖 14年, "十四年, […] 五月丁酉, 李姨兄自沙谷來此. 李台成仲·朴台仲實·金令玉如來, 終日而去."

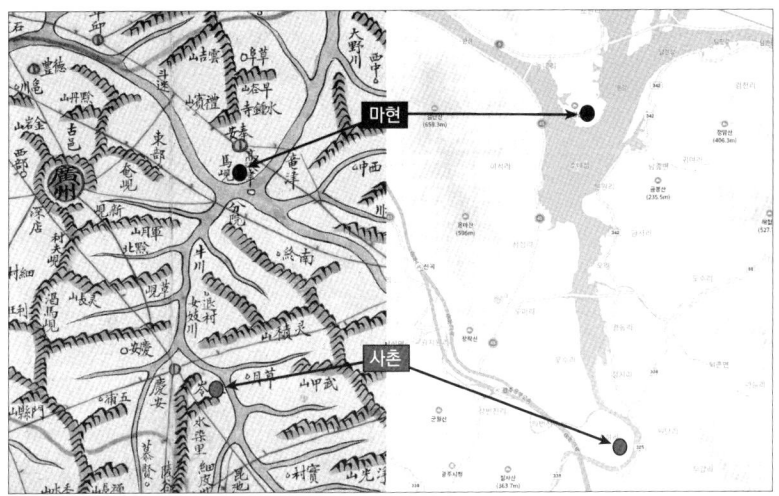

그림 3 | 동여도와 현대 지도[구글 지도]에 표시한 사촌과 마현
• 사촌(社村): 신대우 가계의 세거지
• 마현(馬峴): 정약용 가계의 세거지

이면백의 집에 머물렀다. 신대우 가계의 이거 이후 광주는 하곡학파의 새로운 거점이 되었고, 이곳에서 하곡학과 다산학의 만남이 이루어졌다.

1818년(순조 18) 가을 유배에서 풀려난 정약용은 고향인 광주 마현으로 돌아왔고, 이후 광주 사촌에 거처하던 신작과 교유하게 된다. 이들은 물길을 이용해 서로의 집을 오가며 학술적 토론을 이어갔는데, 특히 『고문상서』와 관련된 논의가 이어졌다.[53]

> 일전에 우천(牛川)의 정승지(丁承旨: 정약용)가 지나가다 들렀습니다. 적거(謫居) 19년에 다른 일은 없었고, 경적(經籍)에 전념했다고 했습니다. 그 말을 들어보니, 개발(開發)한 바가 많았습니다. [그는] 『장구(章

---

53 신작과 정약용의 교유에 대해서는 심경호, 『江華學派의 文學과 思想 (4)』(한국정신문화연구원, 1999), 529-560쪽 참고.

句)』의 글에 집착하는 무리가 아니었으며, 재주가 뛰어났습니다. 글도 얻어보니, 주소(注疏)에 매우 정밀하여 친구들 중에 그보다 나은 사람은 없을 듯합니다. 어제[21일] 그가 찬술한 예서(禮書) 7책을 가져와 보여주기에 꼼꼼히 따져보니, 소견이 명확할 뿐만 아니라 문장도 마음대로 섬창(纖暢)하여 굽힘이 없으며 조례(條例)도 정밀하니, 쉽게 얻을 수 있는 사람이 아니었습니다. 『시차고(詩次故)』를 보고는 매우 좋아하면서 "우리나라에 이와 같은 책은 없습니다."라고 하니, 도리어 웃음이 납니다.【8월 22일】[54]

    신작은 1819년(순조 19) 8월 22일에 형 신진에게 편지를 보내 정약용에 대한 첫인상을 좋게 평하면서, 정약용이 『장구』의 글에 집착하는 무리가 아니며, 주소에 정밀하여 친구들 중에 그보다 나은 사람이 없을 것 같다고 했다. 신작과 정약용은 서로 의견을 구했는데, 신작은 정약용이 찬술한 예서 7책에 대해 소견이 명확할 뿐만 아니라 문장도 마음대로 섬창하여 굽힘이 없다고 했다. 반면 정약용은 신작의 『시차고』를 보고 매우 좋아하면서 우리나라에 이러한 책은 없다고 말했다. 이와 같이 두 사람은 서로의 학문적 능력을 높이 평가했다.

    신작은 정약용이 찬술한 예서 7책을 신현과 함께 보면서 찬탄을 금하지 못했다고 했다. 그는 "비록 깊은 뜻까지 탐색하지는 못했지만, 조례가 상세하고 고증이 명백한 것을 살필 수 있었으니, 오늘날 어디서 이만큼

---

[54] 申綽, 『石泉遺集』 後集 卷3, 「上伯氏」, "己卯 […] 日前, 牛川丁承旨, 適過去歷入. 自言, 謫居十九年, 無他事, 專意經籍. 聽其言, 多所開發. 非復章句守文者之比, 才旣聰穎, 文亦得之. 於注疏, 極爲綜纖, 知舊中似無出其右者. 昨日, 以其所撰禮書七冊, 來示相質. 不但所見之明透, 文亦從心纖暢不屈, 條例整密, 甚是不易得之人. 見『詩次故』, 以爲大好東國無此書, 還可笑也.【(己卯)八月廿二日】"

세심하고 정밀한 공부를 찾아볼 수 있겠습니까?"라며 정약용을 높이 평가했다.

순조 19년(1819) 9월에 정령(丁令: 정약용)에게 『상례사전(喪禮四箋)』과 『상서평(尙書平)』을 첨부하여 보냈다.【정령의 이름은 약용(若鏞)으로, 서적에 박식하고 담론을 잘했다. 적거 수십 년에 저서가 100권이다. 소내[苕川] 왼쪽 20리 땅으로 돌아왔다. 이 무렵 찾아왔다. 『상례사전』과 『상서평』을 계속해서 보내 공에게 근정(斤正)해줄 것을 청했다. 이에 공이 첨부하여 보냈다. 이후로 계속해서 왕래하고 혁제(赫蹄)가 계속 오가니, 대부분 어려운 곳이었다.】[55]

1819년 9월에 신작은 정약용이 보내온 『상례사전』과 『상서평』에 첨부하여 보낸다.[56] 신작은 정약용의 예설에 대해 "근거가 정확하고, 분류가 잘되어 있으며, 문장도 위진(魏晉) 간 예설과 주소에서 따와 볼 만하여 근래 예를 논하는 자들은 이에 미치지 못할 것"이라고 높이 평가했다. 다만 "선배들을 가볍게 비난하고, 자신의 견해를 내세우는 병이 있다."고 평했다.[57]

---

55 申綽, 『石泉遺集』 後集 卷8, 「日乘」, 純祖 19年, "十九年, [ ] 九月籤送丁令『喪禮四箋』・『尙書平』.【丁令, 名若鏞, 博書籍, 善談論. 謫居數十年, 有著書百卷. 來左苕川二十里地, 是時來訪, 繼送所繕『喪禮四箋』・『尙書平』, 請公斤正. 公籤付以送. 于後, 往來源源, 赫蹄聯翩, 多所同難焉.】"

56 申綽, 『石泉遺集』 後集 卷6, 「答丁承旨」, "況復垂示所撰禮論七冊, 玆所謂得未曾有, 披覽未厭, 繼以宵燭. 與舍季對坐, 互相嘆嗟, 不能自已. 雖未及探索蘊奧, 概審其條例詳整, 博考明辨, 今世何處得見此細心密工耶?【己卯八月】"

57 申綽, 『石泉遺集』 後集 卷3, 「上伯氏」, "丁令禮說覽過一通, 而根據的確, 分數綜明. 而文亦出於魏晉間禮說及注疏, 多可觀. 近來言禮者, 當無此比. 但有輕非先達, 自立己見之病.【己卯九月八日】"

정약용의 『상서평』에 대해서는 『고문상서』가 잘못된 것임을 말하고 있으며, 각 항에 따라 변란하는 것이 혹리(酷吏)보다 심하고 증거 또한 엄밀해서 없어서는 안 되는 책이라고 평했다.[58] 다만 정약용에게 "매색본(梅賾本)은 모기령(毛奇齡)이 이미 바로잡아 말이 준엄했으니, 다른 사람들은 마땅히 온화하게 해야 하지 않겠느냐"고 했다.[59]

신작은 정약용의 『상례사전』과 『상서평』에 대해 학문적 엄밀함과 그 가치를 인정하면서도, 자신의 견해를 내세우고 남을 혹독하게 비난하는 점에 대해서 지적했다. 이후로도 신작과 정약용은 『주역』·『상서』 등에 관한 학술 토론을 이어갔다.

특히 『상서』에 대한 여러 문제를 논의했는데, 1822년(순조 22)에는 정약용이 주장한 '육향재국중(六鄕在國中)'과 관련하여 논변을 벌였고, 1825년에는 '갑자기년(甲子紀年)·기월(紀月)·기일(紀日)'과 관련하여 논변을 이어갔다. 이러한 논변 과정에서 신작은 『서차고(書次故)』·『고상서(古尙書)』·『상서고주(尙書古注)』 등을 편찬했으며, 정약용은 『상서지원록(尙書知遠錄)』·『고문원사변(古文冤辭辨)』·『매씨서평(梅氏書平)』 등을 편찬·개수했다.[60]

신작이 정제두의 경학설을 계승한 바에 대해서는 구체적인 연구를 통해 밝혀야 할 문제이나, 정제두의 고거학에 영향을 받은 하곡학파의 일원으로서 신작이 정약용과 학술 교류를 진행하고 서로 영향을 주고받았다는 것은 시사점이 있다. 신작의 『고문상서』에 관한 경학설은 이충익과 이영익의 논쟁에 영향을 받은 점이 있으며, 이는 하곡학파 내부의 논쟁이

---

58 申綽, 『石泉遺集』 後集 卷3, 「上伯氏」, "丁令所撰 『尙書平』, 盖言古文之非, 而逐條辨難, 甚於酷吏, 證援亦淹覈, 不可無之書也.【己卯九月十八日】"

59 申綽, 『石泉遺集』 後集 卷6, 「答丁承旨」, "但梅, 毛業已駁正, 辭不厭峻, 餘人理宜蘊藉.【己卯十月】"

60 심경호, 『江華學派의 文學과 思想(4)』, 556-560쪽.

당대 학술 지형에서 동떨어진 것이 아니라 핵심과 맞닿아 있다는 의미이기 때문이다.

3) 진천: 소론계 학인들의 거점

하곡학을 포함한 한국 양명학의 연구자들은 대체로 하곡학 및 한국 양명학의 거점을 강화도로 보고 있다. 그러나 이미 민영규가 "진천이, 소론의 반향(班鄕)이자, 홍승헌·정인표·정은조(鄭闇朝), 그리고 이상설(李相卨)·정인보에 이르기까지 강화학의 유력한 거점의 하나가 된 데엔 대개 이러한 데에 그 연유가 있다."라고 하여, 진천(鎭川)을 소론의 반향이자 하곡학의 유력한 거점이라 지적한 바 있다.[61] 여기서 언급된 홍승헌은 홍양호의 5대손이며, 정인표는 심육의 동생 심악의 증손 심대윤의 문인이며, 정은조·정인보 부자는 각각 정원용(鄭元容)의 손자와 증손이며, 이상설은 이경억(李慶億)의 후손으로 모두 소론계 인물이다.

또한 이들은 하곡학파와 밀접한 관계를 맺고 있다. 하곡학파의 마지막 계승자라 할 수 있는 정인보의 스승은 정인표·이건승·이건방인데, 이들은 홍승헌·정원하 등과 친밀한 관계를 맺고 있었고, 모두 하곡학파와 직간접적으로 연결된 인물들이다. 이 가운데 홍승헌·정원하·정인표는 진천 지역에 경제적 기반을 가지고 있었다.[62]

---

61 민영규(1994), 앞의 책, 40쪽; 또한 민영규는 "홍익주는 진천현감을 지내면서, 여기에 별업을 일으켜 자손을 진천에 정착케 한 터전을 만들었고"라고 했으며, "정기석은 진천과 문의에 별업을 일으키고, 먼저 진천에 정착했다."라고 하여 홍승헌과 정원하 선대의 진천 정착에 대해서 언급했다[민영규(1994), 앞의 책, 39-40쪽].

62 신영우는 홍승헌·정원하·정인표·정은조·이상설·정인보의 진천 정착 과정에 대해 자세히 서술했다[신영우, 「한말 일제하 충북 진천의 유교지식인 연구: 洪承憲·鄭元夏·鄭寅杓

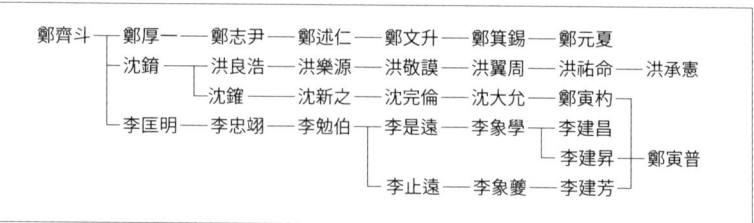

표 13 | 하곡학파의 계보 약도

정원하(鄭元夏, 1855~1925)는 정제두의 6대 종손으로 하곡학파의 혈연적 적통을 잇고 있다. 정제두 가계는 정제두의 첫째 부인 파평윤씨와 둘째 부인 남양서씨의 묘를 천안에 조성한 이후 정문승−정기석−정원하가 천안에 묘역을 조성했다. 정제두 가계가 충청 지역으로 진출하면서 천안에 묘역을 조성하고 그 이웃 고을인 진천에 세거지를 만들었다.63

정제두 사후 증손인 정술인 대까지는 그 가계가 크게 현달했다고 보기 어렵다. 정제두가 산림으로 대우받으며 영조 초 성균관 좨주·세자이사·좌찬성 등을 역임하고 그의 아들 정후일은 부평부사를 지냈으나, 손자 정지윤이 젊은 나이에 세상을 떠나고 증손 정술인이 생원으로 전주판관을 지냈을 뿐이다. 정제두 가계가 중흥하게 된 것은 현손 정문승이 현달하면서부터이다.

정문승(鄭文升, 1788~1875)은 1810년(순조 10)에 진사가 되었고 1819년에 음관으로 출사하여 담양부사·공조판서·한성부판윤 등을 역임했다. 특히 효명세자(孝明世子)와 세자빈 풍양조씨(豊壤趙氏), 그리고 이들의 아들인

를 중심으로」, 『광무양안과 진천의 사회경제 변동』(혜안, 2007), 193-201쪽].

63 정기석은 1889년(고종 26)에 세상을 떠났고 초장지(初葬地)는 진천이었다. 장사 지낸 지 8년 만에 다시 천안 부토리 선영으로 이장했다(李建昌, 『明美堂集』 卷20, 「敦寧都正鄭公墓碣銘」).

세손과 밀접한 관계를 맺었다. 정문승은 1819년에는 효명세자를 익위사 세마로서 섬겼고, 동궁관으로서 효명세자와 풍양조씨의 가례(嘉禮)에 배석했으며, 효명세자 사후인 1831년에는 익위사 사어로서 세손 이환(李奐)을 섬겼다.[64]

1864년(고종 1)에는 수렴청정 중이던 신정왕후(神貞王后)가 정문승이 익종(翼宗)의 계방(契坊: 효명세자의 익위사 세마)이었다는 이유로 가자(加資)를 특별히 명했으며,[65] 1867년에는 신정왕후의 환갑을 맞이하여 가례 때 배석했다는 이유로 다시 가자가 이루어졌다.[66] 1875년에는 익종의 존호를 추상하면서 정문승을 가자했다.[67] 정문승의 가자로 인하여 정후일-정지윤-정술인도 각각 1864년, 1867년, 1875년에 추증되었다.

정기석(鄭箕錫, 1813~?)은 정문승의 첫째 아들로 태어났으나 정문영에게 입후되어 정제두의 5대 종손이 되었다. 음관으로 출사하여 군자감 봉사·문의현령·지평현감·안성군수·강화부 판관·연안도호부사 등을 지냈다. 정기석은 문의·지평·안성 등에서 지방관을 역임했기 때문에 각 지역 사정을 잘 알고 있었고, 진천과 문의에 새로운 거처를 마련하여 정제두 가계의 진천 정착을 가능하게 했다.[68] 1901년(광무 5)에 작성된 진천군 광무

64　나카 스미오 저, 이영호·이혜인·곽성용 공역, 『조선의 양명학』(성균관대학교 출판부, 2016), 353-355쪽.

65　『高宗實錄』, 高宗 1年 1月 10日; 鄭箕錫, 『府君遺稿』 卷4, 「先考孝憲公實事」, "今上元年甲子, 大王大妃殿垂簾日, 下敎曰: '副護軍鄭某, 以翼宗桂坊, 年近八十, 事甚稀貴, 特爲加資, 陞嘉善.' 蓋翼宗三加及舟梁時陪從宮僚之在世者, 只府君一人故也."

66　『高宗實錄』, 高宗 4年 1月 15日; 鄭箕錫, 『府君遺稿』 卷4, 「先考孝憲公實事」, "丁卯正月, 以年八十, 陞嘉義. 是歲, 賀大王大妃殿六旬寶齡. 大臣奏曰: '鄭某, 以翼宗宮僚, 當此慶會, 宜有示意之擧.' 上可之陞資憲, 連除都摠管·知敦寧府事·工曹判書·知義禁府事·知中樞府事."

67　『高宗實錄』, 高宗 12年 6月 11日; 鄭箕錫, 『府君遺稿』 卷4, 「先考孝憲公實事」, "乙亥六月, 追上翼宗尊號, 特陞崇政."

68　민영규(1994), 앞의 책, 39-40쪽.

표 14 | 정문승 현달에 따른 정후일-정지윤-정술인 추증

성명 서력(왕력)	정후일	정지윤	정술인
1864년(고종 1)	사복시 정	통정대부 이조참의	가선대부 이조참판겸동지의금부사오위도총부부총관
1867년(고종 4)	정대부 이조참의	가선대부 이조참판겸동지의금부사오위도총부부총관	자헌대부 이조판서겸지의금부사오위도총부도총관
1875년(고종 12)	가선대부 이조참판겸동지의금부사오위도총부부총관	자헌대부 이조판서겸지의금부사오위도총부도총관	숭정대부 의정부좌찬성겸판의금부사세자이사오위도총부도총관

양안에 따르면 정기석의 아들 정원하는 진천에서 토지 총 3,203결[전 476결, 답 2,679결, 대지 48결]과 가옥 2채를 소유하고 있었다.[69] 즉 광무 연간에 정제두 가계가 진천 지역에 가산을 충분히 가지고 있었다는 의미이다.

정원하(鄭元夏, 1855~1925)는 1870년(고종 7)에 진사가 되고 1874년(고종 11)에 문과에 급제했다. 이후 헌납·대사간·대사헌 등을 지냈으나, 1894년(고종 31)에 홍승헌과 함께 벼슬을 버리고 낙향했다. 일본군이 고종을 위협해 구법(舊法)을 바꾸게 하고 일본으로 도망갔던 박영효(朴泳孝)와 서광범(徐光範)을 받아들여 국정을 전횡케 하는 것을 보고 나랏일을 할 수 없다고 여겼기 때문이다.[70]

얼마 뒤 동학농민운동으로 충청도 지역의 정세가 어지러워지자 정원하는 홍승헌과 함께 강화로 들어가 정원하의 묘막(墓幕)에 함께 살았는데, 이건승의 집과 불과 10여 리 정도로 가까웠고, 이건창과도 서로 오가며 출처의리(出處義理)에 대해 강론했다. 이듬해 겨울에 단발령이 내려져 강

---

69   진천군 광무양안에 대한 수치는 신영우 편(2007), 앞의 책, 361-430쪽의 '부록: 진천양안의 표'에 따른 것이다. 정원하 소유 토지와 가옥은 같은 책, 396쪽에 수록되어 있다.
70   정양완(2012), 앞의 책, 303쪽; 이건승이 찬술한 「吏曹參判汝圍洪公行狀」을 번역한 내용이다.

화에서 강제로 머리 깎는 일이 더욱 심해지자 정원하는 홍승헌과 함께 진천으로 돌아왔다.[71] 1910년 경술국치로 나라가 망하자 이들은 조선을 떠나 회인현으로 갔다. 정원하는 먼저 회인현 홍도촌에 가서 일행이 오기를 기다렸고, 이후 이건승·홍승헌·이건방 등이 뒤따라 회인현에 도착했다.[72] 이들은 세상을 떠날 때까지 이곳에서 머물며 제2의 고향을 만들어 나갔다.

정원하와 함께 낙향하고 강화와 진천을 오가다 회인현까지 동행한 이들은 뜻을 같이한 동지였다. 특히 홍승헌(洪承憲, 1854~1914)은 강화와 진천을 함께 오간 사이였다. 홍승헌은 홍양호의 5대 종손으로 1875년(고종 12)에 문과에 급제하고 이조참판·대사헌·대사간 등을 역임했다. 홍승헌 집안에서 진천에 경제적 기반을 마련한 것은 홍승헌의 조부 홍익주(洪翼周) 때였다.[73] 홍익주는 1831년(순조 31)에 진천현감에 제수되었는데,[74] 이때 진천에 별업을 일으켜 자손들이 진천에 정착할 수 있는 터전을 마련했다.

1901년에 작성된 진천군 광무양안에 따르면 홍익주의 손자 홍승헌은 진천에서 토지 총 2,275결[전 715결, 답 1,220결, 대지 340결]과 가옥 21채를 소유하고 있었다.[75] 가옥에는 진천 문백면 사양리 호암마을에 있는 26칸짜리 기와집도 포함되어 있었다.[76] 홍익주-홍우명(洪祐命)-홍승헌 가계는 진천에 세거하면서 주변의 소론 가계와 교유했다. 정원하 집안은 그 대표적인 경우라 할 수 있다.

---

71 정양완(2012), 앞의 책, 303-305쪽.
72 민영규(1994), 앞의 책, 73-74쪽.
73 민영규(1994), 앞의 책, 39쪽.
74 『承政院日記』, 純祖 31年 12月 25日.
75 홍승헌 소유의 토지와 가옥은 신영우 편(2007), 앞의 책, 399쪽에 수록되어 있다.
76 신영우 편(2007), 앞의 책, 425쪽, 표 31 기와집 위치 및 소유 현황.

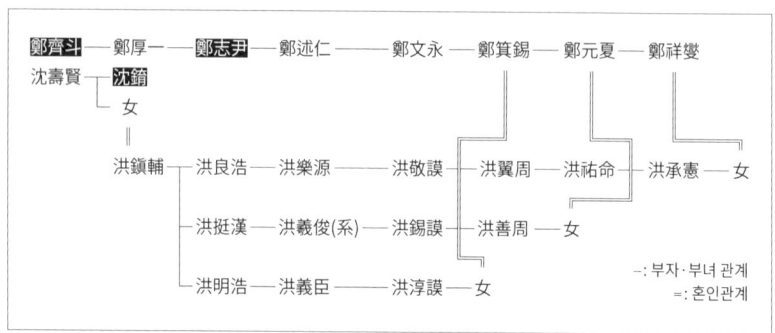

표 15 | 정제두 가계와 홍진보 가계 혼인 관계 약도

정원하와 홍승헌의 집안은 본래 혼맥으로도 연결된다. 정제두의 문인 심육의 여동생이 홍진보와 결혼하여 홍양호를 낳았고, 어려서 부모를 잃은 홍양호를 심육이 양육했는데, 홍양호의 5대 종손이 바로 홍승헌이다. 또한 이 두 집안은 중혼으로 혼맥을 형성했다. 정원하의 어머니 풍양홍씨는 홍순모의 딸이다. 홍순모는 홍승헌의 증조 홍경모와 6촌 관계이다. 정원하는 홍선주(洪宣周)의 딸과 혼인했는데, 홍선주는 홍승헌의 조부 홍익주와 8촌 관계이다. 특히 홍승헌은 정원하의 아들 정상섭을 사위로 맞이하게 되는데, 이는 두 집안이 직접적인 혼맥으로 이어졌음을 의미한다.

정원하와 홍승헌 이외에도 진천에는 많은 인물들이 세거했는데, 이 가운데 정인표(鄭寅杓, 1855~1935)와 이상설의 집안을 주목할 필요가 있다. 정인표는 정태화(鄭太和)의 후손으로 1882년(고종 19)에 진사시에 합격하고 1892년에 문과에 급제했다. 홍문관 교리·충청도 순찰사 등을 지냈으며, 경술국치 이후 고향 진천에 은거하면서 세상과 인연을 끊었다.

정인표 집안은 본래 서울에 살았는데, 정인표의 5대조 정낙순(鄭樂淳)은 서울을 떠나 충청도 면천으로 이주했고, 정인표의 아버지 정욱조(鄭旭

朝)는 경기도 안성 보체리로 이주했다.⁷⁷ 안성에 살던 정인표는 아버지 정욱조의 명에 따라 충청도 진천 초평면 영구리에 집을 짓고 이주해 정착했다. 집의 이름은 춘경대(春耕臺)였다. 정인표 집안의 진천 이주는 당시 안성의 사정이 좋지 못해 이주할 곳을 찾고 있던 차에 풍수상 살기 좋은 곳을 찾아간 것으로 보인다.

처음에 군[정인표]은 안성에 살았다. 하루는 조봉군(朝奉君: 정욱조)의 명을 받들어 경계를 넘어 남쪽으로 내려가 진천에 집을 지었다. 완성되자 온 집안 식구가 이사 갔다. 이사한 이듬해 안성에 큰 역병이 돌아 인근 고을 열 중 아홉이 죽어갔으나 진천에는 탈이 없었다. 또 한참 뒤에 안성에서 백성이 관리와 다투다가 그 고을에 분풀이를 했는데 거듭 난동을 부리다가 겨우 멈추었다. 안성의 사대부들은 이때부터 이사 가는 사람이 많아졌다. 내 동생이 말하길, "군이 사는 진천은 산이 사방을 에워싸고 가운데는 큰 평지인데 지면은 살짝 솟아 두터우니 풍수가들이 말하는 지훈(地暈)입니다. 군의 집은 그 가운데에 있는데 그 제도는 소박하나 비루하지 않습니다. 세로로 방을 만든 것이 3개인데, 맨 윗방에는 봉조군을 모시고, 가운데 방에는 군의 아들들이 독서하는 곳으로 삼았으며, 군은 그 아래에 거처했습니다."라고 했다.⁷⁸

---

77 신영우 편(2007), 앞의 책, 198-199쪽; 신영우는 "정인표가 초평 영구리로 이사온 것은 1885년 30세가 되었을 때였다. 영구리의 집은 지금 흔적이 없다. 밭 가운데 두 채의 집이 있었는데 한 채가 초가 4칸 겹집이라고 했다."라고 했는데, 그 근거를 밝히지 않아 본문에 연도를 제시하지는 않았다[신영우, 「한말 일제하 충북 진천의 강화학파와 민족주의운동」, 『韓末 日帝下 忠北 鎭川의 江華學派 志士들과 民族運動』 중원문화연구소·상산고적회 학술대회 자료집(2008), 28쪽].

78 李建昌, 『明美堂集』 卷10, 「春耕臺記」, "始君居安城. 一日, 奉朝奉君之命, 踰境而南, 築室于鎭川, 旣成而悉徙. 徙踰歲, 安城大癘, 隣里十耗其九, 鎭川無所苦. 又久之, 安城民與吏鬨, 挺怒于其鄕, 至再而甫息. 安城士大夫自是多徙者矣. 而吾弟云: '君居鎭川, 其山四周環

정인표는 처음에 안성에 살았는데, 어느 날 아버지 정욱조의 명에 의해 남쪽으로 내려가 진천에 집을 지었고 집이 완성되자 온 집안이 이사 갔다는 내용이다. 안성에서 계속 좋지 않은 일이 일어났는데 정인표 집안은 진천으로 이사하여 이를 모두 피하게 되었다. 진천은 풍수상 살기에 좋은 땅이었고 그곳에 소박하지만 비루하지 않은 집을 지었다. 세로로 방 3개짜리 집을 지었는데 가장 위는 정인표의 아버지 정욱조의 방이었고, 가운데는 정인표의 아들 정헌모(鄭憲謨) 등이 독서하는 방이었으며, 가장 아래는 정인표가 기거하는 방이었다. 이 집의 이름은 춘경대였다.[79]

이건창(李建昌, 1852~1898)과 이건승(李建昇, 1858~1924) 형제 역시 진천과 인연이 있었다. 이건창은 정인표가 진천에서 살던 집인 춘경대의 기문(記文)을 써주었는데, "나의 외가가 진천에 있고 나의 아우가 또 군의 마을로 장가를 가서 이런 까닭에 진천 사람들을 많이 알고 있었다."라고 했다.[80] 이건창의 외할아버지는 윤자구(尹滋九)이며, 이건승의 장인은 정기만(鄭基晩)인데, 이들이 모두 진천에 살고 있었으며, 특히 정기만은 정인표와 같은 마을에 살았다.

1907년에는 정인보(鄭寅普, 1893~1950) 가문이 진천으로 이사왔다. 1903년 정인보 가문은 서울 회동에서 양근으로 이사 갔다가 1907년에 진천 금한리로 옮겼다.[81] 이미 진천으로 이거한 정인표의 집과는 불과 시내 하나를 사이에 두고 있었고, 정인보는 정인표에게 『주역』을 배웠다. 정인보가 정

抱中爲大坪, 地面微隆厚, 形家所謂地暈者. 而君宅其中, 其制樸而不陋. 凡縱而爲室者三, 上首以奉朝奉君, 中爲君之子之讀書之所, 而君自居其下. […]"

79　李建昌, 『明美堂集』 卷10, 「春耕臺記」.
80　李建昌, 『明美堂集』 卷10, 「春耕臺記」.
81　鄭寅杓, 『春耕臺草稿』, 「族叔淵齋少卿闔朝 來卜琴里 喜而賦呈」[신영우(2008), 앞의 발표문, 28쪽에서 재인용].

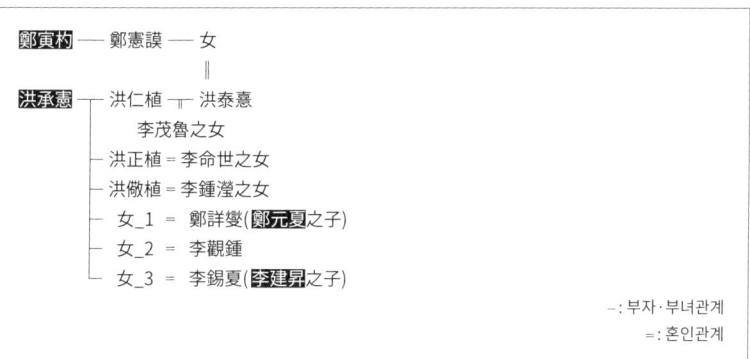

표 16 | 홍승헌 가계의 혼맥도: 정인표·정원하·이건승 가문과의 혼인관계

인표를 처음 만난 것은 회현동 정인승(鄭寅昇)의 집에서였는데, 당시 정인표는 정인승의 집에서 1년 반 이상을 머물렀다. 이때 천자문을 겨우 뗀 정인보는 조부를 따라 책을 가지고 가서 만났고, 11세 때인 1903년에 정인보가 양근으로 이사 가자 정인표는 정인보에게 편지로 고현(古賢)과 같이 되도록 힘쓰라고 했다. 그리고 15세 때인 1907년에 진천에서 다시 만나 수학하게 된 것이다.[82] 정인보는 1909년에 다시 서울로 가서 단발을 하고, 1910년에 이건방의 제자가 되었다.[83]

한편 이상설(李相卨, 1870~1917) 가문은 진천 지역에서 오랫동안 세거한 유력 가문이었다. 이상설의 본관은 경주로, 벽오(碧梧) 이시발(李時發)의 11대손이며 화곡(華谷) 이경억(李慶億)의 10대손이다. 이상설은 1870년 12월 7일 충청북도 진천군 덕산면 산직마을에서 이행우(李行雨)와 벽진이씨(碧珍李氏)의 아들로 태어났다.[84] 1876년 이용우(李龍雨)에게 입후되어 서

---

82 정인보가 정인표에게 수학한 내용은 정양완, 「담원문록 발문」, 『舊園文錄 下』(태학사, 2006), 530-531쪽을 참고했다.
83 민영규(1972), 앞의 논문, 72쪽.
84 이상설의 생부 이행우(李行雨)에 대해서는 잘 알려져 있지 않다. 이 책에서 이상설 가문

울로 올라가 1894년 문과에 급제하고 탁지부 재무관·법부 협판·의정부 참찬 등을 역임했다. 1905년 을사늑약 때 조약 체결 반대와 을사오적 처벌을 주장하는 상소를 고종에게 올렸다. 상소가 받아들여지지 않자 관직에서 물러나 자결을 시도했으나 실패하고 이후 국권 회복을 위해 노력했다. 1907년에는 이준(李儁)·이위종(李瑋鍾)과 함께 헤이그에 밀사로 파견되었으나 참석을 거부당했다. 국망 이후 국권 회복을 위해 힘쓰다가 1917년 망명지인 연해주에서 병사했다.

이상설 가문은 이상설의 11대조인 이시발 때에 진천 초평에 자리하게 된다.[85] 이시발은 청주 오근리에서 태어나 그곳에서 성장했고, 당대 청주 지역의 거유인 이잠(李潛)의 아들 이득윤(李得胤)에게 수학했다. 1589년(선조 22) 문과에 급제했고 임진왜란 때 류성룡(柳成龍)의 종사관으로 활약했다. 병조정랑·경상도관찰사·형조판서 등을 역임했다. 이시발은 광해군 때 부인의 장례를 이유로 벼슬에서 물러나 진천 초평에 부친 이대건(李大建)의 묘를 이장하고 잠시 머물렀다. 또 사후 초평에 묏자리를 잡았는데, 이곳은 임진왜란 때 알게 된 중국 풍수가 두사충(杜師忠)에게 점지받은 곳이었다. 이시발 이후로 이 가문은 진천 초평에 터를 잡아 번성하게 되었다.

진천 초평에는 조선 후기의 대표적인 장서각(藏書閣)인 완위각(宛委閣)이 있었는데, 완위각은 이시발의 손자 이인엽(李寅燁)이 처음 토대를 마련하고 그의 아들 이하곤(李夏坤)이 지은 것이다.[86] 이하곤의 증조 이시발이

에 대한 내용은 입후된 가계인 '이시발-이경억-이인소-이항곤-이석로-이진원-이집두-이일영-이규방-이교중-이용우-이상설' 가계를 중심으로 서술했다.

85 이상설 가문의 진천 세거와 관련된 내용은 박용만, 「書簡을 통해 본 慶州李氏 華谷·晦窩家門의 文雅」, 『韓國簡札資料選集 11. 慶州李氏 華谷 李慶億 後孫家篇』(한국학중앙연구원 출판부, 2007), 148-157쪽을 참고했다.

86 완위각은 충청북도 진천군 초평면 용정리 양촌마을에 있었으나 현재 사랑채만 남아 있고

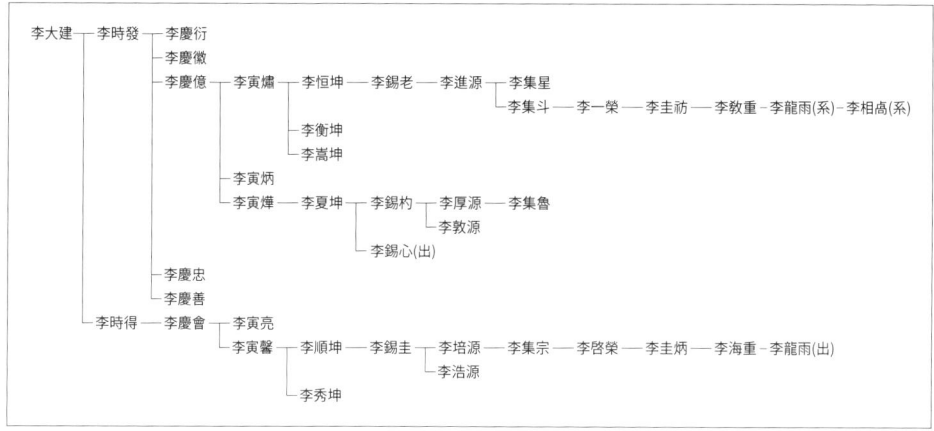

표 17 | 이상설 가문 약도[李大建-李相高]

명나라 장수 낙상지(駱尙志)에게 선물로 받은 수천 권의 고서를 완위각의 시작으로 보는 견해도 있지만, 완위각 서적의 대부분은 이하곤의 장서였을 가능성이 높다. 현존하는 700여 책의 장서인(藏書印)은 대부분 이하곤의 것이며 이시발과 이하곤의 증손 이집로의 장서인이 찍힌 것이 각 1종이기 때문이다. 요약하자면 이인엽이 '퇴로지소(退老之所)'로 완위각을 마련하고 이하곤이 이를 확충하고 전적을 수집했다고 볼 수 있다.[87]

> 초평에 만권루가 있는데, 담헌(澹軒) 이하곤이 지은 것이다. 고금의 서적을 수장하고 있는데, 의약(醫藥)·복서(卜筮)·명필(名筆)·고화(古畵) 등 수백 질이 되기 때문에 그렇게 이름했다. 이는 익재 선생(益齋先生: 이제현)의 고사를 쓴 것이다. 백 년을 전해오다가 지금은 모두 산일되고 남은 것은 단지 숙종 이전 명현의 문집뿐이다.[88]

수장고와 나머지 가옥은 없어졌다.
87   박용만(2007), 앞의 논문, 154쪽.

3장 하곡학파의 지역적 확산   149

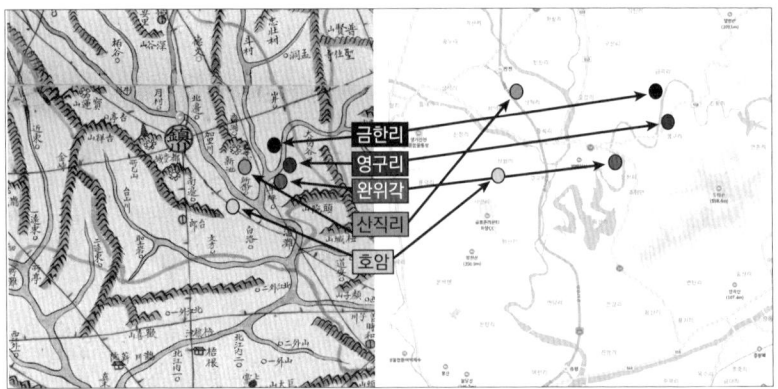

그림 4 | 동여도와 현대 지도[구글 지도]에 표시한 소론계 하곡학파 관련 진천 유적지

- 금한리(琴閑里): 정인보 가계가 1907~1909년에 거처한 곳. 현 지명은 충청북도 진천군 초평면 금곡리.
- 영구리(永久里): 정인표 가계가 이사한 곳. 현 지명은 충청북도 진천군 초평면 영구리.
- 완위각(宛委閣): 경주이씨 이시발 가문이 진천 초평에서 대대로 세거한 곳이며, 이곳에 지은 장서루가 완위각이다. 현 지명은 충청북도 진천군 초평면 용정리 양촌마을.
- 산직리(山直里): 이상설의 생가가 있던 곳. 현 지명은 충청북도 진천군 진천읍 산척리.
- 호암(虎巖): 풍산홍씨 홍승헌 가문이 세거한 곳. 현 지명은 충청북도 진천군 문백면 사양리 호암마을.

    이 완위각의 존재는 조선 후기 학계에 많은 관심을 불러왔고, 이 때문에 진천으로 이거하는 경우도 생겼다. 앞서 진천에 세거한 소론계 하곡학파의 경우 대체로 진천과 직간접적인 인연이 있었지만, 구체적인 관계가 밝혀지지 않은 경우 완위각의 존재도 하나의 이유가 될 수 있을 것이다.

    정원하·홍승헌·정인표 등 하곡학파의 후예들이 진천과 매우 밀접한 관련이 있다는 점만으로도 진천은 하곡학파의 새로운 거점으로 지목할 수 있다. 그리고 이곳에 하곡학파의 마지막 계승자인 정인보까지 이주하면서 명실상부하게 진천은 하곡학파의 마지막 거점이 되었다.

---

88 李裕元, 『林下筆記』 卷26, 「萬卷樓」, "草坪有萬卷樓, 澹軒李公夏坤所築也. 藏古今書籍, 以至醫藥卜筮名筆古畫累百帙, 因爲號之, 用益齋先生故事也. 傳至百年, 今皆散逸, 所餘只肅宗以前名賢文集而已."

4장
하곡학의 계승과 변용

정제두는 박세채·민이승·최석정·박심 등과 논변을 통해 성인이 되기 위해서는 '순선한 생리가 사의와 기질에 가리지 않고 만물에까지 그대로 발현하도록 해야 한다'는 자신만의 학설을 만들어갔고 이 과정에서 주자학부터 양명학까지 넓은 학문적 스펙트럼을 가지게 되었다. 그는 문인들이 원하는 바에 따라 학문을 전수해주었다.[1] 하곡학파는 18~19세기 경기·충청 지역으로 확산되어갔고, 시간의 흐름과 지역의 변화에 따라 하곡학의 계승과 변용도 달라지게 되었다.

정제두는 학문적 근거로 정호를 인용하며 1720년대부터 『정문유훈』, 「정성서해(定性書解)」 등을 편찬했는데, 심육은 정제두를 친견한 기록인 「진강문답」에서 정호에 대한 존숭을 드러냈다. 정제두는 주자학적 입장에서 주장을 펼친 박세채·민이승·최석정·박심에게 양명학에 대한 정확한 이해와 함께 자신의 학설을 주장했지만, 이광신은 양명학적 입장에서 주장을 펼친 이광사·이광찬에게 주자학에 대한 정확한 이해와 함께 자신의 학설을 주장했다. 이는 명도학을 근거로 주자학과 양명학을 포용한 하곡학에 대한 종합적 이해를 바탕으로 한 것이다.

한편 정제두는 『대학』에 대해 기본적으로 『고본대학』을 인정하며 『대학장구』를 비판적으로 이해하여 양명학적 인식 태도를 가지고 있었고, 『상서』에 대해서는 『고문상서』를 위서로 보지 않았을 뿐만 아니라 "인심(人心)은 위태롭고 도심(道心)은 은미(隱微)하니 정(精)하고 전일(專一)하여야 진실로 그 중(中)을 잡을 것이다."라는 16자 심법이 수록된 「대우모」를

---

[1] 이광신은 정제두의 학문에 대해 논한 글에서 "문인이 만약 『장구』와 『집주』로 배우고자 하면 『장구』와 『집주』로 전수해주고, 양명의 학설로 유인하려고 하지 않았다.", "만약 양명의 학설을 청하여 묻는 사람이 있으면 또한 꺼리지 않고 그 원하는 바에 따라 양쪽을 모두 들어주었다."고 했다. 이는 정제두가 문인이 원하는 바에 따라 학문과 사상을 전수해주었다는 뜻이다.

비롯해「열명」·「우성」·「군진」등에 대한 연구를 진행하기도 했다.

정제두의 양명학적『대학』이해는 이영익과 이충익의 논쟁 속에서 왕수인과 왕간의 학설로 구체화되었으며,『상서』에 대한 이해는 염약거(閻若璩)의 학설을 수용한 이광사의 학설이 전해지면서『고문상서』위작과 관련하여 이영익과 이충익, 신작과 정약용의 논쟁으로 이어지게 되었다. 4장에서는 이상의 내용을 중심으로 하곡학의 계승과 변용을 살펴보도록 하겠다.

1. 하곡학의 계승: 심육과 이광신의 사례

1722년에 심육(沈錥, 1685~1753)은 강화도로 가서 정제두를 친견하고 그의 문하에서 가르침을 받았다. 이때의 기록이 바로「진강문답」이다.[2] 이「진강문답」을 통해 문인들의 하곡학 계승의 일면을 살펴볼 수 있다.

「진강문답」은『근사록』도체편(道體篇)에 수록된 정호의 '생지위성(生之謂性)' 이하 성(性)을 주제로 한 문답 3조목,『중용』의 "고명(高明)을 극도로 하고 중용(中庸)을 따른다[極高明道中庸]."에 관한 문답 1조목, '명(命)'의 해석에 대한 문답 1조목, '의(義)'의 해석에 대한 문답 2조목, 명도학에 대한 존숭 관련 문답 1조목, 조정의 은전(恩典) 관련 문답 1조목, 건강 유지 관련 문답 1조목, 정이의 '입자(立子)'에 대한 문답 1조목 등 총 11개 조목으로 구성되어 있다.

---

2 沈錥,『樗村遺稿』卷38,「附鎭江問答【壬寅臘月】」;「鎭江問答」이외에도 정제두와 심육의 관계에 대해서는 정제두의「答沈和甫書」3편, 심육의『樗村遺稿』卷25에 수록된「上霞谷」2편, 그리고 심육이 이진병에게 보낸 편지 등에서 살펴볼 수 있다.

먼저, 심육은 보통 '생(生)을 일러 성(性)이라 한다[生之謂性].'는 것이 병통이 되지 않는 듯하며, 정자도 '고자(告子)가 생(生)을 성(性)이라 한 것은 괜찮다. 무릇 천지(天地)가 낳은 물(物)을 모름지기 성이라 할 수 있다.'라고 하면서 그 말을 폐하지 않았는데, 맹자가 소의 성(性)과 개의 성(性)으로 힐난함에 이른 연후에 그 설이 막혔으니, 이에 대해 연구해보고자 한다고 했다. 정제두는 이 말[生之謂性]이 비록 고자에게서 나왔지만, 그 자체로는 문제가 될 것이 없으니, 그러므로 정호가 이 말을 사용한 것이라고 했다. 다만, 맹자의 설은 고자가 형(形)을 성(性)으로 보았기 때문에 그 말을 문제 삼은 것이라고 했다.[3]

두 번째, 심육은 "정자께서 '생(生)을 일러 성(性)이라 한다. 성이 곧 기(氣)이고 기가 곧 성이라는 것은 생을 이른다. 그러므로 사람이 태어나 기를 품부받는데, 리(理)에는 선악이 있다.'라고 하셨는데, 이는 기질(氣質)의 성을 논한 것이며, 그렇지 않다면 어찌 성과 기를 합쳐서 말하셨겠습니까?"라고 물었다. 이에 대해 정제두는 "성은 기를 떠나 말할 수 없으니, 만약 기가 없다면 성은 의지할 곳이 없을 것이다."라고 대답했다.[4]

세 번째, 심육은 '사람이 태어나서는 정(靜) 이전의 상태에 대해서는 말할 수 없으며, 조금이라도 성을 말할 수 있을 때는 이미 성이 아니다.'에서 말할 수 없는 것을 리라고 했다. 또 인물이 태어나기 전에 리는 자체로 존

---

[3] 沈鋗,『樗村遺稿』卷38,「附鎭江問答」, "問: '尋常疑生之謂性不爲病. 程子曰:「告子云生之謂性則可, 凡天地所生之物, 須是謂之性.」然則程子, 亦不廢其言, 至孟子以牛之性犬之性詰之, 然後其說方窮, 豈孟子故欲抽發其訛頼耶? 盖此一轉語, 雖不爲不是, 而尋其源委, 必有來歷之可疑者, 故試叩之, 果有牛馬之性·羽雪之白之差繆處也.' 答曰: '此語雖出於告子, 而自無病. 故明道亦用之. 但其對孟子說, 則乃以形爲性爾.'"

[4] 沈鋗,『樗村遺稿』卷38,「附鎭江問答」, "問: '程子曰:「生之謂性. 性卽氣, 氣卽性, 生之謂也. 人生氣禀, 理有善惡.」此論氣質之性, 不爾則豈可以性與氣合而言之歟?' 答曰: '性不可離氣而言, 苟無氣則性無寄搭處.'"

재하지만 성이라 말할 수 없으며, 물(物)에 품부되어서 이 리(理)가 거기에 있게 된 연후에야 성이라 말할 수 있다고 했다. 이에 대해 정제두는 말할 수 없는 것은 리를 말하는 것이라고 하면서 심육의 말을 인정해주었다.[5]

네 번째, 심육은 "고명(高明)을 극도로 하고 중용(中庸)을 따른다[極高明而道中庸]."라는 것에 대해 정자가 두 가지 일이 아니라고 한 것을 인용하여 존덕성(尊德性) 이하는 모두 두 가지 일이 아닌 것 같다고 했다. 이에 대해서도 정제두는 심육의 말에 동의했다.[6]

다섯 번째, 심육은 『중용장구(中庸章句)』 제1장의 주희의 주(註) "명(命)은 영(令)과 같다[命猶令也]"에 대해 '천명(天命)이 유행(流行)하여 인물이 받은 것으로 말하면 성이라 하는데, 유행하여 인물에 부여하는 것은 이름할 만한 것이 없다.'고 했다. 그리고 '만약 이를 명이라 하면 천(天)이 인물과 교제(交際)하는 사이에 명령하는 것과 같아서 실제로 사령(使令)이 있는 것 같다.'라고 하여 주희의 주에 의문을 제기했다.

이에 대해 정제두는 명은 조정의 차제(差除)를 말하니, 주희의 뜻도 이와 같다고 했다. 또 심육이 의문을 제기한 "명은 영과 같다[命猶令也]"의 바로 다음 부분 주인 "하늘이 음양과 오행으로 만물을 화생함에 기로써 형체를 이루고 리를 또한 부여하니 명령함과 같다[天以陰陽五行化生萬物, 氣以成形, 而理亦賦焉, 猶命令也]."라는 부분에서 '이역부언(理亦賦焉)'의 '역(亦)'을 가지고 리를 기에 부여한 것은 아닌 것 같다는 의견을 제시했다.[7]

---

5 沈錥, 『樗村遺稿』 卷38, 「附鎭江問答」, "問: '人生而靜以上, 不容說, 纔說性時, 便已不是性. 所謂不容說, 卽理也. 人物未生之時, 理固自如, 不可以性言之. 及乎賦於物, 而此理墮在于此, 然後方可謂之性矣.' 答曰: '不容說者云者, 蓋言理也.'"

6 沈錥, 『樗村遺稿』 卷38, 「附鎭江問答」, "問: '極高明而道中庸, 程子曰:「非二事, 中庸天理也.」高明中庸, 旣非二事, 則自尊德性以下, 無不皆然. 恐不特中庸高明而已.' 答曰: '然.'"

7 沈錥, 『樗村遺稿』 卷38, 「附鎭江問答」, "問: '朱子曰:「命, 猶令也.」蓋天命流行, 自人物所受而言之, 謂之性. 方其流行而賦與於人物者, 無名可名, 乃曰命, 則此蓋天與人物交際之間

여섯 번째, 심육은 정자의 "의(義)가 용(用)이 되는 줄 알면서도 밖으로 여기지 않는 사람과는 더불어 도(道)를 말할 수 있다."는 구절에 대해 의(義)와 인(仁)이 호설(互說)이 되니 체용(體用)의 구분이 있게 되고, 사덕(四德)으로 말하면 인과 의가 모두 체(體)가 되니, 이 사덕설(四德說)과 같이 하면 아마도 의를 밖으로 하는 병은 없을 듯하다고 했다. 이에 대해 정제두는 『이정외서(二程外書)』에 수록된 정호의 "의는 상대할 수 없다[義無對]."는 말을 인용하여 세상 사람들이 '의'라는 글자를 제대로 알지 못하거나 혹은 작게 여기니, 이에 정호가 이와 같이 말한 것이라고 했다.[8]

일곱 번째, 정제두가 인용한 정호의 "의는 상대할 수 없다[義無對]."에 대해 심육은 정호의 이 말이 역량이 있는 것 같다고 했고, 이에 대해 정제두는 심육의 말을 인정했다.[9]

내가 "이천(伊川: 정이)과 회암(晦菴: 주희)은 문자(文字)와 하어(下語)에 충분히 신중했는데도 실수가 있었던 것 같습니다. 하지만 정백자(程伯子: 정호)는 그렇지 않습니다. 남들이 감히 설명하지 못한 도리(道理)를 잘 설명하면서도 어려운 기색이 없었습니다. 이는 도체(道體)를 확실히 보아서 그랬던 것이지, 의심과 두려움이 없어서 그랬던 것은 아닌 것

也, 若曰, 命令云爾, 則眞若有使令者然矣.' 答曰: '命者, 如朝府差除之云. 朱子意, 蓋如此, 理亦賦焉之亦字, 似不以理付於氣矣.'"

8 沈錥, 『樗村遺稿』 卷38, 「附鎭江問答」, "問: '程子曰: 「知義之爲用而不外焉, 可與語道矣.」 義與仁互說, 則有體用之分, 以四德言, 則均是體也, 如是說來, 恐無義外之病.' 答曰: '有人說. 程伯淳曰: 「義無對.」 蓋世人不識義字, 而或小之. 故程子之言, 乃如是.'"; 『二程遺書』 卷4, "仲尼言仁未嘗兼義, 獨於『易』曰: 「立人之道曰, 仁與義.」而孟子言仁必以義配, 蓋仁者體也, 義者用也. 知義之爲用而不外焉, 可與語道矣. 世之所論於義者, 多外之, 不然則混而無別, 非知仁義之說者也."; 『二程外書』 卷12, "可以死, 可以無死, 死傷勇夫, 人之於死也, 何以知可不可哉? 蓋視義爲去就耳. 予嘗曰: '死生之際, 惟義所在, 則義所以對死者也.' 程伯淳聞而謂予曰: '義無對.'"

9 沈錥, 『樗村遺稿』 卷38, 「附鎭江問答」, "曰: '程子義無對一語, 儘有力量.' 答曰: '有力量.'"

같습니다."라고 말하니, 선생께서는 미소 지으며 "참으로 그러하다."라고 말씀하셨다.[10]

여덟 번째, 심육은 정이와 주희가 말과 글에서 충분히 신중했는데도 실수가 있었고 정호는 그렇지 않다고 보았다. 그렇기 때문에 정호는 남들이 감히 설명하지 못한 도리를 설명하면서도 어려운 기색이 없었으며, 이는 도체를 확실히 보아서 그런 것이지, 의심과 두려움이 없어서 그런 것은 아니라고 했다. 정제두는 정이와 주희보다 정호를 높이는 심육의 의견에 전적으로 동의했다.

아홉 번째, 매년 연말에 조정에서는 연로한 신하들에게 쌀과 고기를 내리는 은전을 베풀었는데, 1722년 12월 26일에 강화도에 사는 정제두에게도 이러한 은전이 내려졌다. 정제두는 직접 단자를 작성하여 사양했는데, 이는 비록 물품은 받지 않으나 은전을 내리는 임금의 은혜는 받는다는 의미를 내포한 것이다. 심육은 조정의 은전을 받은 상황에 대해서 정제두에게 감축드리면서 또한 단자를 작성하고 물품을 사양한 행위에 대해서도 높이 평가했다. 이어서 오래 산 선배와 오래 살지 못한 선배에 대해서 질문했다. 이에 정제두는 정이가 가장 오래 살았고, 정호는 오래 살지 못했다고 말했다.[11]

열 번째, 심육은 집안의 종조 가운데 젊은 시절부터 병이 많아 건강하지 못한 사람이 있었는데, 무슨 방법이 없을지 정제두에게 물었다. 이에

---

10   沈錥, 『樗村遺稿』 卷38, 「附鎭江問答」, "曰: '伊川及晦菴, 於文字下語, 必十分愼重, 恐有差失, 而程伯子則不然, 能說人不敢說底道理, 而略無難色, 豈非見道體, 無復疑畏而然否?' 先生微笑曰: '誠然.'"

11   沈錥, 『樗村遺稿』 卷38, 「附鎭江問答」, "二十六日, 朝家恩例. 每於歲末, 以米肉致之. 先生手寫單子謝之. 余曰: '此乃惠養之美意. 則無辭受難處之義, 而及老之典, 亦可感祝矣. 仍言前輩年歲之永不永.' 先生曰: '伊川享年斂多, 明道則盖得天地淸淑之氣, 自不能堅久不散.'"

정제두는 젊은 시절부터 병이 많았지만 약을 먹지 않고 다만 거승(巨勝: 흑임자)을 오래도록 복용했다고 하면서 그 효험에 대해서 정확히 아는 사람은 없지만 류상(柳鏛)[12]이라는 사람이 항상 이것을 복용해서 늙도록 병이 없다고 하니 이것이 도움이 될 것이라고 했다.[13]

열한 번째, 심육은 정이의 '자식을 세운다[立子]'라는 학설을 끝내 깨닫지 못하여 이에 대해 질문했다. 심육이 생각하기에 이 부분은 반드시 학설이 있어야 하는데 다른 사람들과 논의한 것이 없어 후세 사람들도 의심하는 부분이라고 했다. 정제두는 이것이 시왕지제(時王之制)에 불과하다고 보는 입장이었다.[14]

송나라 태종은 아우로서 형을 이었는데, 이는 형이 죽으면 아우가 잇는 형망제급(兄亡弟及)의 은례(殷禮)이다. 역사적으로 은례의 사용은 주나라에서 찾아볼 수 있다. 태백(泰伯)과 중옹(仲雍)이 형만(荊蠻)으로 도망치자 주나라는 계력(季歷)을 세웠다. 또한 문왕(文王)은 백읍고(伯邑考)가 죽자 무왕(武王)에게 전위했는데, 이는 모두 은례를 사용한 것이다. 주공(周公)이 예법을 제정하면서 적장자 계승 원칙을 세웠고, 아들 연(衍)이 죽자 손자 돌(腞)을 세운 것도 이 때문이었다.

12 　숙종 대 의관(醫官)으로, 숙종이 천연두를 앓았을 때 그의 약을 써서 나았다는 기록이 있다. 『英祖實錄』, 英祖 47年 4月 20日.

13 　沈錥, 『樗村遺稿』 卷38, 「附鎭江問答」, "問: '竊嘗因一家傳說, 聞從祖少日多病患, 未知氣候康寧, 從何歲乃爾乎? 忘生徇欲, 固是尋常存戒, 而亦有別般功夫, 或資滋補之力耶?' 答曰: '無有也. 吾不曾飮啜藥餌, 巨勝則雖服食已久, 亦未覺其某效可言者也. 聞柳君鏛, 常服此, 其人年高無疾, 亦豈以此得力者?'"

14 　沈錥, 『樗村遺稿』 卷38, 「附鎭江問答」, "問: '伊川立子之語, 終未可曉. 是必有其說, 而旣無說與人者, 後人之疑, 固無異也.' 答曰: '是不過時王之制. 宋太宗以弟承兄. 殷禮, 蓋如彼. 泰伯·仲雍逃之荊蠻, 周亦立季歷至文王, 文王舍伯邑考而傳武王, 是用殷禮也. 周公制禮, 始立嫡以長, 嫡嫡相承, 舍其子衍, 而立孫腞者, 亦以此也. 伊川之意, 蓋太中在時, 明道歿, 伊川旣主祀, 而傳其子, 亦禮順也. 然朱子每於此諱之, 但曰: 「侯師聖輩所爲也. 周公制禮, 固不當, 如此故也.」' 曰: '朱子此意, 亦食馬肝之倫也. 伊川此事, 終不能無惑焉.'"

정호가 세상을 떠나자 정이가 제사를 주관하고 그 아들에게 계승하게 한 것은 은례를 따른 것이라 할 수 있다. 그러나 뒤에 주희는 이 부분에 대해 기피하면서 단지 정자의 제자 후사성이 한 일로 이 때문에 주공의 예와는 맞지 않는다고 했다. 그러나 정제두는 주희의 이 말이 정이를 두둔하기 위한 것이었으나 오히려 독이 되었다고 했다.

심육은 정제두에게 『근사록』, 『중용』, 『이정유서(二程遺書)』, 『이정외서(二程外書)』 등에 대해 질문했는데, 대체로 주희나 정이보다 정호를 높이 평가하여 그 해석을 따르는 것이었다. 「진강문답」의 내용만으로 하곡학 계승의 특징에 대해서 논하는 것은 한계가 있으나, 교조적인 주자학이 만연했던 조선 후기 사회에서 명도학을 존숭하는 학문적 태도는 의미가 있으며, 하곡학의 계승 측면에서도 정제두의 만년 학설을 계승한다는 점에서 큰 의미가 있다.

한편 심육을 제외한 다른 문인들에게 하곡학 계승과 관련하여 스승 정제두에게 묻고 답을 듣는 문목(問目) 형태의 글이 남아 있지는 않다. 다만 이광신이 「제하곡정선생문(祭霞谷鄭先生文)」, 「논정하곡학문설(論鄭霞谷學問說)」 등에서 정제두가 양명학 연구를 숨기지 않고 드러내 원하는 바에 따라 주자학과 양명학을 문인들에게 전수했다는 점을 밝혔다. 또한 양명학의 입장에서 주장을 펼친 이광사·이광찬에게 주자학에 대한 정확한 이해와 함께 자신의 학설을 주장했다.[15] 이는 명도학을 근거로 주자학과 양명학을 포용한 하곡학에 대한 종합적 이해를 바탕으로 전개된 것이다.

이광신(李匡臣, 1700~1744)과 이광사(李匡師, 1705~1777)가 논의를 시작한

---

15 이광신은 이진휴의 아들이고, 이광사는 이진검의 아들이다. 모두 전주이씨 덕천군파로 이대성의 손자이다. 이광명이 정제두의 문인이자 손녀사위가 된 이래로 사촌인 이광신과 이광사도 차례로 정제두의 문하에서 수학했다.

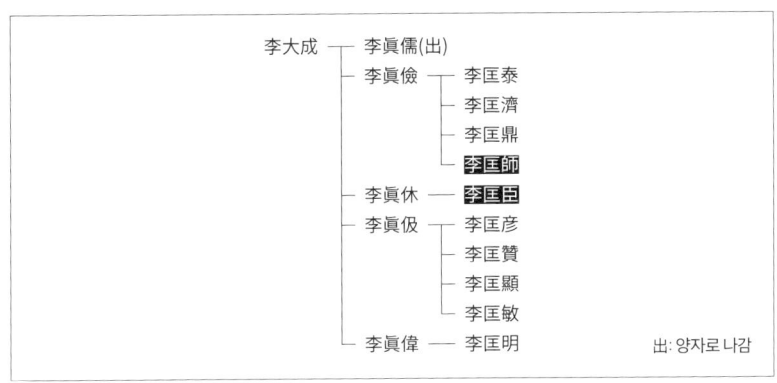

표1 | 전주이씨 덕천군파 내 이광신―이광사 관계도

1734년은 이들이 막 정제두에게 나아가 수학한 시기였다.[16] 이들의 논의는 리(理)·기(氣)·심(心)·성(性) 등의 개념에서부터 시작되었다. 먼저 이광사가 주희와 이이의 '중(中)과 적(寂)이 성(性)이 된다.'는 학설에 의문을 품고 이광신에게 편지를 보내 의견을 구했다.[17] 이때 이광사는 "적연부동(寂

---

16 이광신은 이광사에게 「與道甫書」, 「答道甫書【甲寅】」, 「與道甫【乙卯】」 「辨道甫理氣說【壬戌】」을 보냈는데, 이 글을 통해 이광신과 이광사의 논의를 살펴볼 수 있다. 이광신은 정제두에게 나아가 수학한 이후 주희와 왕수인에 빗대 그들의 학설을 비교하는 글인 「의주왕문답」을 1732년에 작성했고, 이광사는 정제두의 손녀이자 자신의 며느리인 영일정씨에게 보낸 편지에서 1731년에 정제두를 친견했다는 사실을 알렸다. 이들이 논의를 시작했던 1734년은 이광신과 이광사가 정제두에게 새로운 학설을 듣고 서로 이해한 바를 바탕으로 학문을 정제하던 시기였을 것이라 생각된다.

17 李匡臣, 『先薰』, 「與道甫書【當在上】」, "頃日, 批堂兄別紙所疑幸看矣. 雖要使蒙蔽開口, 而微妙難言, 奈何? 第此亦嘗有疑於此, 以爲朱·栗所論中·寂爲性等說, 或涉於陰靜一邊者然. 然近復思之, 都是吾輩識偏思局, 不能周遍觀理故耳. 大凡論性理者, 橫豎顚倒, 有渾合全體者言之者, 有分拆體用而言之者. 一性字, 若合而言之, 何莫非性也? 七情五倫, 百行萬事, 動靜體用, 皆可謂之性. 若分而言之, 就心之感而遂通時, 名之曰情, 而就寂然不動時, 名之曰性. 程子所謂沖漠無朕, 亦此意也. 然而豈謂寂然不動者, 只自寂然不動, 倚於一邊, 而無與感而遂通者哉? 太極與此一般. 論其萬殊之太極, 則二氣五行之轇輵升降, 無非太極之流行. 而就論其太極渾然之本體, 則可於靜時求其本體. 周子所謂太極本無極也. 然而亦豈謂渾然之體, 只自渾然而已, 而無與於流行之用也哉? 今仁與孝弟一也, 而若分別體用而言, 則仁自是仁, 曷嘗有孝弟來? 然而便謂仁, 無與於孝弟, 而特謂空空偏枯底物, 則豈理也哉?

然不動)의 적연(寂然)과 미발지중(未發之中)의 중(中)은 동(動)과 정(靜) 가운데 정에 해당되며, 정은 음(陰)이고 음은 기(氣)이고 기는 기발(旣發)이다." 라고 생각했기 때문에, "『주역』의 적연부동과 『중용』의 미발지중이 성이 된다."라고 한 주희의 말과 "중(中)과 적(寂)이 성이 되고 리가 된다."라고 한 이이의 말에 의문을 품었다.[18]

이광신은 이광사의 이러한 의문이 '동정(動靜)의 정(靜), 적연(寂然)의 적(寂), 미발(未發)의 중(中)을 동일하게 보았기 때문에 일어난 일'이라고 생각했다. 정·적·중을 동일한 개념으로 보아서는 안 된다. 정이라는 개념은 주돈이의 『태극도설(太極圖說)』에서 "태극이 동하여 양을 낳고, 정하여 음을 낳는다."처럼 리[태극]가 정할 때 쓰는 용어이며, 적연이라는 개념은 동하거나 정할 때 그 속에서 리를 빼내버리고 그 본체를 형용해내기 위해 형기를 초월해 동과 정이 아닌 무언가를 설명해낸 것이다. 『주역』의 "역은 생각함이 없고 함이 없어서 적연히 움직이지 않다가 교감하여 끝내 천하의 일에 통달한다."라는 구절에서 유래한 적연의 개념은 천리의 묘함을 말하는 것이지 음의 정을 말하는 것은 아니기 때문이다. 주희는 적연을 통해 성의 묘함을 표현했고, 주돈이는 무극태극(無極太極)을 말했다. 『시경』의 "하늘 위의 일은 소리도 없고 냄새도 없다[上天之載 無聲無臭]."라는

且譬如木, 枝葉與根本, 都只是一木, 而若區別之, 則曰枝葉如彼, 根本如此云, 則是豈根本、枝葉不相管攝之謂也哉? 大抵來諭所疑, 與朱・栗之說, 一橫一竪, 而今欲以橫準竪, 無怪乎自相矛盾, 而惹此疑矣. 觀理, 局守一隅, 硬定一說, 此吾輩皆可戒者, 而君尤不可不知. 未知如何. 餘在面討, 不宣."

18 李匡臣, 『先藁』, 「答道甫書【甲寅】」, "君之所疑以爲: '性卽理・卽太極・卽所以然者, 而朱子以寂然不動者謂性, 未發爲性, 栗谷又以中與寂爲性爲理. 而所謂寂然・所謂未發之中, 是靜. 靜卽陰, 陰卽氣, 氣卽旣然者, 則中・寂字, 只合用於氣之陰一邊. 而於性分上, 著中・寂字不得, 才著中・寂字時, 性便墮了陰靜一邊, 而對待陽動一邊, 是已然之氣, 非所以然之理'云云. 苟如來疑, 則朱、栗兩先生認氣爲性, 而不免爲橫渠淸虛一太之說矣. 以兩先生之洞見大源, 而豈有是慮哉? 似是坐井者自小, 天固大也."

것과 정자의 "깊고 아득히 조짐이 없다[沖漠無朕]."라는 말 역시 리의 묘를 표현한 것이지 기의 정을 말한 것은 아니다.[19] 즉 이광사가 동일시해서 오해한 정·적·중의 개념을 이광신은 다시 리와 기에 속하는 측면에 따라 분류하고 정리했다. 이광신의 주장을 요약하면 다음과 같다.

동정(動靜)의 정(靜)은 적(寂)과 글자는 비슷하지만 음의 정에 속한 것이기 때문에 형이하로 이연(已然)이 되며, 적연(寂然)의 적(寂)은 정(靜)과 글자는 비슷하지만 리의 묘이기 때문에 형이상으로 소이연(所以然)이 된다고 볼 수 있다. 다만 적연의 묘를 무극의 진으로 부르는 것은 무방하니, 적연의 묘는 동하고 정하는 사이에 얽매이지 않고 그 자체로 활발하며, 음의 정한 때에도 적연의 묘가 존재하며 양의 동한 때에도 적연의 묘가 행해지게 된다. 그렇기 때문에 적연은 양·동과는 상대가 되지 않으며 체·용이 되지 않고 음정한 사물과 같다.[20]

또한 적연은 정(靜)이 아니고 동정(動靜)의 리(理)이므로 사람이 사물을 접하지 않아 사려가 아직 싹트지 않았을 때는 적연의 체가 정(靜)의 중(中)

---

19 李匡臣, 『先藁』, 「答道甫書【甲寅】」, "大底此事之終不透者, 正坐以動靜之靜與寂然之寂·未發之中, 認作一般看故也. 若以此準彼, 則此矛而彼盾, 終不可得以牽合矣. 未發之中之中, 尤不可以陰陽之靜當之, 姑且勿論, 而至於寂然之寂, 實亦與陰靜之靜, 自不同矣. 何者? 夫動靜云者, 就理之既靜既動以後, 而以靜對動, 分別其時, 即地位而言也. 周子所謂'太極, 動而生陽, 靜而生陰'是也. 夫寂然云者, 就動靜裏, 許剔出一理, 激激妙妙之體, 形容出來, 而超形氣, 離動靜而言也. 所謂寂然, 非原於『易』乎?『易』曰:'易, 無思也, 無爲也, 寂然不動, 感而遂通, 天下之故.' 是專言天理之妙, 非論陰之靜也. 而朱子乃引之以狀性之妙者也. 周子所謂'無極太極'是也. 『詩』:'上天之載, 無聲無臭.' 程子曰'沖漠無朕'是亦說理之妙, 而非論氣之靜, 其爲寂然之義一也."

20 李匡臣, 『先藁』, 「答道甫書【甲寅】」, "『記』曰:'人生而靜, 天之性也.' 此靜字與寂字, 字殊而義同, 蓋此亦狀性之妙, 而非言氣故也, 可以'以意逆志'也. 由是論之, 則彼動靜之靜字, 雖似與此寂字相類, 而既屬陰之靜者, 則已些有跡, 是形以下者而已然者也. 此寂然之寂字, 雖似與彼靜字相類, 而既是理之妙者, 則元自無跡, 是形以上者而所以然者也. 寂然之上, 更下所以然, 則是頭上安頭, 更不容有所以然者也. 然則寂然之妙, 不妨喚作無極之眞. 此寂然之妙, 不滯於一動一靜之間, 而自是活潑潑底. 陰靜之時, 即寂然之妙所存底, 陽動之時, 即寂然之妙所行底. 元非可與陽動相爲對待, 相爲體用, 而如一個陰靜物事也."

에 포함되지만, 이미 사물을 접하여 사려가 싹텄을 때는 적연의 용이 동(動)의 중에서 유행하게 된다. 그러므로 정(靜)이 적(寂)이고 동(動)이 또 적(寂)이 되는 것이다.[21]

그리고 "정(靜)할 때에도 소리와 형체가 없는 인의예지를 보고 들을 수 없으며, 동(動)할 때에도 사단과 칠정을 눈·코·입·귀와 같은 것으로 보고 지적할 수 없다."고 했다.[22] 또 "적연의 묘가 비록 음정의 정은 아니라서 동한 때에는 기가 사용되어 천차만별하여 붙잡을 수는 없지만 정한 때에는 기가 조금 사용되고 성(性)을 품고 있어 본체를 잘 볼 수 있으므로 특별히 정한 때를 적연이라 했다."고 했다. 이광신은 동과 정에 모두 적연하다 할 수 있으나 정한 때 적연이 좀 더 잘 어울린다고 했다.[23] 정리하자면 적연은 성에 속하고 감통(感通)은 정에 속한다고 보는 것이 마땅하며 하나로 보는 것도 무방하다고 했다.[24] 이광신은 이광사와의 논의를 통해 동정의 정, 적연의 적, 미발의 중이라는 개념에 대해 일관되게 자신의 주장을 이

---

21 李匡臣, 『先藁』, 「答道甫書【甲寅】」, "來喩曰: '若以寂然爲性, 則人或有終日寂然而靜者, 是一日之內, 有性而無情, 有理而無氣乎? 或有終日思慮而動者, 是一日之內, 有情而無性, 有氣而無理乎?'云, 是不然矣. 果若以靜認性, 則誠如來喩之疑, 而靜非性也. 性即寂然者, 寂然非所謂靜, 即動靜之理也. 人之事物未接, 思慮未萌之時, 此寂然之體, 包在靜之中, 而及其事物已接, 思慮已萌之時, 此寂然之用, 行乎動之中, 是所謂靜亦寂, 動亦寂也."

22 李匡臣, 『先藁』, 「答道甫書【甲寅】」, "或以爲: '靜時, 可謂寂然, 而動時, 既云感通, 則不可更謂寂然.'云, 而是亦未然. 靜時, 不但仁義禮智之無形聲可言, 而何嘗見? 動時, 七情四端之如耳目鼻口之可見可指者哉? 此所以謂動亦寂, 而體用一源, 顯微無間者此也."

23 李匡臣, 『先藁』, 「答道甫書【甲寅】」, "或又以爲: '寂然之妙, 於動於靜, 若皆貫徹無間, 則不於動時曰寂然, 而特於靜時曰寂然者, 似以其偏於靜也.'云, 而此豈以偏於靜而謂之寂然也哉? 夫寂然之妙, 雖非陰靜之靜, 而動時則氣已用事, 千差萬別, 摸捉不得, 而至於靜時, 氣少用事, 一性渾涵, 易睹其本體. 故特於靜時, 而曰寂然云爾. 亦非謂'靜時, 只自寂然, 而動時, 還不寂然.'耳."

24 李匡臣, 『先藁』, 「答道甫書【甲寅】」, "且'以性對情, 分別其名義界分, 則以寂然屬之情乎?' 宜乎以寂然屬之性, 以感通屬之情, 而無害, 其爲一也. 譬如以穀爲飯, 飯是穀之所出來, 而既爲飯也, 則指飯曰飯, 不必曰穀, 而亦只是穀之已矣."

어나갔다.

　1742년에는 "사람의 성(性)은 선하지만 기(氣)는 선과 악이 있다."는 명제에 대해 이광사가 "사람의 성은 모두 선하며 기도 모두 선하다."라고 의문을 제기하며 논의가 시작되었다. 이들의 주된 논의 주제는 리와 기에 대한 이해였다.[25] 이광신은 이광사가 성을 너무 협소하게 보았기 때문에 그런 주장을 한 것으로 생각했다. 본래 성은 사람이 형체를 갖추어 태어난 이후에 붙여진 이름으로 기는 리에 근본하고 리는 형체에 붙은 것이다. 리가 곧 성이라 하고, 성과 기는 묘하게 합하여 실제로는 성과 기를 구분하기 어렵다. 그러므로 맹자도 성선(性善)만 말했지 성과 기를 상대[對待]하여 말하지는 않았다. 따라서 성과 기를 구분하지 않고 모두 선하다고 말하는 것은 기질지성(氣質之性)을 말하는 것으로 볼 수 있다.[26]

　기질지성은 천명지성(天命之性)의 상대적인 말로 천명지성을 성이라고 하고 기질지성을 기라고 하면, 성은 모든 사람이 선하지만 기질은 청탁이 있어 선과 악이 각기 다르게 된다.[27] 성은 리가 형기로 떨어져 형체를 이

25　李匡臣, 『先藁』, 「辨道甫理氣書【壬戌】」, "人性皆善, 氣有善惡, 是經童小生所能知者, 而道甫以爲'人性皆善, 氣亦皆善'云. 道甫眞不知而然耶? 知之而必欲求異前輩之論故耶? 抑或不無沉思獨見而然也?"

26　李匡臣, 『先藁』, 「辨道甫理氣書【壬戌】」, "第原其本意, 則看得一性字太局. 蓋性是人生形以後之名.【孔子曰: '成之者性.' 程子曰: '生之謂性.' 邵子曰: '性者, 道之形體.'】氣本乎理, 而理附乎形. 理即性. 性與氣, 與生俱生, 衮同妙合, 貴木兒其那箇爲性・那箇爲氣. 善則皆可善, 惡則皆可惡, 故孟子亦只嘗專言性善而已, 而未嘗以性與氣對待爲說. 曰性如是・氣如是. 性則人皆善, 氣則人各有善惡. 是必不分性氣而皆以爲善, 只道性善一句, 便是氣質善之謂爾.【孟子亦曰: '形色天性.'】"

27　李匡臣, 『先藁』, 「辨道甫理氣書【壬戌】」, "至程・張・朱以來, 始乃有氣質之性之說, 以天命之性對待而言, 以爲此爲性, 彼爲氣. 性則人皆善, 氣質則淸濁善惡有萬不同. 而以孟子論性不論氣, 爲不備・不密云者,【程子所謂不備者, 非直指孟子, 而孟子未嘗備言氣, 則孟子自可當之. 朱子所謂不密者, 是直以孟子所論爲有疏處耳.】可謂不知性與氣之爲一, 亦不識孟子也. 程・張之說, 是似備而密矣, 而性外多卻一氣字, 離而二之. 孟子之說, 似不備不密矣, 而一性字包卻氣質, 合而一之. 此或道甫有見乎此而然也? 而可謂知其一, 未知其二, 知理氣之

론 이후의 이름으로 실제로는 성과 기를 구분할 수 없다. 이는 마치 성은 모두 선하고 기 또한 성을 따라 선한 것과 같다. 하지만 궁극적으로 성은 그 자체로 리가 되지만 기는 여전히 기이므로 성은 모두 선하지만 기는 모두 선할 수 없는 것이다. 이광신은 '맹자가 성은 형기와 상관없는 맑고 깨끗한 본체를 분리 추출한 천명지성·본연지성(本然之性)·인의지성과 같은 것으로 모두 선하다고 말했고, 형기로 변화된 천명지성을 가지고 사람의 기질이 모두 선하다고 말하지는 않았다.'라고 했다. 즉 맹자가 말한 성선에 대해서 본연지성과 기질지성으로 구분해 설명하고 있는 것이다.[28]

리가 형체를 이룬 이후 성과 기 역시 서로 분리될 수도 없고 섞일 수도 없다. 맹자가 개·소·사람의 성을 설명할 때의 성은 기질지성이지만, 성이 기질지성과 본연지성으로 갈라지도록 의도했던 것은 아니다. 다만 고자가 오인했기 때문에 본연지성을 들어서 다시 깨우치도록 했던 것이다. 맹자가 "본연지성은 사람에게서만 볼 수 있다."고 했는데, 이 본연지성은 기가 섞인 것이 아니고 온전한 리로 말한 것이다.[29]

한편 이광사는 맹자의 "자질[才]의 잘못이 아니다."라고 한 것과 "하늘

可合, 而不知理氣之可分也."

28 李匡臣, 『先藁』, 「辨道甫理氣書【壬戌】」, "性果是形以後之名, 理墮形氣之中而爲性【其實所謂氣質之性, 不過如此, 而但有偏全之異耳.】則實妙合無間, 似若性旣人人皆善, 而氣亦隨性而人人皆善, 不可有異同矣. 而但畢竟性自是理, 氣自是氣, 性雖同善, 而氣則不可同善. 且氣之所拘, 性亦隨氣而不能無異焉. 則【朱子曰: 論萬物之一原, 理同而氣異; 觀萬物之異體, 氣猶相近, 理絶不同.】況氣之本體, 豈無善惡之不同, 而人皆得氣之善乎? 孟子之所論性, 蓋亦不離乎人身形氣之中, 而但就形氣之中, 推原其天命·本然·仁義之性, 精精白白之體, 不涉形氣者, 分離出來, 以以爲此人皆所同然之善而已, 未嘗便托此形氣滾作天命之性, 而謂人之氣質亦皆善也."

29 李匡臣, 『先藁』, 「辨道甫理氣書【壬戌】」, "蓋性與氣, 不可離, 亦不可雜也, 不可二, 亦不可一也. 其謂犬·牛·人之性, 此性字雖亦不外乎氣質, 而其所命意, 本非爲氣質而設, 而以告子認氣·外義之故, 要提出天命·本然之善以曉之. 人對犬·牛言, 則人之氣通而性全, 有以異於物之氣塞而性梏. 天命·本然·仁義之性, 惟於人可見云爾, 則此性字, 非雜氣而言, 專以理言. 蓋以人之所同然, 在理而不在氣也."

이 내려준 자질이 다르기 때문이 아니다."라고 한 두 구절의 자질[才]을 두고 "형기(形氣)를 품부받은 이후에 가지고 태어난 자질을 말한다."고 하여 "이는 사람의 기가 모두 선하다고 말한 것이 분명하며 성선(性善)과 같다."고 했다. 하지만 이광신은 "자질은 리(理)를 주로 한 것과 기(氣)를 주로 한 것으로 설명할 수 있다."고 하면서 이광사의 주장을 반박했다. 맹자가 말한 자질은 성(性)을 주로 해서 구분 가능한 것을 말한 것으로 리라고 할 수 있다. 본래 리와 기는 틈이 없지만 성으로 구분 가능한 것은 기밖에 없고 또 기의 근원을 소급해보면 사람이 품부받은 것은 천지 사이의 좋은 기로 사물이 품부받은 것과는 다를 수 있다. 이 때문에 맹자는 사람이 대체로 가지고 태어난 크게 다르지 않은 기질을 가지고 "자질이 다르지 않다.", "자질의 잘못이 아니다."라고 말했던 것이다. 그렇다고 해서 맹자가 사람의 기질이 조금의 차이도 없이 모두 선하다고 말한 것은 아니다.[30]

   이광사는 다시 "정(情)으로 말하면 선하다고 할 수 있다."라는 맹자의 구절을 인용하여 "[여기서 말한] 정은 기(氣)이며, 또한 사람의 기가 모두 선하여 차별이 없다."고 했다. 이에 대해 이광신은 "정은 성(性)이 동(動)한 것이기 때문에 바로 기라고 할 수는 없다."고 하면서 "다만 성과 기는 틈이 없으므로 정을 '기로부터 동했다'고 하는 것은 가능하다."고 했다. 하지

---

30 李匡臣,『先藁』,「辨道甫理氣書【壬戌】」, "道甫以爲: '孟子曰「非才之罪」, 又曰「非天之降才爾殊」, 此兩才字, 就賦形以後, 生質上說. 曰「非才之罪」·「非才之殊」, 則是分明以人之氣爲皆善, 與所謂性善同.'云云. 夫才有主理·主氣而言者. 孟子所謂才, 主性分之所能者言之, 是理也. 而理氣本自無間, 性分之所能者, 不外乎氣, 則亦不可謂非氣也. 性分之所能, 固人之初未嘗不同者, 而氣亦泝其源而論之, 則人之所稟, 大都是天地間好氣, 有以異乎物之所稟矣. 故孟子特就人之大體生質之同然不相遠者論之, 所謂非才殊·非才之罪, 皆只大體上說也. 而非以爲人之氣質, 無毫髮差殊, 而汎然皆善也.【此正如論人之長短, 只說其長, 不說其短, 非無其短也. 論天下人之賢不肖, 只言其賢者, 不言其不肖者, 非無不肖者也.】周·程之於理氣, 非不辨之詳矣, 而至論其大體, 則亦曰'惟人得其秀而最靈', 又曰'天地儲精, 得五行之秀者爲人.' 是皆說氣之大體善者, 人所同然者爾, 亦豈嘗謂人皆得氣之善, 而無淸濁粹駁之別耶? 孟子之論, 不過如斯而已."

만 '기로부터 동했다.'고 하여 정이 모두 선하다고 할 수는 없다. 맹자가 "정은 선하다고 할 수 있다."라고 한 것 역시 특별히 선한 측면을 따라서 기를 타고 바로 나온 리를 가리켜 말한 것으로, 이는 성의 본체가 선하다는 것을 말하는 것일 뿐이다.

한편 이광신은 칠정은 선과 악을 겸하고 있고 사단만 선이라고 하는 설에 관하여 맹자가 대체를 말해서 그런 것이라고 했다. 또한 이광사가 "현명하고 어리석은 사람을 막론하고 정은 선하지 않음이 없다."고 말한 것에 대해서 이광신은 "사람들이 사물에 감촉되는 것 모두가 발하면 절도에 맞다고 하는 것이 옳겠는가."라고 반문하며 지적했다.[31]

이어서 "사람의 기(氣)는 모두 선하며, 사람의 자질은 모두 선하며, 사람의 정(情)은 모두 선합니다. 그런데 선하지 않은 사람이 있는 것은 단지 물욕에 빠져서 그런 것입니다."라고 한 이광사의 말에 대해서 이광신은 물욕에 빠진 원인이 무엇인지를 반문하며 비판했다. 물욕에 빠졌다는 것은 기가 반드시 모두 선한 것은 아니고, 자질이 반드시 모두 선한 것은 아니며, 정이 반드시 모두 선한 것은 아니기 때문이다. 특히 정의 경우는 외물에 감촉되어 격동한 이후에 선하거나 악하게 되므로 그 원인에 대해서 이광사처럼 "사람들이 모두 선한 정을 가지고 있지만 물욕에 빠지게 되는 사람은 별도로 다른 사물이 있어서 그렇게 된 것입니다."라고 한다면 이는 오류가 된다. 물욕에 빠진 사람은 정에 선하지 않음이 있기 때문이며,

---

[31] 李匡臣, 『先藁』, 「辨道甫理氣書【壬戌】」, "道甫又以爲: '孟子曰「乃若其情, 則可以爲善」情是氣也, 而孟子以爲「可以爲善」, 則是亦以人之氣皆善, 而更無差別云爾.'云云. 夫情者, 性之動, 不可直喚作氣, 而性氣無間, 則情亦不可不謂之'由氣而動'也. 既曰'由氣而動', 則人之所發之情, 豈能一一皆善乎? 孟子所謂'其情, 可以爲善'者, 是亦特從善一邊, 而指理之乘氣直遂者言之, 以見性體之本善. 孟子之論'性善', 多於發處可見, 所謂'四端, 人皆有之'者是也. 先儒以爲七情兼善惡, 四端偏言善者也. 此亦孟子從大體說者, 而今以爲'無論賢愚, 情無不善'云, 則是人人之所感於物者, 皆發而中節, 其可乎?"

정의 선하지 않음은 자질에 선하지 않음이 있기 때문이며, 자질의 선하지 않음은 기에 선하지 않음이 있기 때문이다. 이런 이유로 이광신은 "오직 성인만이 기가 선하며 자질이 선하며 정이 선하다."고 했다.[32]

맹자가 논한 성(性)은 형기(形氣)에서 분리해서 그 근원의 선한 측면만을 말한 것이다. 자질과 정을 논할 때는 기를 끌어와 설명했는데 자질의 선함과 정의 선함은 기의 선한 것이며, 기의 선한 것은 리(理)를 말한다. 맹자도 기를 논했는데 정자 등의 선유들이 불비(不備)하다고 한 것은 선만 말하고 악을 말하지 않았기 때문이다. 이광사 역시 이러한 점을 들어 "맹자께서 선을 말하고 악을 말하지 않았으니 사람의 기질이 모두 선하고 진실로 선악의 다름이 없다."라고 했는데, 이광신은 이를 비판하며 리와 기를 알지 못하고 맹자의 뜻을 알지 못하는 것이라고 했다.[33]

이광신은 이광사의 말이 맞다면 리와 기를 섞어 하나로 만드는 것이기 때문에 이는 맹자의 뜻이 아니라는 점을 분명히 했다. 개·소·사람의 성이

---

[32] 李匡臣, 『先藁』, 「辨道甫理氣書【壬戌】」, "道通之言曰: '人之氣皆善, 人之才皆善, 人之情皆善, 而其爲有不善之人, 只是陷溺物欲之故.' 云云. 氣之善, 才之善, 情之善, 則何由而陷溺耶? 所謂陷溺者, 不過氣未必皆善, 才未必皆善, 情未必皆善故也. 至於情, 則尤非常有局定安頓底物事, 而觸物感動, 而後可以善, 可以惡, 實是陷溺·不陷溺之路頭, 則今以爲: '人皆有一個善底情而陷溺之者, 別有他物使之然焉.' 尤豈不謬也哉? 陷溺於欲者, 是其情之有不善也, 其情之不善, 是其才之有不善也, 其才之不善, 是其氣之有不善也. 惟聖者, 氣善·才善·情善也."

[33] 李匡臣, 『先藁』, 「辨道甫理氣書【壬戌】」, "噫! 孟子一生所辨, 只是理與氣也, 而誠如道甫言, 則是孟子不辨理氣, 混而爲一, 是豈爲孟子也哉? 孟子與告子所辨, 非理氣而何? 理是精而氣爲粗, 當時之人之所見皆粗, 徒知精神知覺之用, 不識天人性氣之原. 如告子者, 亦不免認氣爲性, 而又其桀黠之資, 執拗而不回. 故孟子就告子所論認氣爲性處, 反復辨詰, 以爲告子所謂性是氣也非理也, 如所答杞柳·湍水·食色之說, 皆是辨理氣之不同. 大抵孟子之論性, 固未嘗不離形氣之中, 而每推本其一原處善一邊人所同然者而言之. 至於論才論情, 雖皆帶氣邊說, 而亦推其才之善·情之善者而言之, 才之善·情之善, 是氣之善者也. 氣之善處, 便是理也, 故孟子亦未嘗不兼氣以論, 而先儒之以爲不備云者, 蓋以其言善不言惡也. 然而今以孟子之言善不言惡, 而遂以爲人之氣質皆善, 眞無善惡之同異, 是誠不知理氣, 不識孟子之意也."

같지 않다는 것은 본연지성에 다름이 있음을 밝힌 것이며, 맹자가 이를 논한 것은 고자의 잘못을 밝히기 위한 것이다. 성과 기질에는 분명한 차이가 있는데, 이광사처럼 성과 기를 구분하지 않고 말한다면 고자와 다를 바가 없다는 것이 이광신의 생각이었다. 이광신은 고자가 기만 알고 성을 몰랐기 때문에 맹자가 인의를 말했다고 하면서 만약 고자가 성만 알고 기를 몰랐다면 기질을 말했을 것이라고 했다.[34] 리와 기, 성과 리, 심과 리를 혼용해서 사용한 이광사의 주장에 대해서 이광신은 실제로 분리할 수는 없지만 개념적으로 구분해서 서술했다. 이기불상리(理氣不相離), 이기불상잡(理氣不相雜)의 논리로 설명한 것이다.

이광사뿐만 아니라 이광찬(李匡贊, 1702~1766) 역시 '리와 기는 분명 하나의 물(物)이다.', '정자와 주자는 리와 기를 2개의 물이라고 하여 성즉리를 주장했고, 양명은 리와 기를 하나의 물이라고 하여 심즉리를 주장했다.'라고 하며 양명학의 심즉리설이 옳다고 주장했다.[35] 반면 이광신은 이 논의에서도 '리와 기는 결국 자연히 혼합되니, 하나이면서 둘이고 둘이면서 하나이며, 서로 떨어질 수도 없고 서로 섞일 수도 없으며, 나누어질 수도 나누어지지 않을 수도 없다.'라고 하여 이기불상리뿐만 아니라 이기불상잡의 논리도 함께 제시했다.[36] 또한 주자학의 성즉리와 양명학의 심즉리

---

34 李匡臣, 『先藁』, 「辨道甫理氣書【壬戌】」, "至如犬・牛・人之性之論, 最是撥開告子之所蔽而設, 此犬牛人三者之性不同, 以明本然之性之有別爾. 此所謂性, 實有異於氣質也. 若以爲'與氣質無異'云, 則孟子與告子辨其認氣爲性之失, 而卻又不分性氣, 以性爲氣, 則是亦一告子, 何足以辨告子? 眞所謂將無同也. 然則孟子所論性之非氣可見矣.【理固氣之主, 故孟子所論, 都是理也. 而且聖賢之敎, 因時制宜, 如告子輩知氣而不知性, 故孟子惟言仁義而已. 如使告子輩知性而不知氣, 則孟子亦必言氣質矣.】"

35 李匡臣, 『先藁』, 「與襄中辨難朱王理氣說」, "襄曰: '理氣分明一物.' […] 襄曰: '程朱以爲二物, 故曰性卽理[以性爲非氣故也.]. 陽明以理氣爲一物. 故曰心卽理[以心爲氣故也.]. 陽明心卽理之說, 正爲斥程子性卽理之說而發也.'"

36 李匡臣, 『先藁』, 「與襄中辨難朱王理氣說」, "直曰: '理氣本自混合, 一而二, 二而一, 不相離, 不相雜, 不可分, 不可不分.'"

의 효용에 대해서 모두 긍정하는 모습을 보였다.

이광신은 성즉리설(性卽理說: 성이 곧 리이다)은 사람들이 성을 기로 오인하기 때문에 리와 기가 섞여 있는 곳으로 나아가 본성의 선함이 형기에 간섭되지 않은 것을 뽑아내서 성즉리라고 명명했다고 했다. 왕수인이 성을 논한 것은 정자·주희와 비슷하지는 않으며, 심지어 무선무악(無善無惡) 같은 설도 있다. 하지만 리와 기를 섞을 수 없다는 것은 같으니, 성즉리설을 본래부터 심하게 미워하거나 배척하려고 한 것은 아니었다. 다만 성즉리와 심즉리 두 명제의 핵심은 본래부터 각기 달랐다. 성즉리는 사람들이 기를 성으로 오인하는 것을 우려하여 '리'라는 글자를 지목해 성즉리라고 했다. 그 의도의 핵심은 '리'라는 글자에 있으니, 사람들로 하여금 리를 성으로 여기도록 하는 것이다. 심즉리는 사람들이 마음 밖에서 리를 구하는 것을 우려하여 '심'이라는 글자를 지목해 심즉리라 했다. 그 의도의 핵심은 '심'이라는 글자에 있으니, 사람들로 하여금 마음에서 리를 구하도록 하는 것이다.

이광찬은 '주자가 사물에서 이치를 구했기 때문에 심과 리가 분리되었다.'고 주장하면서 『혹문』의 '심여리(心與理)'를 근거로 제시했다. 또한 심과 리가 분리되면 리와 기도 분리되기 때문에 왕수인이 심즉리설로 주희의 리와 기가 분리되는 것을 배척했다고 했다.[37]

이처럼 이광찬이 양명학의 심즉리설로 주자학의 성즉리설을 비판하자, 이광신은 심즉리설이 본래부터 리와 기의 근원을 밝히려는 의도에서 만들어진 것이 아니라 주자학의 즉물궁리를 비판하기 위해 만들어진 것이라고 하며 반론을 제기했다. 주자학에서 마음을 보존하는 것은 안에서

---

37 李匡臣, 『先薰』, 「與襄中辨難朱王理氣說」, "襄曰: '朱子求理於事物, 是實分心理也. 『或問』所論心與理, 分明分心理, 旣分心理, 則是分理氣也. 故王氏心卽理之說正所以斥朱子分析理氣之病也.'"

하고, 이치를 궁구하는 것은 사물에서 하기 때문에 두 가지 공부가 되며, 이 때문에 왕수인이 주자학을 "심과 리가 2개가 된다.", "지와 행이 합해지지 않는다."고 비판한 것이다. 심즉리는 리를 마음에서 구하므로 지와 행이 합일될 수 있고, 왕수인의 본뜻은 애초에 리와 기의 근원을 밝히는 데 있지 않았다.[38]

수설(竪說)하는 사람과 횡설(橫說)하는 사람이 있어 이기(理氣)를 논하는데, 모두 통회처(統會處)에서 설명하면 한 번에 합해서 말하니 이것이 수설이며, 차수처(差殊處)에서 설명하면 구별하여 말하니 이것이 횡설이다. 이들이 심리(心理)를 논하는데 본체상(本體上)에서 설명하면 합해서 말하니 이것이 수설이며, 하학상(下學上)에서 설명하면 나누어 말하니 이것이 횡설이다.[39]

---

38 李匡臣,『先藁』,「與襄中辨難朱王理氣說」, "直曰: '程子性卽理之說, 只爲人認性爲氣, 故遂就理氣混合之中, 剔出本性之善, 不涉形氣者, 而命名之, 曰性卽理. 理是善, 人莫不以爲善故也. 王氏論性, 固未嘗與程朱十分相似. 至有無善無惡等說, 而其不以雜理氣, 則未嘗不同也, 則性卽理之說, 元非可深惡而斥之也. 況性卽理心卽理兩語之命題主意, 本各不同. 所謂性卽理者, 患人之認氣爲性, 故指理字曰性卽理也. 此則意之所重, 着在理字上, 要使人認理爲性也. 所謂心卽理者, 患人之外心求理, 故指心字, 曰心卽理也. 此則意之所重, 着在心字上, 要使人求理於心也. 一則爲此而發, 一則爲彼而發, 本不相關矣. 今若使程王所說本同是論理氣, 而程之所說, 或不無分理氣之病, 有不慊於王之所見. 王必反其言, 以斥之曰理則心, 亦或曰氣則理, 不必曰心卽理也. 二說命意, 本自不同, 而今君强以爲王氏心卽理乃所以斥程氏性卽理云尓, 則馬鼻牛肉大非王是立言之本意也. 大氏王氏心卽理之說, 本非爲明理氣源頭而發. 只爲討朱子窮事物之理而發也. 蓋朱子以存心窮理爲兩下工夫, 存心於內, 窮理於事物,『大學或問』所論人之所以爲學心與理而已云. 故所以王氏以爲如朱說, 則心理爲二, 知行不合. 心卽理, 理宜求之於心, 方可以知行合一云尓. 王氏本意, 初非爲明理氣源頭而發也. 今『王氏集』中萬千言, 逐句逐字, 無非此意, 而其答顧東橋書, 㝡是詳盡處也.'"
39 李匡臣,『先藁』,「與襄中辨難朱王理氣說」, "有竪說者, 有橫說者, 論理氣, 從統會處說, 則同一作合而言之, 此竪說者也. 從差殊處說, 則別而言之, 此橫說者也. 論心理, 從本體上說, 則合而言之, 此竪說者也. 下學上說, 則分而言之, 此橫說者也."

이광신은 횡설과 수설의 개념을 통해 당시 리와 기, 성과 리, 심과 리를 논하는 사람들을 구분했는데, 통합해 설명하면 수설이고 분리해 설명하면 횡설이라고 하면서 횡설과 수설을 모두 인정했다. 즉 이기불상리(理氣不相離: 리와 기가 서로 떨어질 수 없음)뿐 아니라 이기불상잡(理氣不相雜: 리와 기가 서로 섞일 수 없음)에 대해서도 고려해야 한다면서 주자학과 양명학의 긍정적인 면을 모두 인정했다.

지금까지 이광신과 이광사·이광찬의 논의를 살펴보았다. 이광사와 이광찬은 양명학의 입장에서 리와 기, 성과 리, 심과 리를 혼용하거나 심즉리를 우위에 두고 성즉리를 비판하는 주장을 펼쳤다. 하지만 하곡학을 계승한 이광신은 양명학에 가까운 주장을 펴는 이광사·이광찬과의 논의에서 불상리와 불상잡의 논리로 각각의 개념을 잡아가며 양명학과 주자학을 상보적 관계로 설정했다.

이광신은 주자학의 입장에서 양명학을 이단시하거나 양명학의 입장에서 주자학을 공격하지 않았던 정제두의 학문관을 받아들여 주자학과 양명학의 장단점을 분명히 파악하고 성학(聖學)의 바탕으로 삼았다. 입문처에서 번잡함과 간이함, 분리와 합함의 차이로 인해 주자학과 양명학이 구분되긴 하지만 두 학문의 장점을 취하고 단점을 보완한 하곡학을 계승했던 것이다. 이광신과 이광사·이광찬의 논의를 통해 하곡학의 계승이 양명학에 가까운 하곡학부터 주자학을 포용하는 하곡학까지 폭넓은 학문적 스펙트럼으로 진행되었음을 알 수 있다.

2. 하곡학의 분화:
   이영익과 이충익의 『대학』·『상서』 논의

이번에는 정제두의 재전문인인 이영익(李令翊, 1738~1780)과 이충익(李忠翊, 1744~1816)의 논쟁에 대해서 살펴보도록 하겠다. 이영익은 이광사의 둘째 아들이자 정후일의 막내 사위이며, 이충익은 이광명의 아들로 정후일의 외손자가 된다. 이영익과 이충익은 모두 전주이씨 덕천군파로 이대성의 증손이며, 친가에서의 관계는 재종형제가 된다. 처가 및 외가의 관계에서는 숙질 간이 된다.

이충익은 "나는 선생(이영익)보다 여섯 살 아래로 어려서 헤어졌다가 10여 년 만에 다시 만나게 되었다."라고 했는데, 어려서 전주이씨 덕천군파 세거지 중 하나인 서울 둥그재에서 만났다가 훗날 이영익이 정후일의 사위가 되고 이충익이 이광명의 양자가 되어 다시 만나게 된 것으로 보인다. 이영익은 이충익을 형제처럼 아끼고 사랑했으며, 진지하게 학문에 대한 토론을 이어갔다.[40] 이 과정에서 왕수인의 치양지설, 『고문상서』 진위, 격물치지 해석 등에 대한 논쟁을 벌였다.

40　李忠翊, 『椒園遺藁』 冊2, 「從祖兄信齋先生家傳」, "翊少先生六歲, 幼而乖散, 幾十載而復相見. 時忠翊駸肆, 不可詔告, 先生憐愛鐫責如同胞. 小別復會, 夜輒妮妮達明, 在旁者亦不知爲何語也. 每有論辨, 始鋒厲守己不相下, 久乃各相然, 可無不同者."; 이 부분의 번역은 다음과 같다. "충익은 선생보다 여섯 살 아래로 어려서 헤어졌다가 10여 년 만에 다시 만나게 되었다. 이때 충익은 어리석고 방자함이 이루 말할 수 없을 정도였지만, 선생께서는 형제처럼 아끼고 사랑해서 엄하게 질책해주셨다. 잠시 헤어졌다가 다시 만날 때면 밤새 흥미진진하게 말해서 아침에 이르곤 했는데, 곁에 있는 사람이 무슨 말을 하고 있는지도 몰랐다. 논변을 할 때마다 처음에는 논봉(論鋒)을 매섭게 하여 자기 뜻을 굽히지 않았지만 오랜 뒤에 서로 상대방이 옳다고 하여 의견을 같이하지 않은 적이 없었다."

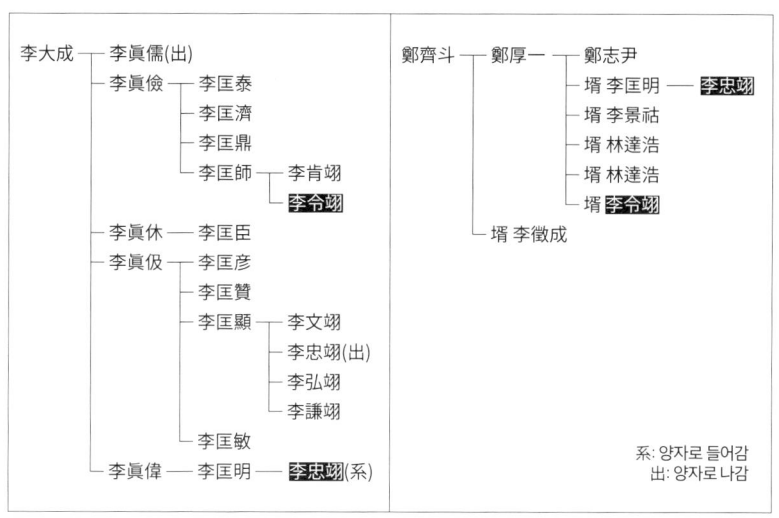

표 2 | 전주이씨 덕천군파 내 이영익－이충익 관계도(좌)와 정제두 가계 혼맥 내 이영익－이충익 관계도(우)

① 충익이 일찍이 왕양명의 치양지설을 좋아하자, 선생께서 말씀하시길, "왕씨의 학문은 부화하고 고원하여 선(禪)에 물들었습니다. 회암을 배워 바르게 되어야 합니다."라고 했다. 충익은 오랜 후에야 그 말씀이 옳다고 믿게 되었다. ② 선생은 『고문상서』를 가짜라고 의심했지만 충익은 그렇지 않다고 여겼다. 선생께서 왕복하여 심하게 논변하고 힐문하자 충익이 마침내 승복했다. ③ 선생께서는 "『대학』의 '격물(格物)'은 '물유본말(物有本末)'을 가리키고, '치지(致知)'는 '지소선후(知所先後)'의 '지(知)'를 가리킨다."라고 했다. 충익은 "'격물치지'는 '성의(誠意)'의 방법이므로, 만약 '물유본말'의 '물'과 '지소선후'의 '지'를 '격물치지'의 '물'과 '지'로 본다면 문리가 미흡하며 의미가 서로 부합하지 않습니다."라고 했다. 그러나 두 사람 모두 "고본(古本)에는 착탈(錯脫)이 없다."라고 말했으며, "『대학』은 오로지 '본말선후(本末先後)'를 말하며, '지소선후'가 그 요체가 된다."라고 말했으니, [의견이] 다르지 않았다.[41]

치양지설과 격물치지에 관한 해석 문제는 양명학과 관련된 것이다. 기본적으로 두 사람은 양명학에 대한 이해가 있었다고 볼 수 있다. 두 사람 모두 왕수인과 마찬가지로 『대학』 고본에는 착탈이 없으며, 『대학』은 오로지 '본말선후'를 말하고 '지소선후'가 그 핵심이라고 했기 때문이다. 다만 '격물치지'의 해석에 있어서 의견의 차이를 보였다.

이영익은 '격물'의 '물'을 '물유본말'의 '물'로 보고 '치지'의 '지'를 '지소선후'의 '지'로 보았으나, 이충익은 '격물치지'가 '성의'의 방법이므로 이영익의 말처럼 해석하면 문리가 미흡하고 의미가 서로 부합하지 않는다고 했다. 이영익의 해석은 왕간의 설과 유사하며, 이충익의 해석은 왕수인의 설과 유사하다.[42]

왕간은 "격물의 물은 곧 물유본말의 물이다. 그 근본이 어지러운데 말단이 다스려진 것은 없으며, 두터이 해야 할 것을 박하게 하고 박하게 해야 할 것을 두터이 하는 것도 없다. 이것이 격물이다."라고 했으며,[43] "격물은 물유본말의 물에 격(格)하는 것을 말하며, 치지는 지소선후의 지를 치(致)하는 것을 말한다."라고 했다.[44] 즉 이영익이 '격물'의 '물'을 '물유본말'의 '물'로 보고 '치지'의 '지'를 '지소선후'의 '지'로 본 해석과 정확하게

41　李忠翊, 『椒園遺稿』 冊2, 「從祖兄信齋先生家傳」, "忠翊嘗喜王氏致良知之說, 先生曰:'王氏之學, 浮高染禪, 須學晦庵爲正.' 忠翊久而後信其然. 先生疑『尙書』古文之贋, 忠翊不然. 先生往復辨詰甚苦, 忠翊遂服. 先生謂:'大學格物, 卽指物有本末, 而致知者, 致知所先後之知也.' 忠翊謂:'格物致知, 卽誠意之方, 而若以物有本末之物, 知所先後之知, 指爲格物致知之物與知, 則文義未協, 竟未相合.' 而同謂'古本無錯脫', 同謂'一篇, 專言本末先後, 而知所先後爲其要', 則亦未爲不同也."

42　이남옥, 『霞谷學의 특성과 계승 양상』 (한국학중앙연구원 한국학대학원 박사학위논문, 2016), 201-202쪽.

43　周汝登, 『王門宗旨』 卷8, 「王心齋先生語抄」, "格物之物, 卽物有本末之物. 其本亂而末治者否矣, 其所厚者薄而其所薄者厚, 未之有也, 此格物也."

44　馮從吾, 『少墟集』 卷2, 「語錄」, "王心齋謂格物是格物有本末之物, 致知是致知所先後之知."

일치한다.

왕수인은 「대학고본서(大學古本序)」에서 "『대학』의 요는 성의(誠意)일 뿐이며, 성의의 공(功)은 격물일 뿐이며, 성의의 극(極)은 '지어지선(止於至善)'일 뿐이다."라고 했으며,[45] 서애(徐愛)는 왕수인의 말을 기록하며 "격물은 성의의 공부이다."라고 했다.[46] 즉 이충익이 "격물치지는 성의의 방법이다."라고 한 말과 같은 맥락으로 해석할 수 있다.[47]

그러므로 앞서 이충익이 왕수인의 치양지설을 좋아하자 이영익이 "왕씨의 학문은 부화하고 고원하여 선(禪)에 물들었습니다. 회암을 배워 바르게 되어야 합니다."라고 말하여 양명학을 비판하고 주자학을 배워야 한다고 했고, 이충익이 그 말이 옳다고 여겼다는 부분과는 차이가 있다.[48]

격물치지에 대한 해석에서 이충익과 이영익이 다소 차이가 있기는 하지만 모두 『대학』 고본에 착탈이 없고, 『대학』은 오로지 '본말선후'를 말하며, '지소선후'가 그 요체가 된다고 했으므로 『대학』에 대한 인식은 대체로 일치하며, 더 나아가 큰 틀에서 양명학적 대학관을 공유했다고 할 수

---

45 王守仁 撰, 「大學古本序」, 『王陽明全集 上』 (上海古籍出版社, 2006), 242-243쪽, "大學之要, 誠意而已矣. 誠意之功, 格物而已矣. 誠意之極, 止至善而已矣."

46 徐愛, 『傳習錄』 上, 「徐愛跋」, "格物是誠意的工夫, 明善是誠身的工夫, 窮理是盡性的工夫, 道問學是尊德性的工夫, 博文是約禮的工夫, 惟精是惟一的工夫."

47 이에 대해서 정인보는 "格致로써 誠意의 方이라 할진대 陽明의 良知說이 아니고는 이를 解할 수 없고, 物有本末의 物을 格하야 知所先後의 知를 致한다 함은 王心齋의 說과 相似하니 이 또한 晦菴學이 아니다."라고 하여 (정인보, 「陽明學演論 61」, 『동아일보』, 1933년 12월 12일) "격물치지는 성의의 방법"이라고 한 이충익의 설이 왕수인의 양지설과 유사하며, "격물의 물은 물유본말의 물을 가리키며, 치지의 지는 지소선후의 지를 가리킨다."고 한 이영익의 설은 왕간의 설과 유사함을 이미 밝혀놓았다.

48 이에 대해 정인보 역시 "藂本을 生할진대 親民의 義 自定하는 것이오 知所先後가 要됨을 說할진대 窮至物理 說과 逈別되는 것이니 이를 가지고 推覈하야보면 信齋에게 한 말이 이미 詭辭인 同時 椒園이 信齋의 말의 올흠을 오랜 뒤에 믿었다 함도 또한 詭辭이니 이 모두 畏禍 自詭함이다."라고 하여 이충익과 이영익의 설이 모두 양명학에 가깝다고 했다 (정인보, 「陽明學演論 61」, 『동아일보』, 1933년 12월 12일).

있기 때문이다. 다만 『고문상서』에 대해서는 의견을 달리했다.49

『금문상서(今文尙書)』는 한나라 문제 때 경전을 수집하며 복생(伏生)이 구전하여 당시 일반적으로 쓰던 예서체인 금문(今文)으로 기록한 29편으로, 구양생(歐陽生)과 하후승(夏侯勝) 등이 전했다. 이 『금문상서』에는 「요전(堯典)」[「순전(舜典)」 포함]·「고요모(皐陶謨)」[「익직(益稷)」 포함]·「우공(禹貢)」·「감서(甘誓)」·「탕서(湯誓)」·「반경(盤庚)」·「고종융일(高宗肜日)」·「서백감려(西伯戡黎)」·「미자(微子)」·「탕서(泰誓)」·「목서(牧誓)」·「홍범(洪範)」·「금등(金縢)」·「대고(大誥)」·「강고(康誥)」·「주고(酒誥)」·「재재(梓材)」·「소고(召誥)」·「낙고(洛誥)」·「다사(多士)」·「무일(無逸)」·「군석(君奭)」·「다방(多方)」·「입정(立政)」·「고명(顧命)」[「강왕지고(康王之誥)」 포함]·「여형(呂刑)」·「문후지명(文侯之命)」·「비서(費誓)」·「주서(秦書)」가 수록되어 있다.50

반면, 『고문상서』는 한나라 무제 때 노공왕(魯恭王)이 공자가 살던 옛집을 헐다가 벽 속에서 과두문자로 쓰인 『상서』를 발견했는데, 이를 공안국(孔安國)이 전했으나 당시 사용하지 않는 글자로 쓰인 것이라 없어지고, 이후 동진(東晉) 초에 매색(梅賾)과 요방흥(姚方興)이 다시 얻었다는 것이다. 당나라 때 공영달(孔穎達)이 이것을 대본으로 삼아 『상서정의(尙書正義)』를 지으며 세상에 알려지게 되었다. 이 가운데 『금문상서』에는 없고 『고문상서』에만 수록되어 있는 「대우모(大禹謨)」·「오자지가(五子之歌)」·「윤정(胤征)」·「중훼지고(仲虺之誥)」·「탕고(湯誥)」·「이훈(伊訓)」·「태갑(太甲)_상」·「태

49　이충익과 이영익의 『고문상서』 진위 논쟁은 李令翊, 『信齋集』 冊2, 「答再從弟虞臣」(a252_458a), 「答虞臣」(a252_458d), 「答虞臣」(a252_459c), 「答虞臣」(a252_464c)에서 살펴볼 수 있다. 이충익의 『초원유고』에는 「종조형신재선생가전」에 수록된 일부분을 제외하고는 이와 관련된 글이 없다. 『신재집』 책2에 수록된 이영익이 이충익에게 보낸 편지의 해석은 심경호, 『江華學派의 文學과 思想 (3): 貝嶠의 學術思想·信齋李令翊論』(한국정신문화연구원, 1995), 360-383쪽을 참고했음을 밝힌다.
50　성백효 역주, 『懸吐完譯 書經集傳 上』(전통문화연구회, 2011), 5-6쪽.

갑_중」·「태갑_하」·「함유일덕(咸有一德)」·「열명(說命)_상」·「열명_중」·「열명_하」·「태서(泰誓)_상」·「태서_중」·「태서_하」·「무성(武成)」·「여오(旅獒)」·「미자지명(微子之命)」·「채중지명(蔡仲之命)」·「주관(周官)」·「군진(君陳)」·「필명(畢命)」·「군아(君牙)」·「경명(冏命)」 25편은 위작이라는 설이 있었다.[51] 『고문상서』 위작설은 『사고전서총목제요(四庫全書總目提要)』의 「고문상서소증(古文尙書疏證)」 조목에서 다음과 같이 간명하게 설명하고 있다.

『고문상서』는 『금문상서』에 비하면 16편이 많은데, 진위(晉魏) 이후로 사설(師說)이 전무했다. 그러므로 『춘추좌씨전(春秋左氏傳)』에 인용된 것을 두예(杜預)가 모두 '일서(逸書)'라고 주석했다. 동진 초에 『고문상서』가 처음으로 출현했는데 25편이 더 많았다. 처음엔 여전히 『금문상서』와 병립했지만, 육덕명(陸德明)이 『고문상서』를 근거로 『경전석문(經典釋文)』을 짓고, 공영달이 『고문상서』를 근거로 『상서정의』를 지은 이후로 마침내 복생본(伏生本) 29편과 합쳐져 하나의 책이 되었다. 당나라 이후로 비록 경문과 고문을 의심했지만 유지기(劉知幾)와 같은 부류는 또한 『상서』 일가를 『사통(史通)』에 배치할 뿐 고문이 위작이라고 말하지는 않았다. 오역(吳棫) 때부터 처음으로 이의가 있었고 주희 또한 점차 의심했다. 오징(吳澄) 등 여러 사람은 주희의 설을 근거로 계속해서 가려내니 그 위작임이 더욱 밝혀졌다. 그러나 여전히 조목을 분석하여 그 빈틈을 파고들지는 못했다. 명나라 때 매작(梅鷟)이 비로소 여러 책을 참고하여 표절한 부분을 증명했지만 견문이 짧아 면밀하게 찾아내지는 못했다. 염약거에 이르러 경전을 인용하고 고전에 근거하여 일일이 모순점을 꼬집어낸 뒤에야 『고문상서』가 위작임이 명확하게 밝혀졌다.[52]

51　성백효 역주(2011), 위의 책, 6쪽.

당나라 때『고문상서』에 대한 의심이 있었지만, 송나라 때 오역이 처음으로 이의를 제기했고 주희 역시 의심했으며 원나라 때 오징 등이 주희의 설을 근거로 위작임을 밝혀냈다는 것이다.[53] 이후 명나라 때 매작이 여러 책을 참고하여 표절한 부분을 증명했지만 면밀하게 고증하지는 못했는데, 청나라 때 염약거에 이르러 경전을 인용하고 고전에 근거하여 일일이 모순점을 찾아낸 뒤에야『고문상서』가 위작임이 명확하게 밝혀졌다는 것이다.

『고문상서』를 위작으로 의심한 이후로『고문상서』위작론'을 주장하는 학자들과『고문상서』옹호론'을 주장하는 학자들 사이에『고문상서』진

---

[52] 永瑢, 紀昀 외,「古文尙書疏證」條,『四庫全書總目提要』經部十二・書類二(臺灣商務印書館, 1983), 281-282쪽, "『古文尙書』, 較『今文』, 多十六篇, 晉魏以來, 絕無師說. 故『左氏』所引, 杜預皆注曰'逸書'. 東晉之初, 其書始出, 乃增多二十五篇. 初猶與『今文』竝立, 自陸德明據以作『釋文』, 孔穎達據以作『正義』, 遂與伏生二十九篇混合爲一. 唐以來雖疑經惑古, 如劉知幾之流, 亦以『尙書』一家, 列之『史通』, 未言『古文』之僞. 自吳棫始有異議, 朱熹亦稍稍疑之. 吳澄諸人本朱熹之說, 相繼抉摘, 其僞益彰. 然亦未能條分縷析, 以抉其罅漏. 明梅鷟始參考諸書, 證其剽剟, 而見聞較狹, 蒐采未周. 至若璩, 乃引經據古, 一一陳其矛盾之故, 古文之僞乃大明."[진역령,『『古文尙書』에 대한 朝鮮時代학자들의 認識과 考辨』(고려대학교 박사학위논문, 2016), 33쪽에서 재인용]

[53] 주희가『고문상서』를 의심한 이유는 다음과 같다. 첫째,「書小序」의 내용이 경문과 서로 맞지 않는 부분이 있고 산일된 것도 있으므로 이는 공자가 작성한 것이 아님이 분명하다. 둘째,「書大序」와 공안국『傳』의 문체는 부드럽고 연하므로 위진 시기 사람들이 위조한 것이 틀림없다. 셋째, 동진 이전에는『고문상서』를 본 사람이 아무도 없다가 동진 이후에『고문상서』를 본 사람이 나타났으며,『금문상서』는 어려운데『고문상서』가 쉽게 읽힌다는 점은 의심스럽다. 주희는 이러한 이유로『고문상서』를 부분적으로 의심했지만, 그 정통성에 대해서는 의심하지 않았다. 주희는 "『상서』는 두 가지 문체가 있는데, 하나는 아주 분명하고 알기 쉬운 것이고 다른 하나는 매우 난해하고 알기 어려운 것이다."라고 했으며, "당시 '誥'와 '命'은 사관이 쓴 글이므로 문장을 지을 때 반드시 평이하게 지어야 했다.「盤庚」과 같은 글은 거듭 훈계하는 글인데 혹 방언을 쓰기도 하고 혹 당시의 완곡한 말이기도 하여 이해하기 어려운 것이다."라고 하여『상서』각 편의 창작 목적이 다르고 문체 또한 다르기 때문에 난이도가 다른 글이 있을 것이라고 주장했다. 또한「大禹謨」의 "인심은 위태롭고 도심은 은미하니 정밀하게 살피고 한결같이 지켜야 그 중도를 잡을 것이다[人心惟危 道心惟微 惟精惟一 允執厥中]."라는 16자심법은 주자학의 핵심 명제 중 하나이므로 부정할 수 없었다[진역령(2016), 위의 논문, 35-37쪽].

표 3 | 『고문상서』에 대한 중국과 조선의 학자별 입장 분류

구분	중국	조선
위작론	오역, 오징, 매작, 염약거	이담명, 이익, 임성주, 이영익, 정약용, 김정희
옹호론	진제, 진원령, 모기령	허목, 안정복, 유희, 홍직필, 이원조, 이진상
진위절충론		정조, 신작, 성해응, 서유구, 허훈, 홍석주, 김매순

위 논쟁이 벌어졌으며, 조선에서는 양쪽 견해를 절충하여 『고문상서』 진위절충론'을 주장하는 학자들도 있었다. 위의 표 3은 중국과 조선의 대표적인 『고문상서』 위작론자, 옹호론자, 진위절충론자를 정리한 것이다.[54]

『고문상서』 위작론자들은 『상서』에서 공자와 성인이 친히 전한 부분만 남기고 그렇지 않은 부분을 삭제함으로써 경전의 권위를 지키려 했고, 『고문상서』 옹호론자들은 성인의 말과 도가 담긴 경전이 위서라면 주자학의 체계가 무너진다고 여겨 『상서』의 모든 부분을 지키려고 했다.[55] 특히 「대우모」의 "인심은 위태롭고 도심은 은미하니 정밀하게 살피고 한결같이 지켜야 그 중도를 잡을 것이다[人心惟危 道心惟微 惟精惟一 允執厥中]."라는 16자심법(十六字心法)은 주자학의 핵심 명제 중 하나이므로, 위작으로 밝혀질 경우 매우 곤란한 상황이 될 수 있었다.

명나라 때 제기된 『고문상서』 위작론이 조선에 유입되면서 허목(許穆), 안정복(安鼎福), 유희(柳僖), 홍직필(洪直弼), 이원조(李源祚), 이진상(李震相) 등이 『상서』의 신성성을 지키고 주자학을 수호하기 위해 옹호론을 펼쳤다. 『고문상서』 위작론을 주장한 이담명(李聃命), 이익(李瀷), 임성주(任聖周), 이영익, 정약용, 김정희(金正喜) 등도 주자학의 핵심 명제를 부정할 수는 없었으므로 대체로 주희가 『고문상서』를 의심했다는 것을 근거로 『고

---

54 진역령(2016), 앞의 논문을 토대로 재구성한 것이다.
55 진역령(2016), 앞의 논문, 51쪽.

문상서』의 문제점을 밝히는 데에만 집중했을 뿐 배타적인 태도를 보이지는 않았다. 더 나아가 정조, 신작, 성해응(成海應), 서유구(徐有榘), 홍석주(洪奭周), 김매순(金邁淳), 허훈(許薰) 등은『고문상서』에 문제가 많은 것은 사실이지만 주자학의 근본 원리를 수록하고 있기 때문에 경전으로서 가치가 있으므로 배척할 수 없다는 절충론적 입장을 취했다.[56]

주자학적 성향이 강한 조선 후기 사상계에서 주자학의 핵심 명제 중 하나인 16자심법을 포함해『고문상서』에 대한 배타적 비판은 어려웠지만, 이영익과 이충익은『고문상서』진위 문제에 대해서 문체, 내용, 고증 등 다양한 측면에서 논쟁을 펼침으로써 학술의 진보를 촉진했다. 대체로 이영익은『고문상서』위작론의 입장이었으며, 이충익은『고문상서』옹호론의 입장이었다.

먼저 이영익과 이충익은『상서』「금등」편 '我之弗辟'를 통해『고문상서』진위 문제를 논했다. 「금등」편에 "무왕(武王)께서 세상을 떠나시자 관숙(管叔)이 여러 아우들과 함께 나라에 '[주]공〈[周]公〉이 장차 유자[孺子: 성왕(成王)]에게 이롭지 못할 것이다.'라는 유언비어를 퍼트렸다. 주공께서 두 공(公)에게 '我之弗辟면 우리 선왕에게 고할 수 없다.'라고 고하셨다. 주공께서 동쪽에 거처하신 지 2년에 죄인을 붙잡았다. 뒤에 주공께서 시를 지어 성왕에게 드리고 이름하기를 '치효(鴟鴞)'라 하니, 성왕도 감히 주공을 꾸짖지 못했다."라고 했다.[57]

'我之弗辟'에 대해 이영익은 "공안국의 주(註)를 따르고자 하니, 이 또한 주자의 뜻입니다. 그런데 그대[이충익]는 아무런 이유 없이 주자를 공격하

---

56 진역령(2016), 앞의 논문, 81 - 185쪽.
57 『書經集傳』卷7,「周書」,〈金縢〉, "武王旣喪, 管叔及其群弟, 乃流言於國曰: '公將不利於孺子.' 周公乃告二公曰: '我之弗辟, 我無以告我先王.' 周公居東二年, 則罪人斯得. 于後, 公乃爲詩, 以貽王, 名之曰鴟鴞, 王亦未敢誚公."

려 합니다. 『시경집전(詩經集傳)』과 『서경대전(書經大全)』에 수록된 여러 편은 모두 공씨(孔氏: 공안국)를 따라 정현(鄭玄)의 잘못을 배척하는 것이 매우 심해서 심지어 [그를] '비생(鄙生)'이나 '부유(腐儒)'라 합니다."라고 했는데,[58] 『서경집전』권7 「금등」 편 '我之弗辟'에 해당하는 부분의 주 내용은 다음과 같다.

> 정씨(鄭氏: 정현) 『시전(詩傳)』에 "주공께서 관숙과 채숙의 유언비어 때문에 동도(東都)로 피해 거처하셨다."라고 한 것이 바로 이것이다. 한나라 때 공씨(孔氏: 공안국)는 "'관숙에게 致辟했다'의 辟이다."라고 했으니, 주살(誅殺)함을 말한다. 삼숙(三叔)이 유언비어를 퍼뜨려 "주공이 장차 성왕에게 이롭지 못하다."라고 했으니, 주공이 어찌 단번에 군대를 일으켜 주벌(誅罰)할 수 있었겠는가? 또 이때 성왕이 막 주공을 의심하고 있었으니, 주공이 장차 성왕에게 청하여 주벌할 수 있었겠는가? 장차 스스로 주벌할 수 있었겠는가? [성왕에게] 청했다면 성왕이 반드시 따르지 않았을 것이고, 청하지 않고 스스로 주벌했다면 또한 주공이 될 수 없었을 것이다. "내가 피하지 않으면 우리 선왕에게 고할 수 없다."라고 한 것은 내가 피하지 않으면 의리에 다하지 못한 바가 있어 지하에서 선왕에게 고할 수 없음을 말한 것이다. 주공이 어찌 스스로 자신을 위한 계책을 했겠는가? 또한 그 충성을 다했을 뿐이다.[59]

---

58 李令翊, 『信齋集』 冊2 「答再從弟虞臣」, "'我之不辟', 吾欲從孔註, 亦朱子意也. 子無有挾, 而硬攻朱子. 『詩傳』及『書大全』諸篇所載, 皆從孔氏斥鄭之非甚嚴, 至曰鄙生腐儒."

59 『書經集傳』卷7, 「周書」, 〈金縢〉註, "鄭氏詩傳, 言: '周公以管蔡流言, 辟居東都', 是也. 漢孔氏, 以爲致辟於管叔之辟, 謂誅殺之也. 夫三叔流言, 以'公將不利於成王', 周公豈容遽興兵以誅之耶? 且是時, 王方疑公, 公將請王而誅之耶? 將自誅之也, 請之, 固未必從, 不請自誅之, 亦非所以爲周公矣. '我之弗辟, 我無以告我先王', 言我不避, 則於義, 有所不盡, 無以告先王於地下也. 公豈自爲身計哉? 亦盡其忠誠而已矣."

정현은 '辟'를 '避'로 보고 이 부분을 '동도로 피해 거처했다[辟居東都]'로 해석했으며, 공안국은 '辟'을 주살함으로 보고, '我之弗辟' 부분을 '내가 주벌을 내리지 않으면'으로 해석했다. 다만 『서경집전』 권7 「금등」 편 '我之弗辟' 부분의 주에서는 관숙 등이 유언비어를 퍼뜨렸고, 성왕이 주공을 의심하고 있었으므로 성왕에게 주벌을 청하기 어려웠을 것이며, 주공이 스스로 군대를 일으켜 주벌하기도 어려웠을 것이라 하여 공안국의 설을 부정했다. 즉 '我之弗辟'에 대해 정현과 마찬가지로 '辟'를 '避'로 보고 해석했던 것이다. 반면 이영익은 앞서 언급한 바와 같이 기본적으로 공안국의 주를 따라 '辟'을 주벌로 해석하고자 했다.

관숙과 채숙이 유언비어를 퍼뜨린 것은 성왕이 주공을 의심하여 축출해서 결국 이반에 이르게 하고자 함이었습니다. 주공이 만약 그로 인해 피해서 도망갔다면 그 계책이 맞아떨어진 것입니다. 삼감(三監)과 완은(頑殷)의 부령(不逞)이 매우 독해서 비록 주공이 즉시 정벌에 나섰어도 은(殷) 지역을 안정시키기는 어려웠을 것이니, 그 어려움은 [성왕 뒤의] 강왕(康王)까지 계속되었습니다. 당시 주공은 대상(大喪)을 만났고 후사 왕[성왕]은 어려서 국가가 위태로웠는데 간신 흉적의 계략을 성공시키고 [자신은] 나라를 떠나 사사로운 혐의를 피했겠습니까? 주공의 도리로 불가했을 뿐만 아니라 [이렇게 되면] 나라 역시 끝장났을 것입니다. […] 「대고(大誥)」를 보면, 주공이 정벌하려 할 때 위로는 국로(國老)로부터 아래로는 백성들에 이르기까지 막지 않는 사람이 없었습니다. 은감(殷監)이 사람들을 미혹시킨 것이 심하여 정벌하지 않았다면 나라가 반드시 위태로웠을 것을 알 수 있습니다. 그리고 이때 나라 사람들은 주공이 혐의를 받는데도 정벌을 강행하는 것이 마땅하지 않다고 여겨 모두 불가하다고 했던 것입니다. 만약 이미 죄인을 붙잡아 폭풍과 우레가

감오(感悟)시킨 뒤였다면 삼척동자라도 어찌 반역한 은 지역을 토벌하는 것에 대해 불가하다고 하겠습니까? 동쪽 지방을 정벌한 뒤에도 사국(四國)이 난리를 선동하여 성왕 말년까지 이르렀으니, 무경(武庚)을 막 주벌하고 은 지역 사람들이 의심하고 두려워하는데 주공이 만약 즉시 돌아갔다면 발길을 돌리기도 전에 반드시 재앙이 다시 일어났을 것입니다. 그러므로 2년에 주벽(誅辟)하고 3년에 비로소 일을 마친 것입니다. 난을 일으킨 자를 주벌하지 못해 여전히 군대를 데리고 조회에 참석하지 않았는데 일이 마무리되자 왕이 깨닫고 귀환을 영접하니 다행이었습니다. 만약 일이 마무리되었는데 왕이 깨닫지 못했다면 주공 또한 마땅히 자처하는 바가 있었을 것입니다. 숙부 주공이 왕의 일을 친히 행하면서 감히 정벌을 청하지 않았다면 이공(二公) 이하는 협간(脅奸)의 혐의를 피하고자 감히 정벌을 청하지 못했을 것입니다. 관숙과 채숙이 난리를 토벌하고 왕을 보위한다는 명분으로 군대를 일으켜 도성에 들어오게 되었다면 왕은 [그들을] 충신으로 여겨 곁에 두고 [국정에] 참여하게 했을 것이며, 관숙과 채숙이 무경을 데리고 들어오게 되면 찬탈은 그다음 일이었을 것입니다. 일의 형세를 헤아려보십시오. 주공이 사사로운 계획을 돌아보지 않고 군대를 청하여 난리를 토벌했겠습니까? 아니면 자신의 혐의를 피하고자 나라의 위망(危亡)을 앉아서 보았겠습니까?[60]

---

60 李令翊,『信齋集』冊2,「答再從弟虞臣」, "夫管蔡之爲流言, 欲蠱王使疑周公而逐之, 得以遂其畔. 周公若因而辭去, 是中其計也. 三監·頑殷之不逞甚毒, 雖周公卽征, 其安殷之難, 猶訖康王. 時周公況於新遭大喪, 嗣王幼冲, 國家危難, 而成奸凶之畔謀, 去國避私嫌乎? 不惟公之道理未可, 國亦已矣. […]觀『大誥』, 周公將征, 上自國老, 下至邦人, 莫不沮之, 殷監之惑人深而不征, 則國必危可見也. 且此時國人, 以周公蹈嫌強征爲未安, 故擧曰不可也. 若既得罪人, 風雷感悟之後, 雖三尺童子, 豈以討畔殷爲不可乎? 東征後, 四國煽亂, 猶終成王世, 況新誅武庚, 殷人疑畏, 而公若卽歸, 不旋踵而禍必復發. 故二年誅辟, 三年始竣事也. 非既誅亂而猶擁兵不朝也. 竣事而王悟迎歸, 幸也, 竣事而王不悟, 公亦始當有自處矣. 公以叔

무왕이 죽고 어린 성왕이 즉위한 상황에서 섭정하는 주공을 제거하고 무경을 옹립하려 한 관숙과 채숙은 '주공이 성왕에게 이롭지 못할 것이다.'라는 유언비어를 퍼뜨려 성왕과 나라 사람들의 의심을 불러일으켰다. 이영익은 이러한 상황에서 주공이 사사로운 혐의에 연연하지 않고 나라를 안정시키기 위해 성왕에게 군대를 청하여 난의 주동자를 주벌했다고 해석했다. 즉 '我之弗辟'에 대해 자신의 혐의를 피하려 한 '避'로 해석할 것이 아니라 난의 주동자를 주벌하려 한 것으로 해석해야 한다고 본 것이다.

사실 『상서』「금등」편 '我之弗辟'에 대한 논의는 『상서』「금등」과 『시경』「빈풍(豳風)」⟨치효(鴟鴞)⟩·⟨동산(東山)⟩의 선후 문제와도 관련이 있다. 『서경집전』권7「금등」편의 주(註)에서 "무왕이 병에 걸리자 주공은 왕실이 아직 안정되지 않았고 은나라 백성들이 복종하지 않아서 [나라의] 근간이 흔들리기 쉽다고 여겼다. 그러므로 세 왕에게 명(命)을 청하여 자신으로써 무왕의 죽음을 대신하고자 했는데, 사관이 그 책축(冊祝)의 글을 기록하고 아울러 그 일의 시말을 서술한 것을 합쳐 한 편으로 만들었다."라고 했다.[61]

한편 『시경집전』권8「빈풍」⟨치효⟩ 시의 주에서 "주공이 동쪽 지방을 정벌한 지 2년에 마침내 관숙과 무경을 잡아 주벌했으나, 성왕은 아직도 주공의 뜻을 알지 못했다. 그러므로 주공이 마침내 이 시 ⟨치효⟩를 지어 왕에게 준 것이다."라고 했다.[62] 또 ⟨동산⟩ 시의 주에서 "성왕이 이미 ⟨치

父, 親行王事, 而不敢請征, 則二公以下, 尤當避脅奸之嫌, 而不敢請征矣. 管蔡以討亂衛王爲名, 興兵入國, 則王將視爲忠臣, 拱而與之, 管蔡挾武庚入, 其簒奪, 次第事也. 子試揆其事勢. 周公可不顧私計而請兵討亂乎? 抑將自避身嫌, 坐見危亡乎?"

61 『詩經集傳』卷8,「豳風」,⟨鴟鴞⟩編註, "武王有疾, 周公以王室未安, 殷民未服, 根本易搖. 故請命三王, 欲以身代武王之死, 史錄其冊祝之文, 幷敍其事之始末, 合爲一篇."

62 『詩經集傳』卷8,「豳風」,⟨鴟鴞⟩編註, "周公東征二年, 乃得管叔武庚而誅之, 而成王猶未知

효〉 시를 얻고, 또 우레와 폭풍의 변고에 느낀 바가 있어 비로소 깨닫고 주공을 맞이했다. 이때가 주공이 동쪽으로 정벌 간 지 이미 3년이었다. 주공이 돌아온 뒤에 이로 인하여 이 시 〈동산〉을 지어 장병들을 위로했다."라고 했다.[63]

이상에서 살펴본 『서경집전』과 『시경집전』의 대략적인 내용을 정리하면 '무왕의 투병과 죽음 → 성왕의 즉위와 주공의 섭정 → 관숙 등의 유언비어 유포 → 주공의 무경 등 정벌 → 주공의 귀환과 성왕의 환영'이라 할 수 있다. 「금등」편은 투병 중이던 무왕을 대신하려는 주공의 일과 그 책축의 글, 그 이후 이와 관련된 일의 시말을 모두 수록하고 있어 가장 이른 시기의 사건이며, 〈치효〉 시는 정벌하고 귀환하기 전에 성왕에게 바친 시이므로 그다음이며, 〈동산〉 시는 귀환 이후 장병들을 위로하는 시이므로 마지막이 된다.

이영익 역시 "〈치효〉는 아직 돌아오지 않고서 지은 것이고, 〈동산〉은 이미 돌아온 뒤에 지은 것입니다. 「금등」을 지은 것은 본래 책축으로 [무왕의] 병을 낫게 해달라고 하기 위한 것이라고 그 본말을 서술했습니다. 동정(東征)의 고(誥)를 무왕이 아직 세상을 떠나기 전의 글 앞에 둔다면 어찌 [글의 순서가] 뒤바뀌지 않겠습니까? 비록 공안국전을 따른다 하여도 『시경』과 『서경』의 편차는 마땅히 이와 같아야 합니다."라고 하여 「금등」, 〈치효〉, 〈동산〉의 순시로 보아야 한다고 했다.[64]

한편 앞서 살펴본 바와 같이 『상서』 「금등」 편 '我之弗辟'의 '辟'를 정현

公之意也. 公乃作此詩以貽王."

[63] 『詩經集傳』卷8, 「豳風」,〈東山〉編註, "成王旣得鴟鴞之詩, 又感雷風之變, 始悟而迎周公. 於是, 周公東征, 已三年矣. 旣歸, 因作此詩, 以勞歸士."

[64] 李令翊, 『信齋集』冊2, 「答再從弟虞臣」, "〈鴟鴞〉, 未歸而作也,〈東山〉, 旣歸而作也,〈金縢〉之作, 本爲冊祝瘳病, 叙其本末. 故因る雷雨之歸耳. 若置東征之誥於武王未喪書之前, 豈不顚倒? 雖從孔傳, 『詩』·『書』編次, 固當如此."

은 '피(避)'로, 공안국은 '주벌(誅罰)'로 보았다.『서경집전』의 주에서는 정현의 설과 같이 '내가 피하지 않으면'으로 해석했고,『시경집전』의 주에서는 공안국의 설과 같이 '주공이 동쪽 지방을 정벌한 것'으로 해석했다. 주지하다시피『시경집전』은 주희가 직접 정리한 책이고,『서경집전』은 채침(蔡沈)이 주희의 설을 받아 정리한 책이다 보니 '我之弗辟' 부분에 대해 해석의 차이가 생기게 되었다. 아마도 '我之弗辟'에 대한 주희의 설이 변하고, 채침이『서경집전』을 정리하는 과정에서 주희의 설을 선택적으로 적용하면서 해석의 차이가 생긴 것이라고 볼 수 있다. 이영익이 "'我之弗辟'에 대해 공안국의 주를 따르고자 하니, 이 또한 주자의 뜻입니다."라고 한 것은 그가 공안국의 주와 결을 같이 한『시경집전』주의 해석을 주희의 본뜻으로 보았기 때문일 것이다.

한편 이영익은 "오여청(吳幼淸: 오징)과 같은 사람들도 주자가 의심한 것을 가지고 고문을 의심했습니다. 시비(是非)의 공의(公議)를 없앨 수 없습니다. 이는 내가 주자의 말을 날조하여 내 설의 근거로 삼은 것은 아닙니다. [⋯] 고문(古文)의 의리가 매우 훌륭하므로 나 또한 의리의 책으로 여겨 즐겨 봅니다. 다만 우(禹)·탕(湯)·이윤(伊尹)·주공에게서 나왔다고 말할 수는 없습니다."라고 했다.[65]

즉 이영익은 주희가 이미『고문상서』를 위서로 의심했고 이후 오징과 같은 학자들이 이 설을 통해 계속해서 의심했으므로『고문상서』의 진위 문제를 다룰 수밖에 없으며,『고문상서』의 의리가 훌륭하기는 하지만 그렇다고 해서 이를 진서로 볼 근거는 없다고 했던 것이다.『맹자』에서「무성」을 논한 부분에서는 이영익과 이충익이『고문상서』의 진위 문제에 대

---

65 李令翊,『信齋集』冊2,「答虞臣」, "前賢如吳幼淸諸子, 亦執朱子之疑而疑古文. 是非之公議, 固是難泯, 此非吾虛捏朱子之言, 借助己說. [⋯] 古文義理甚好, 吾亦作一義理書喜看之耳. 但不敢曰出於禹·湯·伊·周也."

해 근본적인 접근을 하고 있다.

『맹자』「진심(盡心)」하편에서 맹자는 "『상서』의 내용을 모두 믿는다면 『상서』가 없느니만 못하다. 나는 「무성」에서 두세 쪽만 취할 뿐이다. 인자(仁者)는 천하에 대적할 사람이 없는 법인데, 지극한 인자가 지극한 불인자(不仁者)를 정벌했으니, 어찌 죽은 사람의 피가 흘러 방패를 떠내려 보내는 일이 있었겠는가?"라고 했는데,[66] 이에 대해 주희는 "『상서』「무성」에서 '무왕(武王)이 주왕(紂王)을 정벌할 적에 주왕 군대의 선두에 있던 무리들이 창을 거꾸로 들고 뒤를 공격하여 패배시켜서 피가 흘러 방패를 떠내려 보내게 했다.'라고 했는데, 맹자는 이것을 믿을 수 없는 내용이라고 말했다."라고 했다.[67]

『맹자』에서 「무성」을 논한 이 부분에 대해 이충익은 이를 통해 고문이 위작이 아님을 증명할 수 있다고 하자, 이영익 또한 이를 통해 고문이 위작임을 밝히는 것이 가능하다고 주장했다.[68]

「무성」에서 "양군(兩軍)이 서로 싸워 피가 흘러 방패를 떠내려 보낼 정도였다."라고 했습니다. 그러므로 맹자께서 "왕사(王師)가 이르는 곳마다 두각(頭角)이 무너지고 머리를 조아리니, 이와 같은 싸움이 있었을 리 없다."라며 믿지 않으셨습니다. 지금 [매색본] 「무성」은 맹자에게 배척 받는 것을 싫어하여 "주(紂)의 군대가 서로 공격하여 방패를 떠내려 보낼 정도였다."는 말을 교묘하게 만들어냈습니다. 저 "주의 군대가

---

66 『孟子集註』, 「盡心」下, "孟子曰: '盡信『書』, 則不如無『書』. 吾於「武成」, 取二三策而已矣. 仁人, 無敵於天下, 以至仁, 伐至不仁, 而何其血之流杵也?'"
67 『孟子集註』, 「盡心」下, 朱子註, "「武成」: '武王伐紂, 紂之前徒倒戈, 攻于後以北, 血流漂杵.' 孟子言'此則其不可信者.'"
68 李令翊, 『信齋集』 冊2, 「答虞臣」(a252_458d), "子以孟子之論「武成」, 證古文之非僞, 固爲近理. 吾亦以孟子之論「武成」, 證古文之非眞可乎."

무왕이 빨리 들어오기를 희망하고 자기 나라가 하려는 전쟁을 미워하여 절로 서로 공격하여 방패를 떠내려 보낼 정도가 되었다."라고 한 것은 '인자(仁者)는 적이 없다.'는 것을 분명히 보여줍니다. [이러한 것은] 무왕께서 금지할 수 있는 것이 아니었을 테니, 맹자께서 어찌 그것을 비난하셨겠습니까? 이와 같다면 맹자께서 경문을 잘못 보시고 경솔하게 비난한 것이 됩니다.『고문상서』가 [진서가] 아닌 줄 알면서도 감히 단정하여 의심하지 않는 것이 오히려 충후(忠厚)한 도리인데, 하물며『고문상서』가 [진서임이] 명확한데도 [맹자께서] 바로 "모두 믿지 못하겠다."라고 했으니, 이 무슨 어려운 일이란 말입니까? 반복해서 깊이 생각하여 끝내 부득이하지 않았다면 가볍게 말했겠습니까? 지금 부생(腐生)과 소아(小兒)들도 잘 아는 것을 깨닫지 못하여 경솔하게 "『상서』는 믿지 못하겠다."라고 말한다면 그대는 맹자를 어떤 사람이라고 생각합니까? 매색을 보호하는 데 집중하여 맹자를 경솔하고 경박한 사람으로 만드는 것이 아니겠습니까?⁶⁹

앞서 살펴본 바와 같이 맹자는『고문상서』의 내용을 모두 믿지 않고 일부만을 신뢰하면서 그 증거로「무성」몇 구절을 근거로 삼았는데, 주희는 이 부분을 적극적으로 해석하여「무성」에 나오는 내용을 신뢰했다. 맹자가 본「무성」이 무엇인지 정확히 알 수는 없지만 양쪽 군대가 전투를 벌여

---

69 李令翊,『信齋集』冊2,「答虞臣」(a252_458d), "夫「武成」所云: '盖言兩軍相戰, 血至流杵.' 故孟子謂: '王師所到, 崩角稽首, 不當有若是爭鋒.' 而不信之. 今之「武成」, 乃惡見斥於孟子, 巧裝作'紂師相攻而流杵'之辭, 夫'紂師喜武王之速入, 惡其國之欲戰, 自相攻而至流杵', 是益見仁者之無敵. 非武王所得以禁也, 孟子何譏之也. 若是則是孟子誤看經文而輕排之也. 夫知非古書而不敢斷疑, 猶爲忠厚之道, 則況明是古書者, 直曰'不盡信', 是何等重難? 苟非反復之至, 而終不得已, 則可輕言乎? 今腐生小兒之所能通者, 乃不悟其義, 率爾曰'書不可信', 則子謂孟子是何樣人耶? 無乃重於護梅賾, 而驅孟子於草率輕薄之歸乎?"

피가 흘러 방패가 떠내려갈 정도가 되었다는 것은 '인자무적(仁者無敵)'과는 배치되는 서술이므로 「무성」의 내용을 모두 신뢰하지 못했던 것이며, 아마도 '혈지유저(血之流杵)'에 대한 내용만 있었기 때문에 맹자가 이렇게 판단했던 것으로 보인다. 한편 주희는 매색본에 추가된 내용에 근거하여 해석하면서 「무성」의 내용을 모두 신뢰할 만한 기술로 만들었다. 따라서 이영익은 매색본 「무성」에 '血流漂杵' 앞에 "前徒倒戈 攻于後以北"이라는 내용이 추가되어 맹자의 뜻을 거스르지 않으면서도 '仁者無敵'에 합당한 구절이 되었다고 생각했다.

이렇게 복잡하게 얽힌 문제는 생각하지 않고 단지 "『상서』의 내용을 모두 믿는다면 『상서』가 없느니만 못하다. 나는 「무성」에서 두세 쪽만 취할 뿐이다."라는 맹자의 말을 빌려 『상서』를 믿지 못하겠다고 말한다면 이는 맹자를 경솔하고 경박한 사람으로 만드는 셈이 될 것이다. 이영익은 기본적으로 『고문상서』를 위서로 보는 입장이었지만 이충익이 「무성」 부분을 근거로 『고문상서』를 위서로 단정하는 데는 반대했던 것이다. 이충익의 말처럼 「무성」 부분을 근거로 『고문상서』를 위서로 단정하게 된다면 맹자를 경솔하고 경박한 사람으로 매도하는 것이 되기 때문이다. 이영익과 이충익의 논의를 살펴보기 위해서 다음의 10가지 부분을 구체적으로 검토하도록 하겠다.

①-1 먼저 이충익은 주희가 공안국의 『상서』를 위서라고 한 것은 전문(傳文)을 두고 한 것으로 전문의 진위 여부는 경문(經文)과는 상관이 없다고 했다. 또한 그 나머지 위서라고 의심되는 부분 역시 모두 진위를 가릴 수 없거나 진위 여부를 딱 잘라 단정할 수 없는 부분도 있다고 했다. 나아가 오징과 조맹부(趙孟頫) 등이 말한 것은 모두 주희가 크게 의심하지 않는 것에 근거하여 미덥지 못한 부분을 취했으므로 근거할 수 없다고 했다.[70]

①-2 이에 대해 이영익은 "주자가 의심한 것은 오징이나 조맹부와 같지

않으며 논의한 위서 부분은 전문인 듯하다."라고 하면서 이충익의 의견에 일정 부분 동의했다. 다만 전문이 위서라면 경문 역시 의심스럽다고 하면서 근본적인 의문을 제기했다. 진짜 고경(古經)을 얻은 사람이 있다면 이 것을 오해해서 가짜라는 의심이 드는 전문을 만들 필요도 없으며, 공안국을 가탁할 이유도 없는 것이다. 이영익은 아마도 경문을 위조한 사람이 내심 의심받을까 두려워 공안국을 가탁하고 자신을 숨겼을 것이라고 생각했다. 또한 공안국의 『상서』 59편 중에 1편이 위서라면 그 나머지 중에도 위서가 없다고 보기 어려우며, 주희도 문자는 의심했지만 내용이 좋아서 경문이 위서라고 단정하지는 않은 것이라고 했다.

하지만 공안국의 전문을 위작이라 단정하고 출처도 황당하다며 믿지 않는다면 고문 전체를 의심해야 하는 상황에 직면하게 된다. 또한 한나라 이후 위작이 많았지만 사람들이 매색본 25편을 진서라고 믿는 것은 문자가 괴리되지 않고 출처가 믿을 만하며 공안국의 전문이 실재하기 때문이었다. 따라서 공안국의 전문은 진짜라고 믿어야 했다. 다만 공안국의 『상서』를 교정한 양웅(揚雄)이나 유향(劉向)을 비롯해 마융(馬融)과 정현(鄭玄)조차도 25편에 대해서 알지 못했으므로 이영익은 애초에 매색본 25편은 존재하지 않는다고 보았다.[71]

---

70 李令翊, 『信齋集』 册2, 「答虞臣」(a252_459c), "來書曰: '朱子所謂孔安國書是假書者, 恐必是傳文. 傳之眞假, 固不關於經之爲經. 其他所疑, 亦俱不能掩其所信, 有不可以疑信相半斷之者也. 至於吳幼淸·趙孟頫輩所言, 皆但據朱子不太甚之疑, 而全不取其所大信者, 亦不可據. 此引朱子下同於此數人也.'"

71 李令翊, 『信齋集』 册2, 「答虞臣」(a252_459c), "朱子之疑, 與吳趙諸子, 果有淺深不同. 吾何敢引而同之? 所言假書, 果似傳文. 然以偏得其易不訛損一字爲大疑, 是非疑後人之容乎經文而疑信相半者乎? 且旣知傳爲假, 則經之可疑, 亦有難掩. 果得眞古經, 悟解作傳? 人情固欲表章垂世, 著其用功, 何爲自晦其功, 假託安國也? 可知儗經者內不足, 故自懼見疑, 又假孔傳而實之, 不著其名於其間也. 且朱子旣曰: '書序, 是魏晉人作.' 作書序者, 不能作古文乎? 安國書五十九篇, 一篇爲贗, 則安保餘篇之獨無贗也? 蓋朱子疑其文字, 愛其理好, 故不斷爲非經. 然自漢以來, 擬作者多, 獨尊信梅賾者, 以文字無倍, 出處可信, 而又有孔傳實之

②-1 이충익은 고문(古文)을 매색의 위작이라고 단정한 이영익에게 고문 중에 믿을 수 없는 것이 있다 하더라도 반드시 매색의 위작일 필요는 없으며, 『한서(漢書)』에서 서오(徐敖)·왕황(王璜)·도운(塗惲)·상흠(桑欽) 등이 고문을 전수했다고 하니 이들이 위작했을 수도 있고, 또한 대항두(大航頭)에서 얻었다고 하는데 이때 간사한 사람에게 속았을 수도 있으므로 꼭 매색의 위작이라고 볼 수는 없다는 의견을 냈다.[72]

②-2 이영익은 서오·왕황 등이 전한 고문에는 [매색본] 25편이 없었고, 도운이 가휘(賈徽)에게 전수하고 가휘의 아들 가규(賈逵), 마융과 정현이 그 진전을 얻어 주해한 것이 28편이라 이들이 고문을 위작하지는 않았을 것이라고 했다. 또한 만약 정충(鄭沖)·어유(蘇諭) 등이 고문을 얻었다면 자신을 드러내지 않을 이유가 없는데, 고문을 얻어 세상에 전한 사람이 매색 한 사람이라면 매색이 위작했다고 보아야 할 것이라고 했다.[73]

故也. 今旣斷孔傳之贋, 出處又荒唐難信, 文字之疑, 不可勝計, 古文之非古, 果難彌縫矣. 所謂出處難信者, 何也? 安國書始非秘而不行. 安國得古文而校定今文, 文多舛異, 遂分爲二學. 太史公親受於安國, 都尉朝以下, 皆師受者. 劉向又校定錯簡, 其傳至於馬·鄭輩, 皆治古文者, 今文學則寢廢矣. 然太史只依俉言, 安國又得逸書十餘篇, 不言定爲五十八篇而傳釋矣. 都尉朝師安國, 而第第相傳, 至於馬·鄭, 則安國旣定五十八篇, 必不獨取載伏書者以傳授, 奈何? 二十五篇, 馬·鄭不見也. 劉向·揚雄, 又皆以孔書校定, 又何不見二十五篇也? 吾恐孔書未有二十五篇者, 而只『史記』所稱十餘篇, 亦未能傳於人. 故弟子之傳習如都尉, 時人之淹該如揚·劉, 皆不得聞. 千載之後, 所謂梅生之二十五篇, 可知初無是物."

72　李令翊, 『信齋集』 冊2, 「答虞臣」(a252_459c), "來書曰:'卜書卜端, 又專指古文, 是梅賾僞作. 設令古文有不可信者, 亦不必斷爲梅賾之所作. 『漢書』旣稱徐敖·王璜·塗惲·桑欽之徒傳古文, 則安知僞書之作不作於此輩, 而作於梅賾乎? 又安知大航頭得之之時, 又被奸譎者之所欺乎?'"

73　李令翊, 『信齋集』 冊2, 「答虞臣」(a252_459c), "吾所謂梅賾書, 非敢必謂梅賾作之. 只爲與樂天對言, 不可盡列可疑人. 故標寂後傳者, 下文固曰:'可疑者, 梅賾輩數人.' 子亦當知我意, 無事硬責. 然漢書所稱徐·王諸子, 皆只傳無二十五篇之古文者. 故塗惲授賈徽, 徽子逵及馬·鄭得其傳而註解, 皆只有二十八篇, 則可保此數子未嘗僞撰. 若大航頭所得, 只是舜典孔傳也. 鄭沖·蘇諭輩, 若得眞古文並孔傳, 若是鉅麗之實, 則此非可自私, 而獲利者, 何爲默默潛藏, 至梅賾始發也? 得古文而傳於世者, 梅賾一人, 則僞撰之疑梅生, 亦有難辭矣."

③-1 이충익은 고문은 대문장가의 손에서 나온 것 같은데, 위작이라는 고문을 제외하고 매색의 문장은 전해지는 것이 하나도 없다고 하면서 의문을 제기했다.[74]

③-2 이영익은 고문은 여러 서책에서 인용한 것이며, 백편(百篇)을 위작한 장패(張霸) 역시 다른 글은 세상에 전하지 않는 것을 예로 들며 반박했다. 또한 고문의 문기가 위약하고 필력이 소삭하여 시대마다 달라지는 문체의 금문과는 다르며, 특히「대우모」부터「경명」까지 고문 25편은 조격(調格)이 일정하고 각 구절의 글자가 균일하며 대우(對偶)를 답습함으로써 위진·당대의 문풍을 벗어나지 못했다고 보았다.[75]

④-1 이충익은 여러 사람의 글을 인용했는데 어째서 한 글자도 상이하지 않은지 반문했다.[76]

74　李令翊,『信齋集』冊2,「答虞臣」(a252_459c), "來書曰: '其文自是大文章手段. 梅賾之文, 何無一篇之見傳者, 獨爲此數十篇, 不可掩之辭書以沽奸譎之名而止哉? 且今實是儗作, 則其作者之誰某, 不須辨也.'"

75　李令翊,『信齋集』冊2,「答虞臣」(a252_459c), "古文文字之可疑, 不可悉擧. 朱子以下諸公所論, 亦甚明的. 第又有一疑, 嘗有聞焉. 古書本百篇. 古人引書語者, 皆百篇俱在時, 雜引於百篇中也. 故百家引書之文, 載今文者不過三分一. 以三十三篇於百篇, 爲三分一故也. 其三分二, 皆載於古文, 二十五篇中, 無一句遺者. 夫逸書尙四十二篇, 奈何古人偏於此二十五篇, 則若是多引, 四十二篇之文, 無一句引也? 此爲儗撰者悉集用百家所載之明證, 可以無他辭矣. 子以梅賾無他文可見爲證乎? 吾亦未嘗必欲爲梅賾作. 然此則恐不足爲據. 張霸亦嘗爲撰百篇. 僞撰而書者, 必非不文, 子果見張霸他文字多傳世乎? 古文文氣委弱, 筆力蕭索, 不能效今文代殊篇異之體. 自「禹謨」至「冏命」, 語出一口, 文局一例, 調格稱停, 多寡均敵, 對偶蹈襲, 不能脫當時之習. 吾嘗意非點材老匠所爲. 子乃謂大文章, 人見固若是不倫乎? 子以作不可掩之書沽奸名爲無理者, 可謂未思矣. 擬書者, 何嘗不能掩而沽奸名耶? 獨吾輩數人, 自分爲妄人, 而作妄評而已. 自撰古文以來, 何嘗有致疑者乎? 何嘗有致疑而明決者乎? 儗者之爲計, 可謂密而巧於自掩矣. 彼方身爲禹·湯·伊·傅, 使萬世之人, 尊其書於經典之上, 至於若伏生眞書而悅之也. 子乃欲以作計疏瀾, 而徒取奸名譏之, 其亦迂矣. 子欲知儗作者之不疎乎? 如子之聰明才識出於凡流者, 而尙受眩瞀之毒, 執此可見矣. 作者之誰某, 不須辨云者, 言之是也. 旣知爲盜, 則其是跖是蹻, 何足窮究, 況梅子之自造與受欺於人, 又難的知乎? 吾亦嘗作此見, 故不曾辨僞作之人, 子無端提我使辨之也.'"

76　李令翊,『信齋集』冊2,「答虞臣」(a252_459c), "來書曰: '至於收用諸家所引之文, 必無一字之

④-2 이에 대해 이영익은 다른 서책을 인용한 것은 한두 구에 불과하며, 자기 글에 섞는 것이 어려워 자구를 고쳤기 때문에 그렇다고 보았다. 금문 중에 다른 서책에 나오는 구절은 평이한 구절인데 고문 중에 다른 서책에 나오는 구절이 기이하고 고절한 것도 이러한 이유에서 그렇게 된 것이라고 보았다.[77]

⑤-1 이충익은 고문을 위작했다면 위작자가 「대고」·「강고」·「주고」·「소고」·「낙고」와 같이 어려운 글을 베껴 만들었어야 하는데, 어째서 「주관」·「군진」과 같이 평이하고 위약한 글을 위작했는지 물었다.[78]

⑤-2 이영익도 「대고」·「강고」·「주고」·「소고」·「낙고」와 같이 어려운 글을 본받지 않고 쉬운 글을 위작한 것에 대해 설명하기는 어렵다고 했다. 하지만 그는 분명 문체가 다르다는 것을 알면서도 변명하는 이충익에게 의문을 제기했다. 문체가 다른 것은 다른 사람이 지은 것일 가능성이 높다는 뜻이기 때문이다. 즉 위작자가 평이하고 위약한 글만 지을 줄 알기 때문에 이처럼 문체가 다른 글로 위작된 것이라고 본 것이다.[79]

相異者, 而有不然者, 何哉?'"

77 李令翊, 『信齋集』 冊2, 「答虞臣」(a252_459c), "他書所引, 不過一二句, 則無以知本文語趣, 難於揉入自家文. 故多改其字句, 是不得已也. 其餘不關揉入之難者亦多改, 所以掩跡也. 至如『孟子』曰: '無畏, 寧爾也. 非敵百姓也. 若崩厥角稽首.' 此若引古書者, 而難合於「太誓」, 則曰: '罔敢無畏, 寧執非敵, 百姓懍懍, 若崩厥角.' 吁亦巧矣. 孟子何誤讀至此, 而改其文, 作王與殷民言, 而殷民崩角稽首之辭也? 然'若崩厥角'四字, 山於『孟子』, 故其語特奇, 不類上下文, 大凡'念玆在玆'數句, 如'往省括于度則釋'·'庶言同則繹'·'若藥不瞑眩'等文句, 不用四字俗規, 蒼然奇古, 特出於篇內者, 考之, 皆有出處, 無一不然, 豈不異哉? 今文之出於他書者, 皆稍平易之句也. 古文之出於他書者, 皆最奇高之句也. 子試思其由焉."

78 李令翊, 『信齋集』 冊2, 「答虞臣」(a252_459c), "來書曰: '至於五誥之間, 則必擬作五誥聱牙之文, 反作「周官」·「君陳」平易易讀之文, 亦何哉? 世豈有如此拙擬作乎?'"

79 李令翊, 『信齋集』 冊2, 「答虞臣」(a252_459c), "不能效五誥之聱牙, 乃其露拙處, 終不能免明者識破, 端由此也. 子已知其拙作, 而尙欲以是辨明, 豈子過於忠厚而然歟? 抑已運足峻坂, 難於自止而然歟? 謂後人擬作, 尙不免拙者, 其可謂周召而作此乎? 且引用見他書之文, 而其上下數句, 尙不能比效掩跡. 子欲望盡一篇作此奇高. 難矣. 吾見責鶵鶵學鸛步, 徒能裂脛

⑥-1 이충익은 복생이 한나라 때 『상서』를 구술한 부분은 그가 기이하고 고절한 문장에 익숙해서 전할 수 있었던 것이며, 전하지 못한 부분은 그런 문장을 읽는 게 익숙지 않다 보니 나이가 들면서 잊어버려 결국 전하지 못했기 때문일 것이라며 반론을 제기했다.[80]

⑥-2 하지만 이영익은 이충익의 주장이 이치에 합당하지 못하다고 했다. 평생 『상서』 하나만 암송한 복생이 평이한 한 편을 외우지 못한다는 것은 말이 안 된다고 생각했기 때문이다. 또 평이한 것은 모두 잃어버리고 의도적으로 어려운 것만 택해서 벽 속에 숨겼다는 것을 증명하기란 어려운 일이기 때문이다.[81]

⑦-1 이충익은 고문의 문체가 동일한 것으로 볼 때, 상고시대에는 금문과 고문 두 가지 문체가 있었다고 추정했다.[82]

⑦-2 하지만 이영익은 상고시대에 금문과 고문 두 가지 문체가 있었다고 단정할 수는 없다고 했다. 이충익의 주장대로 요순시대에 두 분야의 사관이 있어서 「우모(禹謨)」와 「요전」・「순전」의 문체가 다르고, 목왕 때에 2개의 학파가 있어서 「열명」을 짓고 다른 문체로 다시 「여형」을 지었다고

也. 平易委弱之(之)文, 猶力綴, 不能拖長, 無一篇如五誥多者, 況可論擬此奇古而置五誥間耶?"

80　李令翊, 『信齋集』 冊2, 「答虞臣」(a252_459c), "來書曰: '其伏生之不傳古文者, 容或取文奇意高之文, 熟讀不忘, 至漢而傳之. 至於古文, 則不及盡讀之熟, 至老遺忘, 終不能傳也. 此實未可知其必不然也.'"

81　李令翊, 『信齋集』 冊2, 「答虞臣」(a252_459c), "子之爲此說, 亦自知艱窘, 而强爲立辨耶?「五歌」・「武成」之屬, 今之平平秀才, 讀數編已不忘. 伏生專治一經, 勤誦九十年, 竟不能記平易者一篇乎? 設曰: '常時偏好, 而多誦于彼, 則可也. 於誦而傳世, 豈有揀擇于心, 而舍此不傳乎?' 且所謂誦傳者, 未必信也. 若早已成誦, 豈有但誦二十八篇? 晁錯不解齊音, 而多錯記云者, 亦可疑. 錯何不偕齊人同聽乎?「史記」・「漢書」, 皆言伏生壁書亡失, 只存二十八篇. 此爲實蹟. 豈有壁藏散失者, 巧皆失其平易, 若有意揀出者哉? 此又明證之斷, 不可置者也."

82　李令翊, 『信齋集』 冊2, 「答虞臣」(a252_459c), "來書曰: '古文之體相同者, 容或上古之文, 有此二體, 有作今文體者, 有作古文體者, 史官之述, 各自不同也. 此亦未可知其必不然也.'"

하더라도, 「고요_하」와 「열명」은 문체가 같으며, 「열명」이 「우모」의 문체를 본받았다는 것은 모순되기 때문이다. 사실 금문은 「우공」·「홍범」·「금등」·「무일」·「진서」는 문체가 모두 다르고, 「반경」과 「주고」, 오고(五誥)와 「여형」은 문체가 같지 않지만, 고문은 「우모」부터 「경명」까지 모두 한 사람이 지은 것처럼 평이하다. 또한 「탕고」·「태서」는 '고(誥)'이자 '고민(誥民)'이고, 「무일」은 '훈(訓)'이며, 「강고」·「낙고」·「소고」는 모두 '어사대부(語士大夫)'인데, 이러한 '훈'과 '고', '언고민(言誥民)'과 '어사대부'는 문체가 달라 서로 통하지 않는다. 이영익은 이상의 내용으로 상고시대에 금문과 고문 두 문체가 있었다는 이충익의 주장을 반박했다.[83]

⑧-1 이충익은 고문을 위작한 사람이라면 간악한 사람일 텐데 이렇게 의리가 좋은 문장을 지었을 리 없다고 반박했다.[84]

⑧-2 이에 대해 이영익은 고문은 여러 경전 중에서 문구를 따와 만들었으므로 각 구절마다 별도의 의리를 가지고 있지만, 금문은 하나의 의리로 한 편을 만들었으므로 고문과는 다르다고 했다. 또한 위작을 만든 사람은

---

83 李令翊, 『信齋集』 冊2, 「答虞臣」(a252_459c), "子之爲古文慮, 亦可謂竭矣. 子謂古聖人隨事述言, 後人裒爲一經耶? 抑謂古有二派體裁, 撰文者依倣作之, 如宋人詩之蘓·黃分派耶? 伊尹·傅說學作所謂古文體, 「盤庚」·「周召」學作所謂今文體耶? 「周召」之於「蔡仲」·「旅獒」, 又學古文體耶? 又何孔書中巧無一近似於今文體者, 伏read則如「甘誓」·「湯誓」·「牧誓」·「金縢」之類, 似古文之平易, 而氣像旨趣, 又逈然超出也? 虞有二史, 而「禹謨」則異二典, 「皐陶」下, 與穆王之「冏命」同體, 穆王有二學, 其作「冏命」, 則異於「呂刑」, 而上與「禹謨」同法乎? 且今古文, 不可槩論爲二體也. 今文雖多險奇, 實則典·謨之渾厚, 三誓之質簡, 「禹貢」·「洪範」·「金縢」·「無逸」·「秦誓」之屬, 體皆逈異. 其餘聱牙者, 亦「盤庚」與「周誥」, 五誥與「呂刑」, 皆非一揆也. 古文則上自「禹謨」, 下至「冏命」, 其排置機軸, 句法語俗, 準平概量, 如看一人私集. 奈何四代之文風語俗, 若是然爲一, 而與今文之四代書, 又漠不相涉也. 先儒或言訓與誥異, 或言誥民與語士大夫異, 是皆不通. 「湯誥」·「太誓」之類, 誥也誥民也, 「無逸」, 訓也, 「康誥」·「洛誥」·「召誥」之類, 實皆語士大夫也. 今子二體之說, 非但使聖人之經, 作一近世程文, 而意氣都死, 立論牽强, 拘攣至此, 則恐未易到超然地也."

84 李令翊, 『信齋集』 冊2, 「答虞臣」(a252_459c), "來書曰: '且夫僞作古文者, 是奸譎憸賊不吉之人, 豈有能作此義理甚好之文乎?'"

후세를 속이는 죄를 지은 사람으로 이러한 경향은 진나라와 송나라 때 불가와 도가를 비롯해 경전의 빠진 구절이나 시에서 부족한 부분을 채워 넣는 경우가 왕왕 있었다고 했다. 다만 진나라와 송나라의 학식이 어둡고 논리가 어긋나서 『상서』의 위작을 만들기 어려웠을 것이라고 말하는 사람도 있지만, 고경(古經)을 모방하고 성훈(聖訓)을 위배하는 것을 기피하지 않으면 논리가 다소 거칠긴 하지만 『상서』를 위작하는 경우에 이를 수 있다고 했다.[85]

⑨-1 이충익은 '맹자가 「무성」을 의심했다는 설'을 이영익이 의도적으로 취한 것으로 보고 『맹자집주』를 반복해 자세히 읽어보면 의견이 달라질 것이라고 했다.[86]

⑨-2 이영익은 이미 '血之流杵' 앞에 추가된 '前徒倒戈 攻于後以北'을 통해 [매색본] 고문이 위작임을 밝혔다. 맹자가 '仁者無敵'과는 배치되는 서술이라고 말한 '血之流杵'에 대해 이영익은 "접전을 벌여 서로 공격하지 않고 죽은 사람의 피가 방패를 떠내려 보내는 데 이르는 것과 천하의 지

---

85 李令翊, 『信齋集』 冊2, 「答虞臣」(a252_459c), "子信以爲奸譎者, 不能作義理語耶? 小序·孔傳, 則子亦必不敢不謂僞撰. 撰孔傳·小序者, 果不可作古文耶? 況古文皆掇拾經傳中名言節幻文句而裝成. 故今文則每演一義爲一篇, 古文則皆句句別義, 無一篇不然. 此有何難? 亦何以久瞞人哉? 且其僞作者, 後來誣世之罪, 果不容誅? 當初爲之之心, 亦非大奸譎, 不遇文士之好事者也. 晉·宋間此習甚熾, 仙佛百家僞文, 皆出此時. 如仙·佛之類, 尙欲爲僞. 況古經之缺者, 此輩人豈不欲補之乎? 補亡諸詩, 皆出此時, 其風習蓋可揣也. 或以爲晉·宋人學識茫昧, 論理甚齟齬, 必不能作此理. 到『書』, 此亦有未然. 古人意思汎濫, 立言, 皆信意直書, 未嘗依樣古經, 渠之見處如是, 則不以違倍聖訓爲嫌. 故其論理多蕪, 至於作僞經, 則不然. 徧採經書要語, 裝襲爲文, 而惟恐有一語違訓, 致人疑端, 理安得不正? 然若使一義演作長語, 如『庸』·『學』·『孟子』, 則亦必狼狽. 今每借他書一義理, 只作一二句, 何至於露其本狀乎? 是故不能效今文之一義爲一篇者, 恐語長則敗事耳."
86 李令翊, 『信齋集』 冊2, 「答虞臣」(a252_459c), "來書曰: '孟子疑「武成」之說, 意有可采矣. 有此反證, 心甚憮然. 請取『孟子集註』, 反覆細看, 容有不如此者. 至於荀子所謂「殺之者皆商人」云者, 尤是的證, 小註所云, 亦多可以破異疑者也. 必先去肚裏所橫着, 然後方可以看得耶?'"

극한 인자(仁者)가 아닌데 천하에 지극한 불인자(不仁者)를 정벌하는 것은 불가능한 일입니다. 어찌 인자가 불인자를 정벌한다는 뜻으로 죽은 사람의 피가 방패를 떠내려 보냈다는 말을 꾸짖을 수 있겠습니까?「무성」에서는 '서로 전투를 벌여 죽은 사람의 피가 흘러 방패를 떠내려 보냈다[相戰而血流杵].'라고만 말했기 때문에 맹자는 '믿을 수 없다[不可信].'라고 한 것입니다. 순자가 '상나라 사람이 죽였다[商人殺之].'라고 이해하여 '창을 거꾸로 쥐고 후미를 공격했다[倒戈攻後].'는 말은 본문이 아닙니다. 그렇지 않다면 '피에 떠내려간 방패[血之流杵]'는 무왕의 지극한 인(仁)함을 밝힐 수 있을 텐데 어찌하여 『상서』는 믿을 만하지 않다.'라고 했겠습니까?"라고 하여 다시 한 번 맹자가 보았던 「무성」에는 '血之流杵'만 있었고, 매색이 '仁者無敵'의 논리에 상응하는 서술을 추가했음을 밝혔다. 이에 따라 이영익은 이충익에게 『맹자』를 허심탄회하게 다시 읽어보고 「무성」에 대해 다시 판단하여 '『상서』를 믿을 수 없다.'라고 한 맹자의 본뜻을 생각해볼 것을 요청했다.[87]

⑩-1 그러자 이충익은 신대우의 말을 인용하며 자신의 견해를 펼치고

---

87 李令翊, 『信齋集』 册2, 「答虞臣」(a252_459c), "「武成」說, 吾所論頗瞭然. 子又執而不省乎? 吾亦嘗讀『孟子』矣. 諸說亦已看過. 所未達, 正在此耳. 吾不接戰而彼自相攻, 至於流杵, 非天下之至仁, 伐天下之至不仁, 未能也. 何爲執以仁伐不仁之義, 而責血流杵之辭也? 是必「武成」但言相戰而血流杵. 故孟子則謂不可信. 荀子則解以商人殺之, 倒戈攻後之語, 非本文也. 不然則其血之流杵, 益可彰武王之至仁. 安得直斷曰: '不如無書', 而若欲痛其失實誣聖, 而削去之者哉? 非至仁不能之事, 安有可啓後世不仁之心, 懼此而設戒乎? 欲戒時君殺伐, 則何患無辭? 乃苟且摘抉理好錄實之聖經, 反其本旨, 而脅責至此, 無以救人不仁之心, 而徒惹後世侮經之口實哉? 此必本文有大段害理, 不容不正者, 故不得已以不信爲言也. 若只出於雖有是事而不忍言之意, 亦有何難以固有是事者, 直曰'不可信, 非至仁不能者', 乃曰'至仁之伐, 不當有此'乎? 雖論小事, 不可偏激爽情至此, 況在聖經乎? 正己而正人, 孟子之恒言. 今橫論經旨, 妄言不信者己已, 輕薄艸率不正之甚也, 尙何戒人之不仁哉? 子試虛心讀『孟子』, 其果論今之「武成」之語乎? 看諸說, 設是言不忍言之解, 其果孟子不信書之本意乎? 此非曲爲婉辭, 而可以彌縫於『孟子』·「武成」之間者.「武成」若眞, 則孟子之學無足言, 吾則終有所不忍也."

자 했다.[88]

⑩-2 신대우의 말이 기록되어 있지 않아 정확한 내용을 알 수는 없지만 이영익은 신대우의 말이 농담에서 나온 것이라고 하며 이충익의 마지막 주장에 대해서도 반대했다. 그는 "고문이 세상에서 존귀하게 된 것은 오래되어 진짜 경(經)인데도 경이 아니라고 하면 나만 망령된 사람이 되지만 만약 경이 아닌데도 진짜 경이라고 말하면 천고의 여러 성인을 무함한 사람이 됩니다. 나는 차라리 망령된 사람이 되겠습니다."라고 하며 고문을 진짜 경문이 아니라고 보는 위작론자임을 분명히 밝혔다. 사실 이영익이 고문을 의심하게 된 것은 부친인 이광사가 문자로 검증한 것을 계승했기 때문이다.[89] 그렇지만 이영익 자신도 오역·채침·오징·주희·조여담(趙汝談)·진진손(陳振孫)·조맹부 등의 성과를 분석하여 다음과 같이 말했다.

주자가 의심한 것이 가장 많으니, 진(晉)나라 이전의 제유(諸儒)가 모두 보지 못한 것을 가장 의문으로 삼았다고 합니다. 이는 경(經)과 전(傳)이 모두 심각하게 의심할 만하다고 했음이 분명합니다. 오재로(吳才老: 오역)는 "증보한 『상서』는 작자가 한 명이 아니고 두 사람의 손으로 이루어져서 2개의 문체로 정해졌다."라고 했으니, 이 또한 맞다고 하기 어렵습니다. 채중묵(蔡仲默: 채침)은 "공안국은 착란되고 마멸된 나머지를 고정(考定)하여 도리어 쉬운 것만을 얻었다."라고 했으니, 이 역시 옳게 깨닫지 못한 것입니다. 오유청(吳幼淸: 오징)의 증거가 가장 명확합니다. 그는 "매색이 증보한 25편은 한 사람의 손에서 나온 것처럼 채집

---

88 李令翊, 『信齋集』 冊2, 「答虞臣」(a252_459c), "來書曰: '向與舊日日此云云.'"
89 李令翊, 『信齋集』 冊2, 「答虞臣」(a252_459c), "與舊日所言, 出於戲語, 則宜其不能相肯也. 愚竊謂: '古文之尊於世久矣. 果眞經而疑非經, 則不過吾作妄人而止. 若或非經而言眞經, 則誣千古幾聖人也. 吾寧自作妄人耳.' 古文之疑, 當初家親只就文字中勘證而已."

되고 보철되어서 비록 한 글자도 근본하는 바가 없지는 않으나 평완(平緩)하고 비약(卑弱)해서 전한 이전의 글과는 대단히 다르다. 천년의 고서가 가장 늦게 나왔으나 자획에 조금의 오탈도 없고 문세(文勢)에 조금의 어긋남도 없으니 또한 대단히 의심스럽지 않은가?"라고 했는데, 이 말이 가장 정확하고 절실합니다. 또한 주자 문하의 조여담은 『남당서설(南塘書說)』을 찬술하여 5개 조항으로 고문이 진서가 아니라고 의심했습니다. 진씨(陳氏: 진진손)는 "주문공(朱文公: 주희)도 의심했으나 이와 같이 결정하지는 못했다."라고 했습니다. 조자앙(趙子昂: 조맹부)은 『서해(書解)』를 지어 처음으로 금문과 고문을 다른 책으로 나누어 고문이 위작임을 변증했습니다. 이렇게 두 조씨의 설은 분명히 볼 만한 것이 많았겠지만, 지금은 볼 수가 없습니다. 지금부터 천년 뒤에 호걸지사가 배출된다면 이러한 설은 끝내 크게 유행할 것입니다. 아! 어찌 기대하지 않을 수 있겠습니까?[90]

이영익은 원·명대 주자학자들의 설에 따라 고문 위작설을 긍정했으며, 특히 이 가운데 "매색이 증보한 25편은 한 사람의 손에서 나온 것 같지만, 평이하여 전한 이전의 글과는 다르며, 고문이 가장 늦게 발굴되었는데도 오탈자가 없고 어긋나는 문세가 없으니, 매우 의심스럽다."라고 한 오징

---

90 李令翊, 『信齋集』 冊2, 「答虞臣」(a252_459c), "近考古人所論, 朱子所疑甚多, 而其以晉以前諸儒皆未見爲可疑之甚者, 明是並經與傳皆謂甚可疑也. 吳才老曰: '增多之書, 作者不一, 乃至二人之手, 而定爲二體.' 其亦難言. 蔡仲默曰: '安國考定錯亂磨滅之餘, 反專得其所易', 則又不可曉者. 吳幼淸之證据, 寂多明的. 而其曰: '梅賾所增二十五篇, 辭製如出一手, 采集補綴, 雖無一字無所本, 而平緩卑弱, 殊不類先漢以前之文. 夫千年古書, 寂晚乃出, 而字畫畧無脫誤, 文勢畧無齟齬, 不亦大可疑乎?' 此言寂精切. 又朱門趙汝談撰 『南塘書說』, 疑古文非眞者五條. 陳氏以爲 '朱文公嘗疑之, 而未若此之決'. 趙子昂作 『書解』, 始分今古文爲異卷, 以辨古文之僞. 二趙之說, 必多可觀, 今無以得見矣. 然是非之公, 終不可泯如此. 竊謂繼今千載上下, 若得豪傑之士輩出, 則此說終能大行. 嗟乎! 安可望乎?"

의 설이 가장 명확하다고 보았다. 또한 그는 호승심을 버리고 편견 없이 글을 읽으면 고문 위작설에 동의하게 될 것이며, 이 설이 널리 받아들여질 것이라고 보았다. 신대우 역시 처음에는 「대우모」 등 여러 편을 아주 좋아했기 때문에 고문을 진서로 여겼으나, 이영익의 논변을 듣고 고문이 위작임을 믿게 되었다고 했다.[91]

이영익은 이충익도 신대우처럼 호승심을 버리고 편견 없이 글을 읽어 고문에 대한 집착을 버려야 한다고 주장한 것이다. 여러 조목을 통해 큰 의문을 제기한 이영익의 논변에도 불구하고 이충익은 변증을 통한 반론이 아니라 『고문상서』의 의리가 좋다는 이유를 들어 고문을 옹호했다. 그러나 그런 이충익도 결국 "나도 일찍이 [고문을] 의심했습니다."라고 했고, 이에 대해 이영익은 "나와 그대가 결코 부합하지 않음이 없으니 정말 다행입니다."라고 했다.[92]

이영익이 죽은 후에 이충익은 두 사람 사이에 벌어졌던 『고문상서』 진위 논쟁에 대해 서술하며 "선생은 『상서』 고문을 가짜라고 의심했지만 충익은 그렇지 않다고 여겼다. 선생께서 왕복하여 심하게 논변하고 힐문하자 충익이 마침내 승복했다."라고 했는데, 결국 이들의 의견은 합치되었다고 할 수 있다.[93] 사실 이영익은 처음에 『고문상서』 몇 구절에 대해 의

91　李令翊, 『信齋集』 冊2, 「答虞臣」(a252_459c), "今吾黨之有志篤古者, 未有不沛然相契. 盖不置勝心, 平讀其文, 則自當渙悟矣. 記昔初見響日而言此, 彼方篤好禹謨諸篇, 聞而大駭, 故啓端卽止矣. 後數年更逢, 則排斥古文, 殆欲過我. 其虛心勇決, 肯聽人言之難及如此. 吾謂一二同志, 皆無異辭."

92　李令翊, 『信齋集』 冊2, 「答虞臣」(a252_464c), "然區區前書, 言大疑之斷不可置者, 其條亦多. 子皆不辨說, 只執其義理之好, 騁數百千字雄辯. 豈因愚迷之說, 不足計較而然耶? 豈雖劋堯稗談, 猶有默契者, 故持說久而難遽改, 則空虛中說出義理之好, 而下又言'吾亦嘗疑之', 以爲左右佩劍出沒兩端之私乎? 然則吾與子更無不合, 幸甚幸甚."

93　李忠翊, 『椒園遺稿』 冊2, 「從祖兄信齋先生家傳」, "先生疑『尙書』古文之贗, 忠翊不然. 先生往復辨詰甚苦, 忠翊遂服."

심을 품었을 뿐인데, 이충익이 『고문상서』를 의심하지 않자 논변이 벌어지고 본격적으로 연구를 진행하게 되었던 것이다. 다만 고문을 위서라고 주장한 이영익 역시 그 의리를 좋아하여 고문을 빼놓고 읽지 않았던 것은 아니다.[94]

이영익은 금문과 고문의 의리를 비교하여 "금문의 글은 대부분 고질(古質)하면서도 저어(齟齬)하여 내 얕은 생각으로는 알기 어려운데, 읊어보고 잘 생각해보면 저절로 사람을 슬픔과 간절한 감정을 일으켜 사지를 춤추게 합니다. 반면 고문은 글자마다 뜻이 정밀하여 애초에 금문과 비교할 바가 아니었지만 어느 한 편도 간절하고 측은해서 감동을 주는 것 없이 사람들의 의식을 삭막하고 권태롭게 합니다. 아마도 여러 경전의 격언과 정수를 채집하고 꾸며서 구절을 만들었기 때문일 것입니다."라고 했다.[95] 금문의 경우 문장이 예스러우면서도 질박하긴 하지만 정밀하지 못해 잘 알기는 어려운데 곱씹어보면 감동이 있지만, 고문의 경우 글자마다 뜻이 정밀하지만 한 편의 의리가 감동을 주지는 못한다고 한 것이다. 그 이유는 여러 경전에서 격언과 정수를 채집해 고문을 만들어냈기 때문이라고 보았다.

아울러 '복생이 『상서』를 벽 속에 감춘 일'은 복생과 거의 같은 시대의 인물인 사마천이 기록한 『사기(史記)』에 수록되어 있으므로 믿을 수 있지만, 공안국보다 천 년 뒤에 나온 매색의 글을 공안국의 『상서』로 믿을 수는 없다고 했다. 복생이 『상서』를 외워서 전하면서, 금문에 수록된 어렵

---

94 李令翊, 『信齋集』 冊2, 「答虞臣」(a252_464c), "夫區於古文, 亦只疑之耳. 吾始疑子不疑, 故有言. 今聞子亦疑, 疑豈有兩事? 至於義理, 則吾亦好之. 吾雖疑古文之非眞, 非敢削去不讀, 讀今文則必讀古文, 遇格言則銘心不忘. 子之疑之而好其理也, 亦必不過如此."

95 李令翊, 『信齋集』 冊2, 「答虞臣」(a252_464c), "今文說理, 多古質齟齬, 難以淺意測知, 而吟詠玩繹之際, 自令人感發悲懇, 溢心志而鼓四體. 古文則字字精義切人, 初非今文之比, 無一篇懇惻感動, 自令人意思索然怠勸. 夫旣盡採合諸經格言精髓, 幻裝作句."

고 까다로운 문장이 많은 부분은 전부 외우고, 고문에 수록된 평이하고 이치가 맞는 문장은 외우지 못했다는 것은 사리에 어긋나기 때문이다.[96]

또한 고문을 받아본 사마천, 교정한 유향, 주를 달았던 정현, 공벽(孔壁)의 서체로『설문(說文)』을 지었던 허신(許愼)이 모두 [위고문] 25편을 보지 못했는데, 이 글을 황보가에서 비밀스럽게 여러 대 동안 전하다가 매색에 이르러 처음으로 나왔다는 설명에 대해서도 의문을 제기했다.[97] 이상의 논의는 이영익이 고문을 위서라고 주장하는 주요 이유이다.

구체적으로 이영익은 문장을 통해 고문이 위작임을 주장했는데, 금문은 다른 책에서 변환하여 잡출한 것이 없지만, 고문은 이런 것이 한두 군데가 아니라서 매우 졸렬하게 느껴진다고 했다.[98] 이영익은「탕고」는『논어』「요왈(堯曰)」편을 통해,「중훼」는『순자(荀子)』「요문(堯問)」편을 통해,「대우모」는『장자(莊子)』「천도(天道)」편을 통해 고문이 다른 책에서 변환하고 잡출하여 졸렬한 것임을 증명했다.[99]

---

96 李令翊,『信齋集』冊2,「答虞臣」(a252_464c), "伏生壁藏之蹟, 詳載太史. 太史與伏生殆並時, 豈不可信? 後安國千年之梅生書, 子且欲信爲安國之眞, 與伏生並時之司馬記, 子不欲信耶? 且雖曰誦傳, 其盡誦齟險齟齬文多之篇, 而於平易理好文少者, 一不能誦, 是反人情而倍事理者, 則前書已言."

97 李令翊,『信齋集』冊2,「答虞臣」(a252_464c), "太史之受古文, 劉向之校古文, 鄭玄之註古文, 許愼之以孔壁書作『說文』, 皆獨不見二十五篇, 二十五篇獨爲皇甫家私寶, 默默數傳, 至梅子始發, 豈不大可異乎?"

98 李令翊,『信齋集』冊2,「答虞臣」(a252_464c), "今文書則見他書者, 無一如是幻異雜出者, 而古文則此類不可悉記."

99 李令翊,『信齋集』冊2,「答虞臣」(a252_464c), "類聚太甚, 亦多未免露拙者. 始擧三處以證之.『論語』所載, 予小子履一段, 多見於諸子, 乃湯桑林禱天請罰, 而不以一己累萬方之辭也. 乃載「湯誥」, 而難合則乃作告天告民, 只使『論語』所載, 不成文理. 此其露拙一也. 荀子錄中虺之言曰: '諸侯自爲得師者王, 得友者覇, 得疑者存. 自爲謀而莫己若者亡.' 奈何荀子引書文並無誤, 而獨於「仲虺誥」, 則'將能自得師者王, 謂人莫己若者'之二句, 贅作此多語也? 此豈非本不出「尙書」者, 徒幸其爲仲虺之言, 而採節爲二句乎? 其中尤有可笑者, 荀子此文之下, 卽有周公'彼其自用, 所以褻小'之語, 則因作'好問則裕, 自用則小'二句. 夫合『荀子』一處所載仲虺・周公之言而爲一文者, 豈非見『荀子』而作乎? 此其露拙二也.『莊子』堯・舜問

다만 이영익은 고문의 의리와 구절은 성현의 글에서 나온 것이기 때문에 그 말이 선하지 않음이 없다고 생각했다.[100] 그는 단지 고문이 성인의 손에서 나오지 않았다는 것을 변증하고자 했을 따름이다.[101]

지금까지 이영익과 이충익의 『고문상서』 진위 논쟁에 대해서 살펴보았다. 처음에 이영익은 고문 몇 구절에 의문을 품고 위작을 의심했지만, 이충익이 고문의 의리가 좋기 때문에 진서로 볼 수 있다는 주장에 반론을 제기하며 논변이 시작되었다. 이영익은 「금등」・「무성」의 내용을 분석하고, 「탕고」・「중훼」・「대우모」의 문장을 분석했으며, 이외에도 여러 근거를 들어 고문 위작설을 주장했다. 결국 이충익이 이영익의 의견에 동의하면서 이 논변은 마무리되었다. 앞서 언급한 바와 같이 이영익은 부친인 이광사의 고문 위작설을 계승했으며, 이충익과 마찬가지로 「대우모」 등 고문의 의리가 좋아 진서로 인식하고 있던 신대우에게 영향을 주어 위작설을 수용하게 했다. 이후 신대우의 학설은 아들 신작에게 계승되었고, 정약용과의 논변으로 이어지게 되었다. 아래에서는 이와 관련된 내용을 서술하도록 하겠다.

答虞誕辭中, 有'堯曰:「吾不教無告, 不廢窮民」'二言, 稍近理, 則便採入「大禹謨」, 爲替堯語. 可謂竭於求夏唐虞文矣. 此其露拙三也."

100 李令翊, 『信齋集』 冊2, 「答虞臣」(a252_464c), "古文義句所出之聖賢, 果皆言無不善矣."
101 李令翊, 『信齋集』 冊2, 「答虞臣」(a252_464c), "區區所言, 只辨其非出聖手而已."

3. 하곡학의 변용: 신작과 정약용의 경학 논쟁

이번에는 하곡학파 내부인인 신작(申綽, 1760~1828)과 외부인인 정약용(丁若鏞, 1762~1836) 사이에 있었던 논쟁에 대해서 살펴보겠다. 1818년에 유배 생활을 마치고 고향으로 돌아온 정약용은 소천에서 살고 있었고, 이곳은 신작이 살던 사촌과는 20리쯤 떨어져 있었다. 이들은 1819년부터 남한강 물길을 따라 서로의 집을 오가며 교류했다.

> [순조] 19년.【기묘년. 공의 나이 60이다.】[…] 9월에 정령(丁令)〈정약용〉의『상례사전(喪禮四箋)』과『상서평(尚書平)』에 첨(籤)을 붙여 보냈다.【정령(丁令)의 이름은 약용(若鏞)이다. 서적에 해박하고 담론을 잘했다. 유배 수십 년에 저서 100권이 있었다. 돌아와 이곳에서 20리 떨어진 소천에서 살고 있었는데, 이때 찾아왔다. 이어서 자신이 편찬한『상례사전』과『상서평』을 보내 공에게 질정해주기를 청했고, 공은 첨지를 붙여 보냈다. 이후 자주 왕래하고 빈번하게 편지를 주고받으며, 토론한 것이 많았다.】[102]

정약용이 귀양에서 돌아온 직후인 1819년부터 시작된 이들의 교유는 신작이 세상을 떠나는 1828년까지 약 10년간 이어지면서 서로의 학문에 깊은 영향을 미쳤다. 정약용이 유배 기간 동안 저술한『상례사전』과『상

---

102 申綽,『石泉遺集』後集 卷8,「日乘」, 純祖 19年, "十九年【己卯, 公年六十.】, […] 九月籤送丁令『喪禮四箋』·『尚書平』.【丁令, 名若鏞, 博書籍, 善談論. 謫居數十年, 有著書百卷. 來在苕川二十里地, 是時來訪, 繼送所繕『喪禮四箋』·『尚書平』, 請公斤正. 公籤付以送. 于後, 往來源源, 赫蹄聯翩, 多所同難焉.』"

서평』을 시작으로 이들은 예학과 경학에 대한 다양한 의견을 주고받 았다.

1819년 8월 초 정약용은 신작의 집에 들러 유배 기간 동안 공부한 내용에 대한 이야기를 나누었다. 그해 8월 21일에 정약용은 자신의 저작인 『상례사전』을 가지고 신작의 집을 다시 방문하여 상례에 대한 논의를 진행했고, 신작 역시 자신이 편찬한 『시차고』를 보여주었다. 신작은 이튿날인 8월 22일에 이때 있었던 일을 형 신진에게 편지를 보내 상세히 설명했다.

이 편지에서 신작은 "그는 『장구(章句)』의 글에 집착하는 무리가 아니었으며, 재주가 뛰어났습니다. 글도 얻어 보니, 주소(注疏)에 매우 정밀하여 친구들 중에 그보다 나은 사람은 없을 듯합니다. 어제[21일] 그가 찬술한 예서(禮書) 7책(『상례사전』)을 가져와 보여줘 꼼꼼히 따져보니, 소견이 명확할 뿐만 아니라 문장도 마음대로 섬창(纖暢)하여 굽힘이 없으며 조례(條例)도 정밀하니, 쉽게 얻을 수 있는 사람이 아니었습니다."라고 할 정도로 정약용의 학문을 높이 평가했다. 정약용 역시 『시차고』를 보고 매우 좋아하며 "우리나라에 이와 같은 책은 없습니다."라고 하면서 신작의 학문적 능력을 높이 평가했다.[103]

편찬하신 예론(禮論) 7책(『상례사전』)을 보여주시니, 이것은 전에 없던 것입니다. 반복해서 읽어보아도 싫증이 나지 않아 밤에 촛불을 켜고 아우[신현]와 마주 앉아 서로 감탄해 마지않았습니다. 비록 온축된 깊은

---

[103] 申綽, 『石泉遺集』 後集 卷3, 「上伯氏」, "己卯 […] 日前, 牛川丁承旨, 適過去歷入. 自言, 謫居十九年, 無他事, 專意經籍. 聽其言, 多所開發. 非復『章句』守文者之比, 才旣聰穎, 文亦得之. 於注疏, 極爲綜纖, 知舊中似無出其右者. 昨日, 以其所撰禮書七冊, 來示相質. 不但所見之明透, 文亦從心纖暢不屈, 條例整密, 甚是不易得之人. 見『詩次故』, 以爲大好東國無此書, 還可笑也.【(己卯)八月十二日.】"

표 4 | 신작과 정약용이 주고받은 간찰[104]

연번	작성 시기	발신자	수신자	출전	주제
정-1	1819. 9	정약용	신작	『여유당전서』 권20 「答申在中【綽○己卯九月日】」	예설
정-2	1819. 11	정약용	신작	『여유당전서』 권20 「答申在中【己卯十一月日】」	벽괘설
정-3	미상	정약용	신작	『여유당전서』 권20 「與申在中」	6향제
정-4	1822. 6. 10	정약용	신작	『여유당전서』 권20 「答申在中【壬午六月十日】」	6향제
정-5	1822. 6. 13	정약용	신작	『여유당전서』 권20 「答申在中【壬午六月十三日】」	6향제
정-6	1822. 6. 23	정약용	신작	『여유당전서』 권20 「與申在中【壬午六月二十三日】」	6향제
정-7	미상	정약용	신작	『여유당전서』 권20 「與申在中」	기타
신-1	1819. 8	신작	정약용	『석천유집』 후집 권6 「答丁承旨【己卯八月】」	예설
신-2	1819. 9	신작	정약용	『석천유집』 후집 권6 「答丁承旨【己卯九月】」	예설
신-3	미상	신작	정약용	『석천유집』 후집 권6 「答丁承旨」	예설
신-4	미상	신작	정약용	『석천유집』 후집 권6 「答丁承旨」	예설
신-5	1819. 10	신작	정약용	『석천유집』 후집 권6 「答丁承旨【己卯十月】」	고문상서
신-6	1819. 11	신작	정약용	『석천유집』 후집 권6 「答丁承旨【己卯十一月】」	고문상서
신-7	1821. 9	신작	정약용	『석천유집』 후집 권6 「答丁承旨【辛巳九月】」	안부
신-8	1821. 9	신작	정약용	『석천유집』 후집 권6 「答丁承旨【辛巳除日】」	벽괘설
신-9	1822. 6	신작	정약용	『석천유집』 후집 권6 「答丁承旨【壬午六月】」	안부
신-10	미상	신작	정약용	『석천유집』 후집 권6 「答丁承旨」	6향제
신-11	미상	신작	정약용	『석천유집』 후집 권6 「答丁承旨」	안부
신-12	1824. 4	신작	정약용	『석천유집』 후집 권6 「答丁承旨【甲申四月】」	벽괘설
신-13	1825. 7	신작	정약용	『석천유집』 후집 권6 「答丁承旨【乙酉七月】」	안부
신-14	1825. 11	신작	정약용	『석천유집』 후집 권6 「答丁承旨【乙酉至月】」	안부
신-15	1826. 4	신작	정약용	『석천유집』 후집 권6 「答丁承旨【丙戌四月】」	안부
신-16	미상	신작	정약용	『석천유집』 후집 권6 「答丁承旨」	고문상서
신-17	미상	신작	정약용	『석천유집』 후집 권6 「答丁承旨」	안부
신-18	미상	신작	정약용	『석천유집』 후집 권6 「答丁承旨」	고문상서
신-19	미상	신작	정약용	『여유당전서보유』 2책 「石泉書」	고문상서

---

[104] 이 표는 정약용·신작 저, 실시학사경학연구회 편역, 『다산경학자료역편 3. 茶山과 石泉의 經學論爭』(한길사, 2000)에 번역된 자료를 참고하여 작성했다. 신작과 정약용이 주고받은 26편의 간찰은 육향제(5편), 고문상서(5편), 벽괘설(3편), 예설(5편), 안부(7편) 등이

뜻은 이해하지 못했지만, 그 조목의 상세하고 완비됨, 그리고 고증의 해박함과 논리의 명쾌함은 살펴볼 수 있었습니다. 오늘날 어디에서 이렇게 세심하고 정밀한 작업을 볼 수 있겠습니까? 거듭 흠양하고 칭송할 따름입니다. 비록 아는 바 없지만, 만약 의견이 있으면 저의 어리석고 망령됨을 헤아리지 않고 다만 응답하겠습니다. […] 근래 정신이 거칠어지고 시력이 약해져서 평소에는 쉽게 이해하던 것도 반드시 여러 차례 반복해서 읽어야만 비로소 이해할 수 있습니다. 열흘 안에 돌려보내주었으면 하는 뜻을 받았는데, 너무 급한 건 아닐까요? 책이 여기 있는 것은 외부(外府)에 있는 것과 같습니다. 부디 너그럽게 이해해주시기 바랍니다. 이만 줄이겠습니다.【1819년 8월】[105]

정약용은 신작에게 『상례사전』과 『상서평』을 보내 의견을 물었는데, 먼저 신작은 자신의 아우 신현과 함께 『상례사전』을 읽고 나서 조목의 상세하고 완비됨, 고증의 해박함, 논리의 명쾌함에 감탄하게 되었다. 정약용은 『상례사전』을 열흘 안에 돌려달라고 했지만, 신작은 여러 차례 반복해서 읽어야만 비로소 이해할 수 있다고 하면서 기한을 연장해달라고 했고, 결국 9월 초에 자신의 의견 37개를 첨지에 붙여 돌려보냈다. 다음은 신작이 『상례사전』을 돌려보내면서 정약용에게 보낸 편지와 형 신진에게 보낸 편지이다.

주요 내용을 이룬다. 한편 이 표에 제시한 간찰의 번역은 위 자료를 참고하여 필자가 재번역했음을 밝힌다.

105 申綽, 『石泉遺集』 後集 卷6, 「答丁承旨」, "況復垂示所撰禮論七冊, 玆所謂得未曾有. 披覽未厭, 繼以宵燭, 與舍季對坐, 互相嘆嗟, 不能自已. 雖未及探索蘊奧, 槪審其條例詳整, 博考明辨. 今世何處得見此細心密工耶? 欽誦欽誦. 雖無所知, 如有所見, 不揆愚妄, 但以情應. […] 但年來心麤視鈍, 尋常所易曉者, 亦必屢圭復而乃通. 今承敎意, 欲於十日內了送, 無乃太遽耶? 書之在此, 猶外府也. 幸寬之. 不備.【己卯八月.】"

『상복사전(喪服四箋)』(『상례사전』)을 이제야 한 번 다 읽었습니다. [이 책을] 보여주신 뜻에 억지로라도 부응하려고 잘못된 곳을 찾아내보려고 했지만, 결국 학식이 부족한 사람이 흠잡을 수 있는 것이 아니었습니다. 겨우 몇 군데 첨지를 붙여놓았시만, 고명하신 분께서 선택한 것에 대한 쓸데없는 논의일 것이니, 보시는 대로 없애버리는 것이 어떻겠습니까? 이 책은 송나라 이후의 예론 가운데 비견될 만한 것이 없는 듯하니, 영구히 세상에 전해서 사라지지 않도록 해야 할 것입니다. 읽기를 이미 마쳤으므로 감히 오래 두고 있을 수 없어 이에 문부(文府)〈귀댁〉로 돌려보내드립니다.【1819년 9월】106

정령(丁令: 정약용)의 예설(禮說)(『상례사전』)을 한 번 죽 읽어보니, 근거가 정확하고 분류가 분명하며, 문장도 위진(魏晉) 사이의 예설과 주소(注疏)에서 추출하여 볼 만한 것이 많았습니다. 근래 예를 논하는 자들은 이에 미치지 못할 것입니다. 다만 선배들을 가볍게 비난하고, 자기 견해를 세우는 병이 있습니다. 제게 전(箋)을 붙여달라고 하여 전을 약간 붙여서 보냈습니다. 이런 것이 세 갑(匣)이나 있으며, 이외에도 남쪽에서 저술한 경설(經說)이 모두 100여 권이나 된다고 합니다.【1819년 9월 8일】107

---

106 申綽,『石泉遺集』後集 卷6,「答丁承旨」,"『喪服四箋』纔已覽下一通. 非不欲吹覓疵謬, 強副垂示之意, 而終非寡陋所可雌黃. 雖有如干籤付, 當是高明揀擇之餘食贅論, 覽卽扯去之, 如何? 大抵此書, 宋以後禮論, 更無此倫比, 終當傳世永久, 磨滅不得也. 盥讀已畢, 不敢久留, 玆以賫納文府耳.[…]【己卯九月】"

107 申綽,『石泉遺集』後集 卷3,「上伯氏」,"丁令禮說, 覽過一通, 而根據的確, 分數綜明, 而文亦出於魏晉間禮說及注疏, 多可觀. 近來言禮者, 當無此比. 但有輕非先達, 自立己見之病. 要此斤籤, 故若干籤付以送. 而似聞如是者又三匣, 此外南中所得經說, 洽爲百餘卷云.【(己卯)九月八日】"

신작은 이 편지에서 『상례사전』에 수록된 '참최삼년(斬衰三年)', '계조불계(繼祖不繼)', '사종설(四種說)' 등 37개 부분에 첨지를 붙여 자신의 의견을 전달했는데,108 "의리가 이미 분명하고 성숙하며, 문장 또한 마음에 있는 대로 나와서 읽는 것이 명쾌하니, 평소에 정밀하고 익숙하게 강구하지 않았다면 이러한 경지에 이를 수 없었을 것입니다."109라고 하거나 "이 구절 이하는 지나치게 사람을 핍박하고 있습니다. 그러나 논리가 이미 분명하므로 결국 깨뜨릴 수가 없습니다."110라고 하는 등 정약용의 고증과 논리를 인정하면서도 지나치게 비판적인 문장에 대해서는 경계의 뜻을 분명히 했다.

정약용은 답장을 통해 "보내온 편지에서 충고해주신 것은 모두 병통을 정확히 지적한 것들입니다. [⋯] 설령 제 주장 가운데 취할 만한 것이 있다고 하더라도 태도와 문투가 패만함을 면치 못했으니, 그대로 두면 죄만 더하게 될 뿐입니다. 이를 어찌하면 좋겠습니까? 버리자니 애석함이 있어 진실로 어떻게 처리해야 할지 모르겠습니다. [⋯] 보내온 편지에서 제 문투가 공손하지 못하다고 지적해주신 부분은 빼거나 고치겠습니다."라고 하여 혹독한 비판의 어조는 순화시키겠다고 했다.111 다만 정현의 설을 근거로 한 신작의 비판에 대해서는 받아들일 수 없다는 뜻을 분명히 했다. 이후로도 신작과 정약용은 자주 왕래하고 편지를 주고받으며 토론을 진

---

108 申綽, 『石泉遺集』 後集 卷6, 「答丁承旨」.
109 申綽, 『石泉遺集』 後集 卷6, 「答丁承旨」, 7條目, "義旣明熟, 文亦從心, 讀之爽然, 非素講精熟, 無以到此地位."
110 申綽, 『石泉遺集』 後集 卷6, 「答丁承旨」, 9條目, "籤曰: '此以下, 太咄咄逼人. 然分數旣明, 卒不可破.'"
111 丁若鏞, 『與猶堂全書』 文集 卷20, 「答申在中【綽○己卯九月日】」, "來喩箴砭, 竝皆中病. [⋯] 設令立意間有可取, 動容貌出辭氣, 不免悖慢, 則留之適以增其罪孼, 將若之何? 棄之則猶有可惜, 誠不知所以爲計也. [⋯] 來諭唯其詞氣不恭者, 則謹當刪改耳."

행했다.¹¹²

『(매씨)상서평』에 대해서는 『상례사전』 이후에 검토가 진행되었다. 신작은 1819년 9월에 정약용에게 보낸 편지에서 "최근 편지에는 조목마다 첨지를 붙여 답장을 드렸으나, 『매씨상서평』에 대해서는 마침 작은 일이 생겨 책을 볼 겨를이 없었으니, 조금 여유가 생기면 열람하고 돌려드리겠습니다."라고 했고, 10월이 되어서야 『(매씨)상서평』에 의견을 달아 보내주었다.

신작은 정약용의 『(매씨)상서평』에 대해서도 『상례사전』과 비슷하게 평가했다. 신작은 9월 18일에 형 신진에게 편지를 보내 "정령(정약용)이 편찬한 『(매씨)상서평』은 대개 『고문(상서)』이 잘못되었다고 말하면서 조목조목 변난(辯難)함이 혹리(酷吏)보다 심합니다. 그러나 제시한 증거가 엄밀하므로 없어서는 안 되는 책입니다."라고 했다.¹¹³

『(매씨)상서평』 역시 제시한 증거가 엄밀하므로 없어서는 안 되는 책이라고 보았지만, 변란의 심함에 대해서는 비판한 것이다. 신작은 기본적으로 정약용의 고증 능력은 인정하지만 혹독한 비판과 자신의 의견을 내세우는 점에 대해서는 고칠 필요가 있다고 생각했다. 『고문상서』와 관련해서 신작 역시 『고문상서』 위서설은 인정했으나 정약용과는 조금 차이가 있었다. 다음은 신작이 정약용의 『(매씨)상서평』을 보고 나서 보낸 편지이다.

『(매씨상)서평』을 일전에 처음으로 끝까지 다 보았더니, 이 또한 없어서는 안 될 훌륭한 책이었습니다. 이 책을 읽으니 기쁘고 상쾌하여 오

112　申綽, 『石泉遺集』 後集 卷8, 「日乘」, 純祖 19年.
113　申綽, 『石泉遺集』 後集 卷3, 「上伯氏」, "丁令所撰『尙書平』, 蓋言古文之非, 而逐條辨難, 甚於酷吏, 證援亦淹覈, 不可無之書也.【(己卯)九月十八日】"

랜 체증이 풀렸습니다. 다만 매색과 모기령에 대해서는 이미 잘못을 따져 바로잡았고 말도 준엄하게 하기를 마다하지 않았으니, 여타 사람들에 대해서는 마땅히 너그러운 마음으로 보아야 할 것 같아 사이사이에 저의 뜻을 첨지로 붙여두었습니다.【1819년 10월】[114]

『상서고훈(尙書古訓)』은 제목만으로도 이미 아름답습니다. 이 책을 완성하는 데 도움을 얻고자 보내주려는 뜻을 전해오시니, 저를 알아주고 사랑해주는 정을 매우 고맙게 생각합니다. 빨리 가져와 보고 싶지만, 『상례사전』에 대한 작업도 마치지 못했는데, 또 무엇인가 들음이 있을까 두렵습니다. 이 작업이 끝날 때까지 기다려 따로 사람을 보내 가져오기를 부탁하는 바입니다.【1819년 11월】[115]

신작은 정약용에게 자신의 의견을 전달하기 위해 『매씨상서평』에 첨지를 붙여 보내주면서 『매씨상서평』의 가치를 인정하는 바이나 이미 매색과 모기령에 대한 비판은 충분히 이루어졌으므로 이들에 대한 혹독한 비판은 수정하기를 요청했다. 그렇다면 정약용은 『고문상서』를 어떻게 생각했을까?

정약용은 1818년 귀양에서 돌아온 후 지은 「자찬묘지명(自撰墓誌銘)」에서 "매색본 25편은 위서이다. 『사기』·『전한서(前漢書)』·『후한서(後漢書)』 및 『진서(晉書)』·『수서(隋書)』의 「유림전(儒林傳)」과 「경적지(經籍志)」를 상고해

---

[114] 申綽, 『石泉遺集』 後集 卷6, 「答丁承旨」, "書平, 日前, 始盡究覽. 盖亦不可無之書. 讀之喜快, 滯悶爲釋. 但梅·毛業已駁正, 辭不厭峻, 餘人理宜蘊藉, 間以愚意籤付耳. […]【己卯十月】"

[115] 申綽, 『石泉遺集』 後集 卷6, 「答丁承旨」, "尙書古訓, 題目已佳. 承欲投示助成書故, 深荷知愛之眷. 亟欲取見, 但『四箋』旣未卒業, 唯恐有聞. 待看了, 當專人仰請耳. […]【己卯十一月】"

보면 그것이 위작임이 분명하여 (『상서』에서) 축출하지 않을 수 없다."라고 했다.[116] 정약용은 기본적으로 『고문상서』 25편을 매색의 위서로 보는 입장이었고, 이에 따라 자료를 정리해나갔다. 그는 강진 유배 중에 『상서』를 읽고 선유들의 설을 정리한 뒤 자신의 설을 덧붙여 『매씨상서평』(1810), 『고훈수략(古訓蒐略)』(1810), 『상서지원록(尙書知遠錄)』(1811)을 연이어 편찬했다.

옛날 다산에 있을 때 내가 『상서』를 읽다가 매색이 『고문상서』를 위조한 부분을 가지고 논저한 것이 있는데, 그것은 『상서평』으로 모두 9권이었다. 이어 다시 [복생의] 벽중진본(壁中眞本) 28편을 살피고 구양생(九陽生)·하후(夏侯: 하후승과 하후건)·마융·정현의 설을 모은 것이 『고훈수략』이다. 그다음 매색·채침의 설을 가지고 고훈과 대조하고 나의 의견을 덧붙인 것이 『지원록(知遠錄)』이다. 이 세 책은 모두 유배 중에 편찬한 것이라서 [참고할] 서적이 적어 빠뜨린 것이 매우 많았다. 또한 작은 것 하나라도 새로 발견하면 그 논증한 부분을 득의양양하게 뽐내어 그 말투가 매우 건방지고 불손했다. […] 지금 『매씨상서평』에서 경박한 말은 삭제했다. 이어서 『상서지원록』을 조목조목 나누어 『상서고훈』에 덧붙여 넣어 한 권의 책으로 합쳤다. 그 가운데 근거 없는 글과 사리에 어긋난 말은 모두 솎아내고 심하지 않은 것은 남겨놓으려 한다. 후세 사람들에게 내가 이러한 사람이라는 것을 알리려는 것일 뿐이다. 『상서고훈』과 『지원록』 두 책을 합친 것인데, 여전히 『상서고훈』으로 이름한 것은 새로운 견해를 덧붙이기는 했지만 고훈이 주가 되기 때문이다. 【1834년 봄 열상산방에서】[117]

116　丁若鏞, 『與猶堂全書』 文集 卷16, 「自撰墓誌銘【集中本】」, "其爲 『書』 則曰: '梅賾二十五篇, 僞也. 考 『史記』·兩 『漢書』 及 『晉』·『隋書』 「儒林」 「經籍之志」, 而其僞顯然, 不可以不黜也.'"

117　丁若鏞, 『與猶堂全書』 第二集經集第二十一卷 ○ 尙書古訓序例, 「尙書古訓知遠錄合編序

정약용은 1810년에 매색이『고문상서』를 위조한 부분에 대해『매씨(상)서평』9권으로 편찬했고, 이어『고훈수략』6권으로 편찬했다. 그는『매씨(상)서평』에서 치밀한 분석과 해박한 고증, 분명한 논리로 매색과 모기령의 학설을 깨뜨렸다.[118] 또『고훈수략』을 편찬하면서 공영달의『상서정의』및 다른 경전의 주소에 수록된 구양생·하후승·하후건·마융·정현의 학설을 인용한 부분을 모으고,『사기』와『설문』에 수록되어 있는『상서』의 문

說」, "昔在茶山, 余讀『尚書』, 執梅贗僞案, 有所論著, 曰『梅氏書平』, 凡九卷. 繼而反求乎壁中眞本二十八篇, 蒐輯歐陽·夏侯·馬·鄭之說者, 曰『古訓蒐略』. 繼而執梅·蔡二家之說, 校比乎古訓, 間附以己見者, 曰『知遠錄』. 顧此三部, 皆於謫中編纂, 書籍旣少, 遺漏甚多. 且新得一欒之味, 沾沾自喜所辨訟. [⋯] 今取『梅之平』, 刪去俏薄之詞, 乃取『知遠之錄』, 條條搉裂, 附入于『古訓』之編, 合爲一部, 而其浮辭誇言, 槪行鋤拔, 其或未甚, 間亦存之, 俾後人知余之爲如是人而已. 書雖兩合, 仍名之曰『尙書古訓』, 蓋新說雖附, 猶以古訓爲主也. [⋯]【道光甲午春, 在洌上山房】"

118 정약전은 정약용의『매씨서평』에 대한 서문을 작성하며 다음과 같이 말했다. "『상서평』은 2천 년간 내려온『상서』의 진면목이다. 공안국 이래로『고문상서』를 말하는 사람이 많았으나, 매색 이후로는 선진의 전적이 한꺼번에 없어졌다. 지금 행세하는 책 중에 매색을 두둔하지 않는 것이 하나도 없는데, 이른바 모기령의『고문상서원사』와 같은 것은 뛰어난 언변으로 널리 고증하여 많은 사람들이 감히 입을 열지 못했다. 그러나 정약용은 훌륭히도 근원을 고찰하여 움직일 수 없는 증거를 낱낱이 제시했다. 모기령이 옛 책에서 모은 부분은 정약용이 그 본지를 가리키자 거짓됨이 저절로 탄로났고, 모기령이 옛 사서에 의거한 부분은 정약용이 그 실제 증거를 밝히자 요리조리 진실을 회피함이 더 이상 통하지 않게 되었다. 매색의 숨겨진 실상을 들추어냄은 장탕이 죄수를 심문하는 것과 같고, 모기령의 근거 없는 말을 단죄함은 자로가 재판을 판결하는 것과 같다. 전체적인 조리가 공평함이 모두 극진한 데 이르러, 거짓됨과 간사함이 이미 쫓겨나고 참되고 바른 것이 저절로 드러났으니, 설사 매색과 모기령이 몸소 폐석에 앉았더라도 반드시 장차 머리를 조아려 죄를 인정하고는 감히 맞서지 못할 것이니, 어찌 통쾌하지 않을 것인가? 그러나 훗날 이 책을 읽는 자가 단지 분석의 정확함, 고증의 풍부함, 논리의 명쾌함만을 찾는다면 그것은 지엽적인 것이다." 丁若銓,『洌水全書』續集 2,「梅氏尙書平序【巽菴】」, "至於『尙書平』一部, 卽二千年來『尙書』之眞面目也. 蓋自孔安國以降, 說古文者多, 而梅氏之後, 先秦典籍, 一彗以除. 今之行于世者, 無一非梅氏之羽翼, 若所謂毛氏『冤詞』, 雄辯博證, 千夫斂舌. 臣鏞乃能溯考源本, 歷擧符契. 掇古籍者, 指其本旨而姦僞自綻, 據前史者, 明其實證而邪遁莫售. 摘梅氏之隱情, 如張湯訊囚, 斷毛氏之游辭, 如子路折獄, 綜理公平, 俱造其極, 僞邪旣黜, 誠正自著. 雖使梅氏·毛氏躬坐肺石, 必將稽首伏罪, 不敢置對, 豈不快哉? 然後之讀是者, 若徒求於辨析之核·考據之博·辭理之贍暢, 則末也." 번역과 원문은 실시학사경학연구회 편역,『茶山의 經學世界』(한길사, 2002), 256–257쪽에서 인용.

구 중에 부합한 것을 가려서 동이를 고증했으며, 『좌전』·『국어』·『예기』·『논어』·『맹자』 중에서 『상서』를 인용한 부분을 뽑아 순서대로 배치했다. 그리고 책의 사이사이에 자신의 견해를 덧붙여 취사선택한 뜻을 밝혀놓았다.[119]

그리고 이듬해인 1811년에는 매색·채침의 설을 고훈과 대조하고 자신의 의견을 덧붙여 『(상서)지원록』을 편찬했다.[120] 이 책들을 편찬할 때는 유

---

[119] 정약용은 「고훈수략서설」에서 "복생의 집에서 나온 『금문(상서)』에는 구양생·하후승·하후건 3명의 학설이 있고, 공자의 옛집에서 나온 『고문(상서)』에는 마융과 정현 2명의 주석이 있다. 그런데 복생의 학문은 영가(永嘉)의 난에 없어졌고, 공안국의 학문은 당나라 때 없어졌다. 지금 통용되는 공안국의 전(傳)은 바로 매색의 위서이다. 비록 그 훈고 중에 근거 있는 것이 간혹 있더라도 이미 위작이므로 어찌 독실히 믿을 수 있겠는가? […] 공영달의 『(상서)정의』 및 다른 경전의 주소에 구양생·하후(하후승과 하후건)·마융·정현의 학설을 인용한 것이 때로 조금 보이는데, 주나라의 솥과 은나라의 술잔처럼 찬란히 빛나는 듯하다. 그리하여 몇몇 문우들과 함께 중요한 것을 모았다. 또 『사기』와 『설문』에 수록되어 있는 『상서』의 문구 중에 부합한 것을 가려서 동이를 고증하고, 『좌전』·『국어』·『예기』·『논어』·『맹자』 중에서 간혹 『상서』를 인용한 것【28편을 인용한 것】을 채록하여 순서대로 배열했다. 그리고 그 사이에 나의 견해를 덧붙여 취사선택한 뜻을 표시했다. 이것을 합하여 『고훈수략』이라고 이름하니, 모두 6권이다.【1810년 가을 다산에서】"라고 했다. [丁若鏞, 『與猶堂全書』第二集經集第二十一卷○尙書古訓序例, 「古訓蒐略序說」, "伏壁今文, 有歐陽·夏侯三家之說, 孔壁古文, 有馬融·鄭玄二子之註. 而伏學亡於永嘉, 孔學亡於唐代, 今所行孔安國之傳, 卽梅氏贗書. 雖其詁訓, 或有所本, 旣是贗物, 何以篤信? […] 唯孔穎達『正義』及他經注疏, 其或引歐陽·夏侯·馬·鄭之說者, 時見一斑, 則周鼎·殷彝, 蕤光粲然. 玆與一二文友, 探掇惟亟. 又如『史記』·『說文』凡載『尙書』之文句, 搜剔附合, 以考同異, 而『左傳』·『國語』·『禮記』·『論』·『孟』之中, 有或引『書』者【引二十八篇者】, 因亦探錄, 按次編州. 間附己見, 表示取舍之意. 合而名之曰『古訓蒐略』, 凡六卷. […]【嘉慶庚午秋. 在茶山】."]

[120] 정약용은 「상서지원록서설」에서 "나는 매색·채침의 학설과 남아 있는 고훈을 가지고 그 동이를 반복해서 자세히 고찰했다. 혹은 고문이 옳고 금문이 잘못되었다 했고, 혹은 옛 학설을 버리고 새로운 학설을 취하기도 했다. 또 의혹을 제기한 여러 설 중에서 내 뜻에 합당하지 않은 것에는 때로 내 의견을 첨부하기도 했다. 나머지는 의문점은 남겨두어서 공자의 경계를 따랐다. 책이 대략 완성되어 『상서지원록』이라 이름했다. […]【1811년 봄 다산 유배지에서. 이때 이미 사면되었거나 돌아오지는 못했다.】"라고 했다 [丁若鏞, 『與猶堂全書』第二集經集第二十一卷○尙書古訓序例, 「尙書知遠錄序說」, "余執梅·蔡二家之說, 與古訓所殘, 考其同異, 反復詳覈. 或是古而非今, 或捨故而取新, 其或諸說, 皆未當意者, 時附己見, 餘竝闕疑, 以遵夫子之戒. 書粗成, 名之曰『尙書知遠錄』. […]【辛未春, 在茶山謫中, 時旣赦而未還】"].

배 중이어서 참고할 서적이 적어 빠뜨린 것이 많았지만, 작은 것 하나라도 새로 발견하면 그 논증한 부분을 뽐내어 문투가 매우 건방지고 불손했다. 때문에 정약용의 『매씨상서평』·『상서고훈』·『상서지원록』 등을 읽은 신작은 그 책들의 가치는 인정했지만 그의 문투에 대해 수정을 요구했던 것이다.

    정현을 위주로 소를 짓는다면 정현과 다른 공안국의 해석을 반드시 배척할 것이고, 공안국을 위주로 소를 짓는다면 공안국과 다른 정현의 해석을 도리어 배척할 것입니다. 「순전」 등 11편은 칠서(漆書)와 매본(梅本)의 편목 수가 같습니다. 그런데 공영달은 이미 한나라 공안국본을 진본이라 생각하고 소를 지었으니, 정현의 것을 위서라 하지 않을 수 없었습니다. […] 공영달이 어찌 매서가 위서임을 알았겠습니까? 그는 공안국본을 진본이라 생각하고 소를 지은 것입니다. 그러므로 '간악하고 교활하다'거나 '아무것도 모르는 사람'이라는 등의 말은 너무 심하지 않습니까? 표현을 고치는 것이 좋을 것 같습니다.[121]

이러한 비판에 따라 정약용 역시 문제를 인식하고 『매씨상서평』의 경박한 말을 삭제하고, 『상서지원록』을 조목별로 나누어 『상서고훈』에 덧붙여 넣어 한 귀의 책으로 합치면서, 그 가운데 근거 없는 글과 사리에 어긋난 말은 모두 숨아내고 심하지 않은 말만 남겨놓게 되었다. 신작 역시 정약용과의 논의를 통해 자신의 상서학을 정립해나갔다.

---

[121] 申綽, 『與猶堂全書補遺』 2冊, 「石泉書」, "大抵疏體, 主鄭作疏, 則必斥孔義之不同於鄭者, 及其爲孔作疏, 則反斥鄭義之不同於孔者. 此「舜典」等十一篇, 漆書·梅本同其篇目, 而仲達旣以漢孔爲眞, 爲之作疏, 則不得不以彼爲僞. […] 仲達豈知梅書爲贋本? 其意以爲孔安國之眞本而爲之作疏也. 然則推奸猾·指行路等語, 無乃太峻耶? 改之似好."

정약용의 경전 고증에 대해서는 누구나 인정하는 바이나 신작 역시 이에 못지않았다. 정약용은 1827년 11월에 홍현주에게 보낸 편지에서 "저의 저작에『상서고훈』6권과『상서지원록』7권이 있는데,『상서고훈』은 석천 신승지(申承旨: 신작)가 편찬한『서차고』가 더 완비된 것이어서 폐기하고 싶습니다."라고 할 정도였다.[122]

신작은 정약용의『매씨상서평』,『상서고훈』,『상서지원록』등을 읽고,『고문상서』에 대한 자신의 의견을 정리했다. 이를 위해 먼저 정확한『고문상서』을 정리하고자 했다.『상서이문(尙書異文)』(1821),『상서대전(尙書大傳)』(1823),『상서고주설(尙書古注說)』(1823) 등을 직접 쓴 것은 바로 이러한 이유에서였다.

신작은『상서고주설』을 편차하기 위해 1821년 5월에 먼저『상서이문』을 편차하여 한 권으로 만들었다.[123] 1823년 8월에는 김노경(金魯敬)의 집에 소장된『상서대전』을 빌려와서 손수 베껴 썼다. 이『상서대전』은 여러 주소(注疏)에 흩어져 있는 것을 편차하여 만든 책이다.[124] 그해 11월에는『상서고주설』을 편차했다. 신작은 당시『상서』공안국전(孔安國傳)과 채침전(蔡沈傳)만 유통되고 있으며, 한나라와 위나라 이전의 구양생·하후승·하후건·마융·정현·왕숙(王肅)의 학설은 남아 있지 않아 볼 수가 없다고 생각했다. 그래서 주소를 비롯해 여러 책에 흩어져 있는 것을 편차해 '고주(古注)'라고 했다. 또 당시 유통되는 고문은 공안국본이 아니라고 여겨

122　丁若鏞,『與猶堂全書補遺』,「與猶堂雜考_與海居」, "鄙作有『古訓』六卷·『知遠錄』七卷, 而『古訓』則石泉申承旨絳所輯『書次故』爲益該備, 故欲毁之."

123　申綽,『石泉遺集』後集 卷8,「日乘」, 純祖 21年, "十一年.【辛巳, 公年六十二.】[…] 五月. 己巳. 書畢『尙書異文』.【將次『尙書古注』, 先次『異文』, 爲一卷.】"

124　申綽,『石泉遺集』後集 卷8,「日乘」, 純祖 23年, "十三年.【癸未, 公年六十四.】[…] 八月. 辛酉. 書『尙書大傳』.【『大傳』之散出於注疏者, 輯次成書. 金台魯敬家有此本, 故借來手謄焉.】"

따로 『이십오편(二十五篇)』을 만들어 첨부했고, 이를 다시 편집해 『백편고(百篇攷)』를 만들었다.[125]

지금 이 『고상서(古尙書)』의 글자는 공벽(孔壁)에서 연원한 것으로, 허신이 말하는 공자가 쓴 육경(六經) 가운데 하나이다. 한나라·위나라 이후로도 경의 글자는 여전히 고법을 따랐지만, 당나라 현종은 고문을 좋아하지 않아 개원 연간의 속자를 따라 모두 고쳐져 마침내 『고상서』의 글자는 다시 볼 수 없게 되었다. 하지만 『설문』의 서문에서 근거한 바를 차례로 서술하면서, 『서』는 '공안국'이라고 했으니, 『설문』의 고자(古字)가 모두 공벽의 글씨임을 알 수 있다. 또한 전서가(篆書家)에 수록된 『고상서』는 25편이 있는데, 매색본(梅賾本)이라고 알려져 있다【『수서(隋書)』「경적지(經籍志)」에 『고문상서(古文尙書)』「공안국전」이 있고, 다시 금자(今字)로 된 『상서(尙書)』「공안국전」이 있다. 대개 공안국의 『서』는 고문 한 본이 있는데, 다시 예고(隸古)로 확정한 한 본이 있다고 하니, 고문과 금자 2본이 있는 것이다】. 매색 때에도 공벽본이 여전히 전해졌으니 『수서』「경적지」에 영가(永嘉) 이전에 진나라 때 비부(祕府)에 『고문상서』가 있었다고 하는데, 경문은 28편 두림본(杜林本)인 듯하다. 또 『신당서(新唐書)』「예문지(藝文志)」 정현에 대한 주에서 『고문상서』 9권은 정현본은 금자가 없고 고문만 있다.' 하니 또한 두림본이다】, 28편의 글자는 모두 공벽본에 의거한다. 또한 『고효경(古孝經)』도 공벽에서 함께 나왔다. 위나라의 삼체석경(三體石經) 중에서 고문은 한단순(邯鄲淳)

125　申綽, 『石泉遺集』 後集 卷8, 「日乘」, 純祖 23年, "廿三年.【癸未, 公年六十四.】[…] 十一月. 甲午晦. 編 『尙書古注說』.【公以 『尙書』 孔·蔡二傳今行, 漢魏以上歐陽·夏候·馬·鄭·王之說, 沒而不見. 於是, 纂次疏家及諸書之散出者, 謂之 '古注'. 又以今之古文, 非安國舊本, 別作 『二十五篇』, 以附之. 又有 『百篇攷』, 九月壬辰始編, 至是訖.】"

에게서 나왔으니, 또한 고법을 준수한 것 같다. 지금 한결같이 『설문』의 글자에 의거하여 『상서』 28편을 집자하고, 없으면 전서가에 수록된 『고상서』 글자를 이용하며, 거기도 없으면 『고효경』의 위나라 석경(石經) 글자를 이용하고, 그것도 없으면 비워두었다. 다른 고문을 써서 공벽의 경을 어지럽히고 싶지 않아서이다. 이에 예고자(隸古字)로 한 통을 잘 베끼고 다시 금문 및 마융·정현·왕숙본을 글에 따라 주로 부기했다. 대개 금문은 비록 영가의 난 때 없어졌지만, 홍도(鴻都) 잔비(殘碑)에서 여전히 금문 글자를 미루어 알 수 있다. 또한 『상서대전(尙書大傳)』 중에 인용된 여러 『서』도 본경(本經)이며, 양한 유자들은 마융과 정현의 일파를 제외하면, 대체로 구양생(九陽生)·대소하후(大小夏侯: 하후승과 하후건)의 학이므로, 양한의 『서』에 인용된 것으로서 세속에 전해지는 본과 부합하지 않는 것은 금문이다. 이에 『(상서)대전』, 석경, 『전·후한서』, 『(상서)정의』, 『석문(釋文)』에 인용된 『서』들을 아울러 채집하고 상호 참고하여 금문임을 증명하여, 있는 것마다 소통하여, 고문과 금문의 동이를 구별했다. 고문도 아니고 금문도 아니며, 마융본도 아니고 정현본도 아닌데, 세속에 전하는 본은 바로 개원 이래 잘못 전사(傳寫)한 것이어서, 그 의미가 저절로 드러날 것이므로 따로 지적하여 구별하지 않았다.[126]

---

[126] 申綽, 『石泉遺稿』 卷3, 「古尙書題辭」, "今此『古尙書』字, 盖源於孔壁, 許愼所云孔子書六經之一. 漢·魏以來, 經字尙依古法, 唐玄宗不喜古文, 悉改從開元間俗字, 而『古尙書』字, 遂不可復見矣. 然『說文』序歷叙所據, 而『書』則曰孔安國, 知『說文』古字皆孔壁書也. 又篆家所載古尙書者頗有二十五篇字, 知梅賾本也.【『隋志』有『古文尙書』「孔安國傳」, 又有今字『尙書』「孔安國傳」. 盖安國書旣有古文一本, 又有隷古定一本, 故有古文今字二本也.】梅賾時壁本猶傳, 則『隋志』永嘉之前, 晉世祕府有『古文尙書』, 經文似是二十九篇杜林本也. 又『唐志』'鄭玄注『古文尙書』九卷, 鄭本無今字, 有古文也.' 亦杜林本.】其二十八篇字, 自當一依壁本. 又『古孝經』同出壁中. 魏三體石經中古文, 出自邯鄲淳, 似亦準古法. 今一依『說文』字, 集『尙書』二十八篇, 無則用篆家所載『古尙書』字, 無則用『古孝經』·魏石經字, 無則闕之, 不

1824년 4월에 신작은 예고자로 『고상서』를 썼다. 『설문』에 있는 글자에 의거해 『상서』 28편을 썼고, 『설문』에 없으면 전서가에 실린 고상서자(古尙書字)로 썼으며, 여기에도 없으면 『고효경』의 위나라 석경 글자로 썼다. 예고자로 『고상서』를 쓰고 나서 금문과 마융·정현·왕숙본을 가지고 본문에 따라 주를 붙였다.[127]

신작은 『고상서』가 완성되자 같은 해 4월에 정약용에게 편지를 보내 "『상서』에 관한 설은 겨우 단서를 잡은 것 같지만, 초고를 세 번 정도 고쳐야만 남에게 보여줄 수 있을 듯합니다. 만약 이곳에 와주실 뜻이 있거든 「고문사변(古文辭辨)」을 반드시 가지고 와서 저와 함께 상고하고 질정해주시면 어떻겠습니까?"라고 하면서 『고문상서』에 대해 깊이 논의할 것을 청했다.[128] 신작이 1824년 4월 『고상서』를 완성하고 정약용과 논의해 자신의 설을 가다듬고자 했던 것이다.

여기서 말하는 「고문사변」은 정약용이 저술한 『매씨(상)서평』 권1과 권2에 수록된 「원사(冤詞)」로 보인다. 「원사」는 모기령의 『고문상서원사(古文尙書冤詞)』를 말하는데, 앞서 언급한 바와 같이 청나라 초에 염약거는 『상서고문소증(尙書古文疏證)』을 저술하여 매색본을 위고문으로 주장했고, 모기령은 염약거의 『상서고문소증』에 반대하며 매색본을 진고문(眞古文)이

欲以他古文亂壁經也. 於是以隸古字繕寫一通, 復以今文及馬·鄭·王本, 隨文附注. 盖今文雖失於永嘉之亂, 而鴻都殘碑, 尙可推知, 今文字例. 又『書大傳』中諸引『書』, 是其本經. 兩漢儒者, 除馬·鄭一派外, 大抵是歐陽·大小夏侯之學, 故兩漢『書』所引, 不合於世俗本者, 是今文也. 玆幷採掇『大傳』·石經·『前後漢書』·『正義』·『釋文』中諸引『書』, 參互以證今文, 隨有隨疏, 以別古·今文同異. 其非古非今, 非馬非鄭, 而爲世俗本者, 定是開元以來傳寫之訛, 其義自顯, 不復摘別也."

127 申綽, 『石泉遺集』 後集 卷8, 「日乘」, 純祖 24年, "十四年.【甲申, 公年六十五.】[…] 四月. 辛丑. 書『古尙書』訖.【一依『說文』字, 集『尙書』二十八篇. 無則用篆家所載古尙書字, 無則用古孝經·魏石經字. 於是, 以隸古字, 繕寫一通, 復以今文及馬·鄭·王本, 隨文附注.】"

128 申綽, 『石泉遺集』 後集 卷6, 「答丁承旨」, "'書』說, 繼得就緖, 而須三易藁, 方可示人, 令若有臨之意, 「古文辭辨」, 必須袖來, 與我互相考質, 如何?【甲申四月】"

라 주장하고 『고문상서원사』를 저술했다. 정약용은 모기령의 『고문상서원사』에 대해 반대하며 변설(辨說)을 지었는데, 이것이 바로 『매씨(상)서평』 중 「고문사변」으로 보인다.

'『상서』에 관해 겨우 단서를 잡은 것 같지만 초고를 세 번 정도 고쳐야만 남에게 보여줄 수 있을 것 같다.'라는 겸사를 표하긴 했지만, 신작은 정약용에게 논의를 진행하자고 할 수 있을 정도로 자신의 학설을 정리한 것으로 보인다. 신작은 『고상서』에 이어 1824년 5월에 「고상서제사(古尙書題辭)」·「상서고주서(尙書古注序)」·「이십오편서(二十五篇序)」·「백편고서(百篇攷序)」를 지었다.[129]

같은 해 5월 12일에 신작은 형 신진에게 편지를 보내 "『고상서』로 날을 보내고 있습니다. 전에 듣기로 『신재집(信齋集)』에 이것[『고상서』]이 있다고 하던데, 오가며 미처 보지 못했습니다. 이제 한 번이라도 볼 수 있다면 좋겠습니다. 다만 이러한 고거(考據)는 뒤에 나온 것이라서 더욱 상세하고 정밀하여 오히려 옛사람들이 듣지 못한 곳이 있을 것입니다."라고 하여 『고상서』를 중심으로 연구를 진행하고 있음을 밝혔다. 또한 『고문상서』에 대한 이영익의 성과도 참고하고자 했다.[130]

앞서 언급한 바와 같이 이영익은 고문 몇 구절에 의문을 품고 위작이라고 의심했는데, 이충익과의 논쟁을 거치며 「금등」·「무성」의 내용과 「탕고」·「중훼」·「대우모」의 문장을 분석하여 고문 위작설을 주장했다. 결국 이충익 역시 이영익의 주장에 승복했으며, 이 과정에서 「대우모」 등 고문

---

129 申綽, 『石泉遺集』 後集 卷8, 「日乘」, 純祖 24年, "卄四年.【甲申, 公年六十五.】[…] 五月, 撰 「古尙書題辭」·「尙書古注序」·「二十五篇序」·「百篇攷序」."

130 申綽, 『石泉遺集』 後集 卷3, 「上伯氏」, "雷雨添漲, 朝又細雨, 霡霂成霖, 可念海上光景復如何? 此渾況如昨, 頗以古尙書解日耳. 曾聞『信齋集』有此, 往復而未及見, 今可一覽, 可幸. 但此等考據後出者尤爲詳密, 反有昔人無聞處耳.【(甲申)五月十二日】"

의 의리가 좋아 진고문으로 인식하고 있던 신대우 등에게도 영향을 미쳐 위작설을 수용하게 되었다. 신작은 이미 한 세대 전에 하곡학파 내에서 벌어졌던 『고문상서』 진위 논쟁의 결과물을 검토하고자 했던 것이다.

신작은 1825년 3월부터 6월까지 『상서고주(尙書古注)』를 다시 직접 정사 (整寫)했는데, 『고상서』 1권, 『상서고주』 2권, 『이십오편』과 『백편고』를 합친 1권이었다.[131] 이후 정약용과의 논변도 계속되었다.

> 유상사(柳上舍: 유희)는 『고문(상서)』을 도(道)를 전하는 책이라고 여기면서 선유들도 모두 높이고 믿었던 것이므로 경솔히 비방할 것이 아니라고 했습니다. 말을 장황하게 늘어놓으면서 변론을 하고 있으니 그 의도는 매우 가상합니다. 그러나 그 근거로 든 것 모두 명백한 증거는 없습니다. […] 『설문』에서 인용한 '약약불명현(若藥不瞑眩: 만약 약이 독하지 않으면)'은 『맹자』에 근거해서 쓴 것이고, '인복민하(仁覆閔下: 인으로 덮어주어 아랫사람을 긍휼히 여김)'는 허신(許愼)이 이미 『오경이의(五經異義)』에서 『고상서』를 인용하여 이와 같이 설명한 것이니, 반드시 「공전(孔傳: 공안국전)」을 보고서 말한 것은 아닐 것입니다. […] 노형께서 또 "『고문(상서)』 25편을 매색의 위작이다."라고 했는데 제가 생각하기에는 그렇지 않은 듯합니다. 공안국이 증보한 것은 16편뿐이었습니다. 만약 그가 위작할 마음이 있었다면 마땅히 16편이라는 숫자를 따랐어야 하는데 지금 그렇지 않고 공공연하게 25편이라 하고 있습니다. 제 생각에는 위진시대 사람 중에 마치 속석(束晳)이 『시(詩)』를 보망한 것과 같이 우연히 『상서』 25편 보망을 지은 자가 있었는데, 그 성명이 없어지게 된 것 같습

---

131 申綽, 『石泉遺集』 後集 卷8, 「日乘」, 純祖 25年, "卄五年.【乙酉, 公年六十六.】[…] 六月. 甲戌. 書 『尙書古注』 畢.【復手自整寫字. 三月壬子始, 至是畢. 『古尙書』 一卷, 『古注』 二卷, 『二十五篇』 及 『百篇攷』, 合一卷.】"

니다. 뒤에 이를 보게 된 자가 보망을 진짜로 여겨 마침내 마융·정현·왕숙의 주를 뽑고 자기 뜻을 더하여 「공전」을 지어 세상에 행해지게 되었고, 그것을 후에 매색이 얻게 된 것입니다. 매색이 잘못 선택한 허물은 있지만 위서를 만든 것은 아닙니다.[132]

이 무렵 유희는 『고문상서』를 도를 전하는 책이라고 여기면서 선유들도 모두 높이고 믿었던 것이므로 경솔히 비방해서는 안 된다.'라고 했다. 신작은 유희의 이러한 주장에 대해 그 의도는 가상하지만 근거로 든 것이 모두 명백히 잘못되어 동의할 수 없다고 했다. 유희는 이충익이나 신대우와 마찬가지로 고문의 의리가 좋다는 이유로 긍정하는 입장이었다면 신작은 이영익과 마찬가지로 근거를 들어 고문을 부정하는 입장이었던 것이다. 그렇지만 정약용과 같은 주장을 한 것은 아니다.

신작은 정약용이 고문 25편을 매색의 위작이라고 하는 것에 대해 반대했다. 공안국이 증보한 것은 16편뿐이니, 만약 누군가 위작할 마음이 있었으면 16편을 만들었어야 하는데 그렇지 않고 25편을 만들었기 때문이다. 신작은 위진시대에 누군가 속석(束晳)이 『시』를 보망한 것처럼 우연히 고문 25편을 만들었는데, 저자의 성명은 없어지고 훗날 이 보망본을 본 사람이 이것을 진짜로 여겨 여기에 마융·정현·왕숙의 주를 뽑고 자기의 뜻을 더해 「공안국전」이라 하여 세상에 행해지게 되었고 이후 매색이

---

[132] 申綽, 『石泉遺集』 後集 卷6, 「答丁承旨」, "柳上舍, 以 『古文』, 宣傳道之書, 先儒所共尊信, 未宜輕毁. 費辭辨難, 意甚可貴. 但其所據, 都無的證. [⋯] 以 『說文』所引, '若樂不瞑眩', 據 『孟子』書也, '仁覆閔下', 許氏已於 『五經異義』, 引 『古尙書』, 說яко此, 未必見之孔傳而言也. [⋯] 老兄又謂, 『古文』二十五篇, 是梅氏贗作, 愚意以爲不然. 蓋安國增多之篇十六而已, 使有作贗之心, 當依十六篇數, 而今則不然, 公然作二十五篇. 意者魏晉間人, 有偶作補亡 『書』 二十五篇, 如束晳補亡 『詩』者, 而失其名氏. 後之覽者, 以補爲眞, 遂採馬·鄭·王注, 兼下己意, 作 『孔傳』, 以行于世, 而其後遂爲梅生所得也. 梅生擇不精之過則有之, 而作贗則未也."

이것을 얻게 된 것이라고 여겼다.

신작의 이러한 주장은 1824년 5월에 작성된 「이십오편서」에서 "『한서』 「예문지」에서 지칭하는 증가된 편수는 16편에 그치고 25편은 없다. 그러므로 만약 위작하는 사람이 있었더라도 마땅히 16이라는 편수를 따랐어야 하는데, 지금 그렇지 않은 것은 내 생각에는 속석이 『시경』에 육시(六詩)를 보충했던 것처럼 위·진시대 사이의 사람들이 우연히 보망서 25편을 만들었지만 그 사람의 이름은 사라지고, 뒤에 보는 사람들은 보편을 진편이라고 여겨서 마침내 마융·정현·왕숙의 주를 따라서 멋대로 산삭하고 윤색하며 자기 견해를 덧붙여두어 일가언(一家言)을 이루어서 「공씨전(孔氏傳)」이라 하여 세상에 행해진 것이다. 이것도 역시 호사가들이 한 짓이다."라고 이미 정리된 바 있다.[133]

이외에도 신작은 「이십오편서」에서 25편은 한나라·위나라 이전 사람들이 '일서(逸書)'라고 부르던 것으로, 『예기』·『논어』·『맹자』·『묵자』·『순자』·『사기』·『한서』 등에 파편적으로 수록되어 있어 신뢰할 수 있으나, 매색본의 경우 문장이 이치를 따르고 또한 외워서 전하기 편하므로 그럴 듯하지만 주희·오역·조여담 등의 주장처럼 의심스럽다고 보았다. 다만 "[매색본을] 갑자기 폐기하지 못했던 것은 [거기에] 격언이 많기 때문이다."라고 했고,[134] 또한 그는 "[25편의] 문장은 비록 공벽서의 옛모습은 아니라고 하

---

[133] 申綽, 『石泉遺稿』 卷3, 「二十五篇序」, "'漢'「志」所稱增多篇數止於十六, 而無二十五. 使有作僞之人, 當依十六篇數, 而今不然者, 意者魏晉間人, 有偶作補亡書廿五篇, 如束晳補六詩, 而失其名氏者, 後之覽者以補爲眞, 乃就馬·鄭·王注, 隨意刪潤, 兼下己意, 成一家言, 爲『孔氏傳』, 以行于世. 斯亦好事者之事."

[134] 申綽, 『石泉遺稿』 卷3, 「二十五篇序」, "此二十五篇, 漢·魏以上人皆謂之'逸書'者也. '逸書'所載, 亦無多裘, 只『春秋內外傳』六十八條, 『禮記』十八條, 『論語』·『孟子』·『墨子』·『荀子』若干條而已. 『史』·『漢』二書所載, 亦有五六條, 而幷不入也. 夫「僞泰誓」, 愚者之所不惑也, 而西京巨儒如董仲舒·司馬遷, 皆攷信而取證. 兩漢間儒林衆僞幷起, 傳而敎授, 至東京末, 馬融始疑之, 鄭·王繼之, 而猶不敢遽廢, 傳相注釋. 襲謬之難變, 故如是耶? 如梅賾本, 比「僞

더라도 자못 전아(典雅)하여 보충한 육시에 뒤지지 않는다. 그러므로 내가 직접 선사(繕寫)하고 다시 경전 속에 잡스럽게 인용된 것을 채록하여 문장에 따라 주를 붙이고 주석을 인용해 썼다. 또한 소기(疏記)에 비록 인용되지 않았다고 하더라도 문장이 같고 뜻이 같은 것은 역시 그 견해를 덧붙였으니, 이선(李善)이 『문선(文選)』에 주를 단 것과 같이 한 것이다."라고 했다.135 신작은 한 세대 전 의리가 좋아 진고문으로 인식했던 이충익·신대우 등과 달리 고문이 위작임은 알지만 그 뜻이 좋으므로 함부로 버릴 수 없다는 뜻을 분명히 밝힌 것이다.

주자께서 『고문(상서)』의 '인심도심설(人心道心說)'과 '이윤(伊尹)과 부열(傅說)이 임금께 고한 말' 등에 대해 처음에는 자못 상고하고 신뢰했습니다. 세상을 떠나기 2년 전에 비로소 『상서』 주석을 달기 시작하여 겨우 「전(典)」과 「모(謨)」를 해석하고 이어서 「오자지가(五子之歌)」를 살펴보니, 좌씨(左氏: 좌구명)의 설을 주워 모은 것이었습니다.【주자께서 『효경』 중에 문장이 좌씨에게서 나온 것은 모두 표시하셨는데, 또한 이 예입니다.】그 이하 여러 고문은 각각 문장이 잘 통하고 글자가 적절하여 결코 공벽구본(孔壁舊本)이 아니었으므로 결국 주를 달지 않고 채침에게 맡겼던 것입니다. 『고문(상서)』을 의심한 여러 설들은 대개 이때의 정론입니다. 만약 주자가 미리 『고문(상서)』이 위작이라는 것을 알았다면 비록 「전」과 「모」 몇 편일지라도 번거롭게 주석을 달지 않았을 것입

泰誓」, 文旣從理, 且合記傳, 則晉·唐以來, 或注或疏, 因仍襲謬, 故其宜也. 至于南宋, 朱子始疑之, 吳·趙以後, 同其說者又十餘家. 而猶不敢遽廢者, 以其多格言故爾."

135 申綽, 『石泉遺稿』卷3, 「二十五篇序」, "顧其文雖非孔壁之舊, 亦頗典雅, 不下於六詩之補. 余故手自繕寫, 復採經傳中雜引, 隨文附注, 引下注釋, 亦皆疏記, 雖非所引, 而文同義同者, 亦或附見, 如李善注文選云."

니다. 그러므로 『상서』에 주석을 달기 전에는 『고문(상서)』에 대해 의심하지 않았다는 것을 알 수 있습니다. 겨우 「전」과 「모」를 해석하고 바로 주석을 거두어들였으니, 그러므로 『고문(상서)』에 대한 의심이 「오자지가」에서 일어났다는 것을 알 수 있습니다. 후대 사람들이 만약 단지 [주자가] 전에 『고문(상서)』을 믿었던 말에 근거하여 말년에 『고문(상서)』을 의심했던 설을 부정하려 한다면 그 어찌 '통용되는 논의(通論)'라고 할 수 있겠습니까? 염약거의 설은 일찍이 『송감(宋鑑)』 속에서 보았는데 비록 몇 조목에 불과했지만 그 변론의 명쾌함을 알 수 있었습니다. 그러나 이 몇 권이면 끝날 것이 8권이나 되는 많은 분량에 이르렀으니, 그 가운데 볼 만한 것이 반드시 있을 것입니다. 지금 보내온 편지를 살펴보니 같은 것을 좋아하는 뜻이 전해져 당돌함을 무릅쓰고 문득 이와 같이 번거롭게 청하오니 잠시 빌려주시는 것이 어떻겠습니까? 염약거의 책은 이미 일별해보았고 감히 오랫동안 가지고 있어서는 안 되므로 문부(文府)에 반납합니다. 이 책에 의지하여 며칠 동안의 수심과 적적함을 잘 물리칠 수 있었으니 입은 은혜를 알겠습니다. 『송감』을 통해 전체적인 뜻은 이미 알았지만 한 질을 다 열람하면서 그 해박함과 분명함을 더욱 알 수 있게 되었습니다. 다만 『송감』처럼 요약했으면서도 다 표현한 것만은 못했습니다.[136]

---

[136] 申綽, 『石泉遺集』 後集 卷6, 「答丁承旨」, "朱子於『古文』人心道心之說, 伊·傅告君之辭, 始頗考信. 逮易簀前二歲, 方始注『書』, 纔解「典」·「謨」, 繼詳「五子」, 則的然是掇拾左氏.【朱子於『孝經』, 其文出左氏者, 幷句之, 亦此例也.】以下諸古文, 箇箇文從字順, 決非孔壁舊本, 遂不得注, 以付於蔡. 其疑『古文』諸說, 盖此時定論. 若朱子先已知『古文』之非, 則雖「典」·「謨」數篇, 必不煩注. 故知注『書』前, 未嘗疑『古文』也. 纔解「典」·「謨」, 下便撤注, 故知古文之疑, 起於「五子」. 後人若只據向前信古文之語, 以破末年疑古文之說, 則其可曰'通論'耶? 閻說曾於『宋鑑』書中見之, 雖數三條, 可知其辨論之明快. 然此數卷可了者, 而至於八卷之多, 則其中必有可觀者. 今者, 委報仰揣, 貽同好之意, 不避唐突, 輒玆煩請, 幸暫投示, 如何? 閻氏書, 旣已瞥看, 不敢久留, 玆還納文府耳. 賴此好破數日愁寂, 知荷知荷. 因『宋鑑』

앞서 몇 차례 언급한 바와 같이 신작의 위고문설은 주희의 주장을 계승하고 있다. 신작은 주희가 초년에는 『고문상서』의 '인심도심설'과 '이윤과 부열이 임금께 고한 말' 등에 대해 신뢰했으나, 만년에 『상서』를 주석하면서 고문을 의심하게 되었다고 보았다. 또한 신작은 주희가 임종하기 2년 전에 『상서』를 주석하기 시작해서 「요전」・「순전」과 「대우모」・「고요모」 등을 해석하고 나서 이어서 「오자지가」를 살펴보니, 좌구명의 설을 엮은 것임을 알게 되었으며, 이후 여러 고문은 각각 문장이 잘 통하고 글자가 적절하여 결코 공벽본이 아님을 알고 결국 나머지는 주를 달지 않고 채침에게 맡겼다고 했다. 신작은 주희가 초년에 『고문상서』를 신뢰했지만, 만년에 주석을 달면서 고문을 의심한 정황을 말함으로써 『고문상서』 옹호설을 반박했던 것이다.

한편 정약용은 염약거의 『상서고문소증』과 마찬가지로 매색본을 위고문으로 주장했는데, 1827년 11월에야 홍현주로부터 『상서고문소증』을 빌려보며 자신의 설과 비교하게 되었다.[137] 이어서 신작은 정약용에게 『상서고문소증』이 있다는 소식을 듣고 빌려 읽게 되었다.

사실 신작은 몇 조목에 불과하지만 『송감』에서 이미 염약거의 설을 살펴본 바 있었다. 이를 통해 염약거의 변론이 매우 명쾌함을 알 수 있었으나, 8권이나 되는 『상서고문소증』에는 더 다양한 내용이 있을 것을 기대했다. 그러나 며칠 동안 이 책을 다 읽고 나니 그 해박함과 분명함을 더 알 수 있게 되었지만, 『송감』에 인용된 것처럼 핵심을 관통하는 맛은 다소 부족하다고 평하게 되었다. 이처럼 신작과 정약용은 각자가 가진 최신 정보를 공유하면서 상서학의 수준을 높여갔던 것이다.

書, 已揣其全鼎之味, 竟秋繙閱, 益知其博且明. 但未若宋書之約而盡也."

137 丁若鏞, 『與猶堂全書補遺』, 「與猶堂雜考_與海居」, "家兒回, 祗奉復書. 鏟去畦畛, 披示宧奧. 閻氏『疏證』之書, 豁此蒙蔀."

결과적으로 신작과 정약용은 모두 고문을 위작으로 보았지만, 미묘하게 결이 달랐다. 정약용은 고문을 매색의 위작이라 한 염약거의 『상서고문소증』과 그 주장을 같이하고 있는 반면, 신작은 고문이 위작이지만 의리가 좋으며 위작의 책임이 매색에게 있는 것은 아니라고 했다. 신작은 고문 25편이 위진시대에 보망된 것이며 후대 사람이 이를 진고문으로 여기고 마융·정현·왕숙의 주와 자신의 설을 합쳐 「공안국전」을 만들었는데, 매색이 이를 그대로 채택한 것이라고 본 것이다.

또한 두 사람 모두 고증에 밝아서 다양한 근거를 제시하고 있어 설득력이 있었지만, 지향하는 학문관에서는 분명한 차이가 있었다. 정약용이 이전 학설에 구애받지 않고 자신의 독자적 해석을 주장했다면, 신작은 한학(漢學)을 기초로 진본 『고문상서』를 복원하는 방식이었다. 신작은 현재 전하고 있는 『고문상서』가 위서라는 사실을 인정하면서도, 고문의 의리가 좋으므로 소가(疏家)·『사기』·『전한서』·『후한서』·『삼국지』·『상서대전』·『수경』·『고경이의』·『정지』·『경전석문』 등의 책에 산재된 것을 편집하여 진본 『상서고문』을 복원하고자 했던 것이다.

신작과 정약용은 논변 과정에서 각자 자신의 학설을 정리했는데, 신작은 『고상서』·『상서고주』·『이십오편』·『백편고』·『서차고』 등을 편찬했고, 정약용은 『매씨서평』·『고훈수략』·『상서지원록』 등을 편찬·개수함으로써 조선 후기 경학사를 풍부하게 했다.

신작은 정제두의 고거학에 영향을 받은 하곡학파의 일원으로서 이영익과 이충익의 논변의 결과 일부를 계승하고 있다. 그런 신작이 정약용과 학술 논변을 진행하고 서로 영향을 주고받았다는 것은 하곡학파의 학문이 그들 사이의 내부 논쟁에 그쳐 당대 학술 지형에서 동떨어진 것이 아니라 사상계와 같이 호흡하고 있었음을 보여주는 것이라 하겠다.

5장
하곡학파의 재결집과 해체

조선 말에는 외세 침략의 역사적 격랑 속에서 하곡학이 소환될 필요성이 제기되었다. 5장에서는 하곡학파가 재결집하고 해체되는 과정과 함께 그 의미를 살펴보도록 하겠다. 먼저 정제두의 양명학 연구서 강학에 대해 검토하고, 이어서 구한말 하곡학파 인물들이 진천과 강화 등에서 재결집하고 일제강점기에 일부는 간도로 이주한 과정과 그들의 활동에 대해 서술하도록 하겠다. 그리고 일제강점기까지 이어지는 하곡학파의 계승과 해체의 역사적 의미를 논하도록 하겠다.

1. 하곡학파 후예들의 정제두 양명학 연구서 강학

정원하(鄭元夏, 1855~1925)와 홍승헌(洪承憲, 1854~1914)은 1894년(고종 31)에 일본군이 대궐을 침입해 고종을 위협하고 구법(舊法)을 바꾸게 하며, 갑신정변 실패 후 일본으로 도망갔던 박영효와 서광범이 귀국하여 국정을 전횡하는 것을 보고 관직을 버리고 낙향했다.[1]

이때 정원하와 홍승헌은 각자의 고향인 강화와 진천으로 돌아갔는데, 이후 동학농민운동으로 충청도 지역의 정세가 혼란해지자 홍승헌이 강화로 올라와 하곡의 재실에서 함께 거처했다. 이곳에서 10여 리 떨어진 곳에 살고 있던 이건창(李建昌, 1852~1898)·이건승(李建昇, 1858~1924) 형제 역시 이

---

1 정양완, 『江華學派의 文學과 思想 (5): 특히 耕齋 李建昇의 『海耕堂收艸』를 中心으로』(도서출판 월인, 2012), 303쪽; 李建昇, 『海耕堂收艸』 卷3, 「吏曹參判汶洪公行狀」, "三十一年甲午夏, 日本兵犯闕脅上, 變舊法納逋臣朴泳孝·徐光範, 專國政, 於是, 公度國事之不可爲, 與鄭都憲元夏, 棄官歸鄕曰: '主辱臣死分耳. 雖不能死庸可出耶.' 遂決意自廢, 旣而湖西東匪大亂, 公與都憲入江華, 寓都憲墓舍, 距敝廬不數十里而近, 與吾兄寧齋公相往來講論出處之義. 時吾兄亦屢拜官不起."

들과 함께 어울리며 출처의리를 강론하고 양명학을 연구했다.²

이때 정원하·홍승헌·이건창·이건승 등이 연구했던 양명학 관계 서적은 무엇이었을까? 이들은 모두 하곡 정제두의 학문에 영향을 받은 후예들로 하곡의 재실에서 모여 양명학을 연구했으므로, 아마도 정제두의 양명학 연구서를 읽고 연구했을 것으로 생각된다.³

정제두의 양명학 연구서는 그가 34세 때인 1682년(숙종 8)에 병이 너무 심해지자 죽음을 생각하며 유언으로 남겼던 「임술유교(壬戌遺敎)」에서 처음으로 등장한다. 그는 「임술유교」에서 "후세의 학술은 의심하지 않을 수 없다. 성인의 종지(宗旨)는 아직 밝혀지지 못한 것이 있는데, 오직 왕씨의 학문만이 주돈이와 정호의 뒤에 성인의 참됨을 거의 얻었으니, 일찍이 공경히 잠심하여 분명한 견해가 있었지만 강론하지 못한 것이 한이 된다. 이에 그 책과 '초록하여 표지했으나 미처 탈고하지 못한 것'을 소장한 경서 몇 갑, 손수 쓴 책 몇 권과 함께 한 상자에 넣어서 남겨준다."라고 했다.⁴

---

2   정양완(2012), 위의 책, 303-304쪽; 민영규, 『江華學 최후의 광경 西餘文存其一』(도서출판 우반, 1994), 39쪽.

3   정제두의 양명학 연구서에 대해서는 김수진이 처음으로 학계에 보고했다. 김수진은 규장각 소장 가람문고본 '陽明抄' 9책을 검토했는데, 1933년 1월 10일 '가람일기' 기록, '鄭氏齊斗士仰'이라는 장서인, 『陽明書抄』에 첨입된 쪽지에 기재된 '齊斗'라는 기명, 「壬戌遺敎」 및 박세채 등에게 보낸 편지에서 사용한 '抄錄'과 '書抄'라는 용어 등을 근거로 규장각 소장 가람문고본 '陽明抄' 9책이 정제두의 양명학 연구서라는 점을 밝혔다[김수진, 「정제두 사상투쟁의 기록: 가람문고본 '陽明抄'에 대한 탐색」, 『한국한문학연구』 67(2017)]; 이후 김수진은 이전에 '陽明抄' 9책을 표제에 근거해 『陽明抄錄』과 『陽明書抄』 계열로 분류하던 것을 권수제에 근거해 『陽明學錄』과 『陽明學庸說』 계열로 분류했고, 규장각본 9책 이외에 국립중앙도서관 소장 『陽明學錄』 1책과 『陽明學庸說補錄』 1책, 한국학중앙연구원 장서각 소장 『稽山先生學錄』 3권 2책본까지 발굴하여 분류했다. 또 『陽明學庸說』 1책의 편성과 『傳習錄』 등에서 초록한 부분을 제시했다[김수진, 「양명학 텍스트의 專有와 流布: 정제두 抄集 양명학 문헌의 발굴과 검증」, 『양명학』 51(2018)]. 이를 통해 현전하는 정제두 관계 양명학 문헌의 존재를 알 수 있게 되었고, 또한 이 문헌을 『陽明學錄』과 『陽明學庸說』 계열로 분류할 수 있게 되었다.

4   鄭齊斗, 『霞谷集』 卷7, 「壬戌遺敎」, "後世學術不能無疑. 竊恐聖旨有所未明, 惟王氏之學,

여기서 '그 책'이란 『전습록』을 비롯한 『양명전서(陽明全書)』 등 왕수인의 책을 말하며, '초록하여 표지했으나 미처 탈고하지 못한 것'은 정제두가 양명학을 연구하며 왕수인의 글을 초록한 책을 말한다. 정제두는 건강을 회복한 뒤 스승 박세채를 비롯해 민이승·최석정·박심 등과 논변을 하는 과정에서 자신이 초록한 책을 회람하면서 논변 참여자들의 양명학 이해를 도왔다.

1688년(숙종 14)에 박세채는 정제두에게 편지를 보내, "지난겨울에 들으니, 민이승과 함께 양명학의 옳고 그름에 대해서 강론했고 주변에서는 그대가 『근사록』을 자세히 읽어 그 핵심을 파악하도록 하는 것이 좋겠다고 하던데, 지금까지 잠심하여 연구한 것이 이미 오래되었으므로 반드시 분명한 입장이 있을 것이라고 생각합니다. 한두 가지라도 들을 수 있을까요? 전에 서애 류성룡의 잡설(雜說)을 읽은 적이 있는데, 그는 '평소에 육상산(陸象山)의 글을 몹시 좋아하여 초록하여 몸에 지니고 다녔다. 후에 우연히 불경을 보게 되었는데, 그 [상산학의] 핵심과 운용이 모두 그 [불경] 속에 있음을 처음으로 알게 되었다. 결국 이것[육상산의 글]을 버리고 강학하지 않았다.'라고 했습니다. 이 말은 매우 특별한 점이 있습니다. 사앙(士仰: 정제두의 자)도 그 책을 열람했는지 모르겠습니다. 아이들에게 들으니 '그대가 양명학의 중요한 부분을 초록하여 1책으로 만들었다.'고 하던데, 그 책을 빌려볼 수 있기를 바랍니다."라고 했다.[5]

---

5 於周·程之後, 庶得聖人之眞. 竊嘗委質潛心, 略有班見, 而恨未能講. 乃以其書及所嘗抄錄表識而未及脫稿者, 並與所藏經書數匣手寫數冊, 藏之一篋以遺之."

朴世采, 『南溪集』正集 卷32, 「答鄭士仰【戊辰五月十五日】」, "去冬聞, 與閔友彦暉會講王學是非, 卒之左右以爲當詳讀『近思錄』, 以求其衷. 想今潛誦已久, 必有所去就矣. 倘可得聞一二否? 記曾見柳西厓雜說, 自謂: '平日甚愛陸象山書, 抄錄隨身. 及後偶閱佛書, 始知機軸運用盡在其中. 遂棄之不學.' 此言殊有味. 抑未知士仰亦嘗披覽於其書耶. 又因兒子聞左右抄陽明學緊要語爲一冊, 幸乞投示."

1691년(숙종 17)에 박세채가 정제두에게 보낸 편지에서, "그대가 기록한 두 책 가운데『초록(抄錄)』은 주돈이와 정호의『근사록』과 같은 것으로 왕학(王學)을 하는 사람이 아니라면 헛되이 연구해서는 안 되는 것이며,『서초(書抄)』는 비록 의론(議論)의 대체는 볼 수 있지만 관통(貫通)하기는 어렵습니다. 이에『전습록』본문을 가지고 그 핵심을 직접 검토하니, 생각이 나온 바는 아마도 말할 수 있을 것 같습니다. 그 대략은「변설[卞說: 왕양명학변(王陽明學辨)]」과 같습니다."라고 했으며,[6] 1692년(숙종 18)에 최석정이 정제두에게 보낸 편지에서 "현장(玄丈: 박세채)께서 말씀하시길, 그대가 왕씨(王氏)의 문자를 모아 한 책을 만들었는데, 대략『근사록』과 같은 것이라고 하셨습니다. 저 또한 [이 책을] 한번 열람해볼 생각입니다."라고 했다.[7] 또한 정제두가 민이승에게 보낸 편지에서, "보내주신 서첩 가운데 조목조목 청한 것이 있어 제 견해를 그 아래에 한두 가지 첨부합니다. 아울러『초록』1권도 완성되어 보내드립니다."라고 했다.[8]

　이상의 기록을 통해 정제두의 양명학 연구서로『초록』과『서초』두 종류가 있었다는 것을 알 수 있다.[9] 현재 전하는『양명학록(陽明學錄)』의 표제는『양명초록(陽明抄錄)』이며,『양명학용설(陽明學庸說)』의 표제는『양명서초(陽明書抄)』이므로, 정제두의 양명학 연구서『초록』은『양명학록』이며,『서초』는『양명학용설』이라 할 수 있다.[10] 서울대학교 규장각한국학연

---

[6] 朴世采,『南溪集』正集 卷32「答鄭士仰【辛未】」, "高錄二書中,『抄錄』則實周・程『近思錄』之類, 非爲王學者, 不宜枉費硏窮,『書抄』則雖可見其議論大致, 而亦難通貫. 遂就『傳習』本文, 直討頭腦, 意思出來, 似皆可得而言者. 略如「卞說」矣."

[7] 崔錫鼎,『明谷集』卷13,「與鄭士仰書【壬申】」, "玄丈云足下裒捽王氏文字, 作一書, 略如『近思錄』之爲者, 亦思一覽耳."

[8] 鄭齊斗,『霞谷集』卷1,「答閔彦暉書」, "貴帖中復有所條請, 而鄙說一二端亦付其下.『抄錄』一卷, 亦完修並呈之."

[9] 김수진(2018), 앞의 논문, 215-219쪽.

[10] 한편 이 책들 가운데 서울대학교 규장각한국학연구원 소장『陽明學錄』2본(가람_281.952_

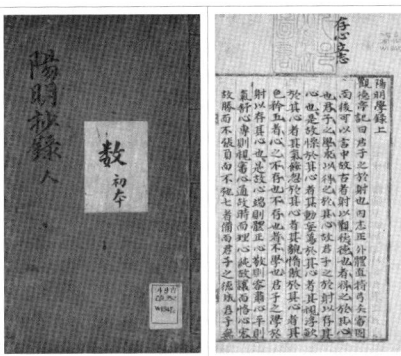
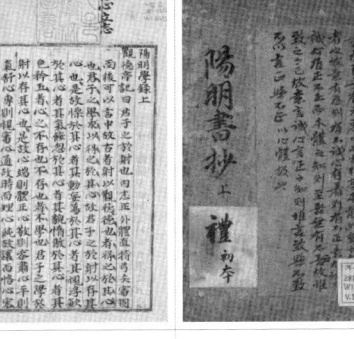
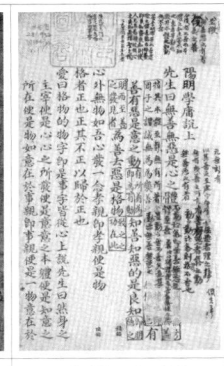

| 『양명학록』 표지 | 『양명학록』 내지 | 『양명학용설』 표지 | 『양명학용설』 내지 |
| (가람_281.952_W1847c) | (가람_281.952_W1847c) | (가람_281.952_W1847ya) | (가람_281.952_W1847ya) |

그림 1 | 『양명학록』과 『양명학용설』의 표지와 내지

구원, 국립중앙도서관, 한국학중앙연구원 장서각에는 정제두가 직접 초록한 초본(初本)과 정본(正本)을 비롯해 후대에 필사하여 정리한 정고본(定稿本) 형태의 『양명학록』, 『양명학용설』, 『양명학용설보록』, 『계산선생학록』 등이 소장되어 있다.

『양명학록』은 초본·정본·정고본 등 다양한 형태로 존재하는데, 이 가운데 한국학중앙연구원 장서각 소장 『계산선생학록』은 정고본으로 『양명학록』의 정본화 기준으로 삼을 수 있다. 『계산선생학록』은 3권 2책으로 1책은 권1 '학공편[學功篇: 공부위학지사(功夫爲學之事)]'과 권2 '학체편[學體篇: 학공지체(學功之體)]'으로, 2책은 권3 '학본편[學本篇: 학체지본(學體之本)]'과 '계산선생학의전(稽山先生學義全)'으로 구성되어 있다.

W1847y; 가람_281.952_W1847yb)에 적힌 소장인이 '鄭氏/齊斗/士仰'이므로 정제두 구장본으로 판단할 수 있다. 이외에 국립중앙도서관 소장 『居家必用事類全集』에도 정제두의 소장인 '鄭氏/齊斗/士仰'이 찍혀 있다[옥영정, 「『거가필용사류전집』의 조선유입과 현존본」, 『조선 지식인이 읽은 요리책: 거가필용사류전집의 유입과 역사』(한국학중앙연구원 출판부, 2015), 11 - 12쪽].

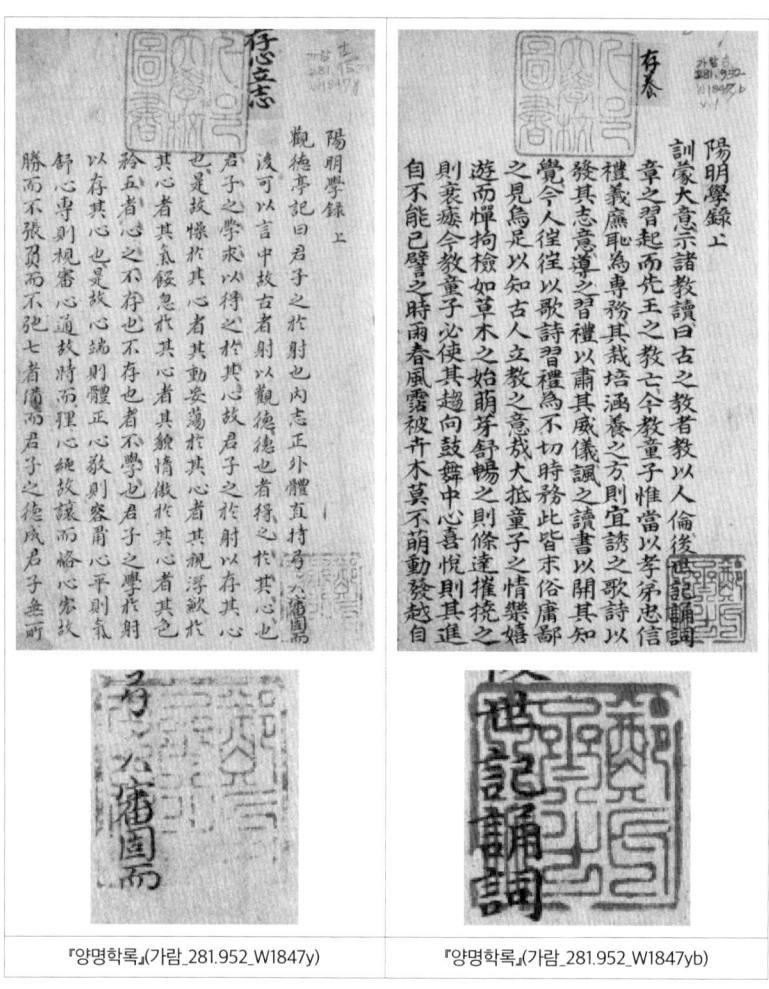

그림 2 | 『양명학록』 내지와 소장인

구체적으로 1책의 권1 '학공편'은 공부지일[工夫之一: 몽양(蒙養), 공부초학(工夫初學)], 공부지이[工夫之二: 공부격물(工夫格物)], 공부지삼[工夫之三: 공부치지(工夫致知)], 공부지사[工夫之四: 공부성의(工夫誠意), 공부정심(工夫正心)]로, 권2 '학체편'은 학공지체일[學功之體一: 격치공부상체(格致工夫上體)], 학공지체이[學功之體二: 성의공부상체(誠意工夫上體)], 학공지체삼[學功之體三: 정심공부상체(正心

工夫上體)], 학공지체사[學功之體四: 공부무실(工夫無失)], 학공지체오[學功之體五: 공부무진(功夫無盡)]로 구성되어 있다. 2책의 권3 '학본편'은 일체중리[一體衆理: 학본격물(學本格物)], 본체성리[本體性理: 학본치지(學本致知)], 전체일개[全體一個: 통체격치(統體格致)]로, '계산선생학의전'은 상·중·하로 구성되어 있다.

『계산선생학록』은 기본적으로『전습록』111개 조목을 초록하고 있는데, 이외에도『왕문성공전서(王文成公全書)』에 수록된「훈몽대의시교독유백송등(訓蒙大意示敎讀劉伯頌等)」,「교약(敎約)」,「야기설(夜氣說)」,「수도설(修道說)」,「대학문(大學問)」,「중수산음현학기(重修山陰縣學記)」,「중수양명선생사기(重修陽明先生祠記)」,「연보(年譜)」,「여육원정(與陸元靜)」,「기추겸지(寄鄒謙之)」등을 포함하고 있다.[11]

한편『양명학용설』은 상편, 하편, 후편으로 구성되어 있으며, 1책에 상편과 하편이, 2책에 후편이 수록되어 있다.『양명학용설』상편은 '격물(格物)', '치지(致知)', '성의(誠意)', '정심(正心)', '격(格)·치(致)·성(誠)·정(正)·수(修)', '명덕(名德)·친민(親民)·지선(至善)', '총삼강팔목(總三綱八目)'이며, 하편은 '수도(修道)', '생지(生知)·학지(學知)·지성(至誠)·사성(思誠)', '중화(中和)', '체용(體用)·동정(動靜)', '명선(明善)·성신(誠身)', '존덕성(尊德性)·도문학(道問學)'이다. 이어서 덧붙여진 제경(諸經) 부분은 '정일(精一)·도심(道心)', '궁리(窮理)', '학행(學行)·지행(知行)', '강학(講學)·박학(博學)', '박약(博約)', '진심삼절(盡心三節)'이다. 후편은 '시비지심(是非之心)', '양지지체(良知之體)', '심리지체(心理之體)', '위학본말(爲學本末)'이다.

상편은 격물·치지·성의·정심·수신 및 명덕·친민·지선 등『대학』의 3강령 8조목 관련 내용을 모은 것이며, 하편은 중화·명선·성신·존덕성·

---

11 박현정,「장서각 소장 정제두 초집『稽山先生學錄』初探」,『양명학』59(2020), 221-225쪽 수록 표.

도문학 등 『중용』 관련 내용을 모은 것이다. 하편의 뒷부분에 덧붙인 제경 부분과 후편은 『대학』과 『중용』의 주요 개념 이외에 학문과 관계된 것을 정리한 것이다.

『양명학용설』은 기본적으로 『전습록』 117개 조목을 초록하고 있는데, 이외에도 『왕문성공전서』에 수록된 「서주자예권(書朱子禮卷)」, 「대학고본서(大學古本序)」, 「대학문(大學問)」, 「친민당기(親民堂記)」, 「수도설(修道說)」, 「자양서원집서(紫陽書院集序)」, 「연보(年譜)」, 「여육원정(與陸元靜)」, 「기추겸지(寄鄒謙之)」 등을 포함하고 있다. 또한 양명 후학인 왕종목(王宗沐)의 글, 명대 문인 장채(張采)의 「양명요서서(陽明要書序)」 등도 초록했다.[12]

이상의 내용을 통해 정제두가 직접 초록하고 후대에 필사하며 정리한 『양명학록』, 『양명학용설』 등은 그의 양명학 연구서로 볼 수 있다. 『전습록』뿐만 아니라 『왕양명전서』에 수록된 다양한 글을 자신의 학문관에 맞게 편집한 일종의 '술이부작(述而不作)'적 전통 방식의 저술이다. 격변하는 역사적 상황에 직면한 구한말에 하곡학파의 후예들인 정원하·홍승헌·이건창·이건승 등이 하곡의 재실에 모여 양명학을 연구했을 때 이들은 『양명학록』, 『양명학용설』과 같은 정제두의 양명학 연구서를 보고 강론하지 않았을까?

정제두가 살았던 17세기 후반부터 18세기 초반까지 조선 후기 사상계는 조선 초부터 이어져 내려오는 학문적 전통 속에서 주자학이 주도하는 상황이었지만, 그 이면에서는 양명학, 고증학, 서학 등 다양한 학문을 수용해나갔다. 이를 통해 조선의 지식인들은 명·청 교체로 인한 대내외적 혼란을 수습하고 조선 후기 사회 지도 이념을 형성했다. 그러나 구한말에 외세의 위협이 갈수록 커지는 상황에서도 주요 지식인들은 교조화된 주

---

12 김수진(2018), 앞의 논문, 204-208쪽.

자학으로 반외세를 외치며 더욱 보수화되었고, 그 결과 시대의 흐름에 역행해 도태되고 말았다. 그렇지만 하곡학파의 후예들은 주자학에 대한 강한 비판과 함께 이를 극복하기 위한 사상적 원동력을 양명학에서 찾았고, 하곡의 재실에 모여 그의 양명학 연구서를 강론했다. 하지만 이미 내부적으로 공고화된 기득권의 보수성과 침략의 야욕을 가진 외세의 위협 속에서 개인의 힘으로 시대의 상황을 거스르기에는 역부족이었다. 그럼에도 이들은 그 흐름 속에서 자신의 역할을 다하기 위해 노력했다.

2. 일제강점기 간도 이주와 새로운 학문 터전의 마련

앞서 언급한 바와 같이 정원하와 홍승헌은 갑신정변 실패 후 일본으로 도망갔던 박영효와 서광범이 1894년에 귀국해 국정을 전횡하는 것을 보고 관직을 버리고 낙향했다. 이건창과 이건승 형제 역시 관직에 나아가지 않고 고향 강화에서 은거하며 살았다.

그러나 1895년에 을미사변이 일어나자 중앙관을 지냈던 이건창·홍승헌·정원하 등은 명성황후를 시해한 역도를 처벌할 것을 청하는 상소를 올렸다. 하지만 내각에서 물리쳐 고종에게 전달되지는 않았다.[13] 또한 1905년에 을사늑약으로 조선의 외교권이 박탈되자 이건승과 정원하는 함께 죽으려 했으나 성공하지 못했다. 이후 이건승은 방문을 걸어 잠그고 사람들을 만나지 않았지만, 얼마 지나지 않아 "내가 방 안에서 말라 죽은

---

13 李建昇, 『海耕堂收艸』 卷3, 「吏曹參判汝園洪公行狀」, "三十二年乙未夏, 度支部奏任管稅司長不就. 八月有坤寧閣之變, 公曁吾兄·鄭都憲上疏, 請復壺位, 誅凶逆."

들 무슨 도움이 되겠나?"라고 하며 재산을 처분하여 계명의숙(啓明義塾)을 세웠다.[14] 이건승이 계명의숙을 설립한 목적은 다음의 「계명의숙취지서(啓明義塾趣旨書)」에서 엿볼 수 있다.

    오늘날 서양의 부강은 오로지 인재를 교육함에 있으니 지식을 넓혀서 한 가지를 모르는 것도 자기의 걱정거리로 여기고, 한 가지 일을 닦지 않음도 자기 책임으로 여겨, 학문이 사물을 떠나지 않고, 마음이 일을 떠나지 않아 사물이 국무(國務)가 되고, 국무가 바로 자기 책임이라. 학문과 사물이 두 가지가 아니기 때문에, 슬기와 재주가 날로 성하고, 국무와 자신의 책임이 구별이 없기 때문에 부강이 날로 진보하니, 이는 그 방법이 옛과 은근히 합하고 지금에 마땅한지라. 오늘 우리 대한에 나라의 욕됨이 이에 이름은, 강토가 작아서가 아니며, 백성의 슬기가 낮아서도 아니며, 그 허물은 교육을 안 한 데에 있을 뿐이라. 배우지 않은 사람은 마음이 어둑하고 슬기가 흐릿하여 아울러 실심(實心)도 실업(實業)도 없으니, 외국과 통하지 않았을 때는 오히려 가히 스스로를 지킨다 하겠으니, 이제 유럽과 아세아가 뒤섞여 사는 때에 있어서는, 어찌 홍인(紅人)·흑인종(黑人種)의 화를 면할 수 있겠는가?
    아! 나라가 독립된 권리가 없으면, 백성이 어찌 자유로운 힘이 있으리오? 말과 생각이 이에 미치니 뜨거운 피가 끓어오르거늘, 오히려 낡은 습관만 고집하고 어둑하고 어두움만 달갑게 여긴다면, 이는 오히려

---

14 李建昇, 『海耕堂收艸』 卷2, 「耕齋居士自誌」, "居士中太上皇辛卯進士. 甲午宰相辟政府主事, 時國事日非, 亂逆用事, 居士不就. 自是無意於世, 與伯氏寧齋公, 隱居讀書務農, 自號耕齋居士. 乙巳, 日本奪我國權, 居士, 與擧鄭元夏, 約死而不能死, 閉門不見人, 旣而歎曰: '我雖瘦死室中, 何益?' 乃傾費, 建學校, 以敎育爲己任, 曰: '吾豈不知「精衛塡海, 徒勞無成」? 姑以盡吾心而已.'"

병들고도 약을 구하지 않고 죽어가는데도 살기를 찾지 않음이니. 아! 위태롭도다! 삼대의 법은 아득하니 증거할 수 없고, 이미 잃은 나라를 다시 일으켜 독립된 권리를 북돋아 세우기에는 미국·러시아에 이미 좋은 방법을 징험했으니, 오직 학교일 따름이라. 얼마나 다행스러운가? 요즘 들어 우리 대한에 차츰차츰 한 줄기 양맥(陽脈)이 있어 공사(公私) 학교 글방이 잇달아 생기고, 생각건대 우리 황제 폐하의 조칙이 여러 번 내려서 교육의 진보가 이로부터 바랄 만하니, 생각건대 이 강화 고을이 외따로 바닷가에 있어 풍속이 오히려 박루(撲陋)하고 견문이 넓지 못하여 어린 자제들이 새로운 학문에 어둑하고 동뜨고 멂을 면치 못하더니, 다행히도 뜻있는 여러분이 새로운 글방을 세우기를 의론하여, 이름 짓기를 계명(啓明)이라 하니, 계명이란 밝게 연다는 뜻이다. 그러나 이름이 있으면 반드시 그 실질이 있어야 하니, 글방 이름을 계명이라 함은 실심과 실업이 그것이니 이는 글방에 있지 않고, 이름 지음에도 있지 않고, 오로지 우리 자신에게 있으니, 남 덩달아 웃거나 찡김이 실심이 아니니 실심이 없으면 어찌 실사(實事)가 있으며, 이미 실사가 없으면 어찌 실효(實效)를 바라리오? […]

광무 11년(1907) 5월 스무나흘
숙장(塾長) 이건승[15]

이건승은 서양의 부국강병이 인재 교육에서 나왔다고 인식했기에, 계명의숙을 설립해 신학문을 가르치고 부국강병을 이룩하려 했다. 계명의숙은 1906년 5월 24일에 터를 잡고, 1907년 5월 24일에 창립되었다. 강화군 하도면 사기리 324대에 위치했으며, 학부에서 인허가를 받았다. 성경·

---

[15] 정양완(2012), 앞의 책, 522-523쪽에서 재인용.

지리·역사·어학·습자·체육 등의 교과목을 주간·야간에 학습했다. 다만, 일제 강점 후인 1915년 8월 사립학교령으로 고등과가 폐지되고 보통과로 격하된 채 운영되다가 1921년에 폐교되었다.[16]

이건승은 1910년에 만주로 떠나면서 계명의숙 운영에 직접 참여하지 못했지만, 1918년 이건승의 환갑 때 계명의숙 졸업생 12명이 은잔과 수저를 보내 축수했다.[17] 계명의숙 1회 졸업생은 초대 화도면장 권병효(權炳孝), 2대 화도면장 이선재(李善宰), 이건방, 박헌용(朴憲用) 등 10여 명이었는데, 재산을 처분해 계명의숙을 설립한 이건승의 학은에 감사를 표했던 것이다.

한편 이건승은 만주로 떠나며 홍승헌에게 편지를 보내 "내가 1905년에 죽지 않고 이제 또다시 구차하게 살아남아 차마 일본 신민이 될 수는 없소. 난 지금 떠날 뿐이오."라고 했다. 1910년 10월 1일에 그의 편지를 받은 홍승헌 역시 개성으로 가서 이건승과 합류했다. 이들은 10월 2일에 기차로 길을 떠났는데, 12월 7일에 만주 회인현 홍도촌에 도착했다.[18] 홍도촌은 만주 회인현 서쪽 40리 산속에 있었다. 정원하는 이미 한 달 전인 11월

---

16 정양완(2012), 앞의 책, 525-527쪽, '계명의숙 창립기념가(啓明義塾 創立記念歌)' 참고.

17 李建昇, 『海耕堂收艸』 卷6, 「接梨收艸」, 「余嘗於丙午歲, 建私立啓明義塾. 卒業十二人, 以銀盃及匙箸, 遙爲弧辰之壽, 其意可感, 以詩謝之」.

18 李建昇, 『海耕堂收艸』 卷2, 「耕齋居士自誌」, "庚戌, 國亡棄家, 向中國滿洲. 將行, 寄洪參判承憲書曰: '吾旣不死於乙巳, 今又苟活爲日本臣民不認爲也. 我今去耳.' 至開城郡, 承憲亦至. 同車直入滿洲之懷仁縣恒道村. 先是洪·鄭二人, 皆寓江華, 與居士講臨亂處變之道. 至是元夏先入恒道, 後至二人依元夏住."; 국망 이후 이건승·정원하·홍승헌 등이 만주로 이거한 것에 대해 대체로 "남의 땅이 된 조선 땅에서 일인이 되어 살 수 없어서 망명길에 올랐다."고 이해되었으나[정양완(2012), 앞의 책, 108쪽], 만주에서 그들이 구체적으로 어떤 활동을 했는지는 파악할 수 없었다. 다만 당시 안동 등지에 있던 노상익·노상직·이승희 등과 함께 일제의 정치적 탄압이나 경제적 수탈을 피해 중국이나 러시아로 망명한 한인 및 독립운동가들에게 조선 말 중앙 관료이자 유학자로서 안동 등 중국 관내의 관리들과의 교섭에서 실질적인 도움을 준 것으로 보인다. 이에 대해서는 본문에서 자세히 기술하도록 하겠다.

초에 먼저 도착해서 홍도촌 북산의 친척 집에 얹혀 살고 있었다. 이건승이 여기에 의탁했고, 홍승헌은 친척 홍승국(洪承國)이 임시로 사는 집에 얹혀 살았다.[19]

1911년 3월 22일에 이건승은 강구에 점방을 하나 사서 약을 팔고 농사지으며 살아갔는데,[20] 그해 4월 24일에 이건승의 양자 이범하(李範夏)가 가족을 이끌고 와서 함께 살게 되었다. 이어서 홍승헌·정원하의 가족들도 만주로 이사 오기 시작했다.[21] 가족이 늘면서 이들은 다른 곳으로 이사를 가야 했다.

1914년 여름 홍승헌과 정원하가 회인현에서 안동현으로 옮기기로 결정하여 홍승헌이 먼저 안동현 원보산으로 떠났고, 이건승은 그해 7월에 식구들을 배에 태워 떠났다.[22] 하지만 회인현 홍도촌에 살 때부터 풍토병을 앓던 홍승헌은 그해 8월 10일에 원보산 우거에서 세상을 떠났다.[23]

한편 정원하는 세 들어 살던 청나라 사람의 집에 불이 나는 바람에 홍도촌에서 10여 리 떨어진 선소촌으로 이사 가게 되었다.[24] 이후 그는 이건

19　李建昇,『海耕堂收艸』卷6,「興道收艸」,「十二月七日, 到興道村. 興道, 在淸滿洲懷仁縣西四十里萬山中. 綺堂先已入此, 月餘寓興道之北山, 邀余, 至其寓. 汝園寓其從弟承國寓舍. 夜與汝園共吟",〝沁南三徑渾如夢【沁州卽吾鄕邑名. 往歲綺堂·汝園自鎭川入沁, 與吾家近, 有三徑之從.】〟

20　李建昇,『海耕堂收艸』卷6,「興道收艸」,「辛亥春三月二十二日, 余買一廛於康溝, 亦興道村也. 來往新寓, 寄詩汝園·綺堂」.

21　李建昇,『海耕堂收艸』卷6,「興道收艸」,「余始入興道, 單身寄綺堂. 待春暄, 擬辦若干錢, 雲游四方. 宗子範夏排衆議, 西行曰: "豈可使吾仲父死於道路耶? 亟賣田土辦資, 以辛亥四月二十四日至. 綺堂·汝園子弟亦至. 乃述記事, 示範夏」.

22　李建昇,『海耕堂收艸』卷6,「興道收艸」,「甲寅夏, 汝園·綺堂, 以水土不狀, 議徙安東縣. 汝園先行, 余以七月, 船載家眷發行」.

23　李建昇,『海耕堂收艸』卷2,「吏曹參判汝園洪公行狀」,「公自住恒道, 不習水土, 患浮脹, 至是益劇, 竟以是歲八月十日, 歿于寶山寓舍.〟

24　李建昇,『海耕堂收艸』卷6,「興道收艸」,「綺堂寓淸人隙舍, 主人不戒, 火燒其屋, 徙于船所村, 距此十里. 恨然有作」.

> 이건승: 회인현 흥도촌(1910) → 회인현 흥도촌 강구(1911) → 안동현 접리수촌(1914)
> → 안동현 안민산(1917) → 안동현 접리수 / 1924년 2월 18일 졸
> 정원하: 회인현 흥도촌(1910) → 회인현 선소촌(1912) → 안동현 접리수촌(1914) → 안동현 안민산(1917)
> → 봉천(1920) → 회인현(1921) / 1925년 7월 25일 졸
> 홍승헌: 회인현 흥도촌(1910) → 회인현 흥도촌 강구(1911) → 안동현 원보산(1914) / 1914년 8월 10일 졸

표1 | 이건승·정원하·홍승헌 만주 이주 우거지

승을 따라 1914년에 회인현에서 안동현 접리수촌 서구로 옮겨가 살다가 일제의 탄압을 피해 안민산으로 거처를 옮겼다. 1920년에는 봉천에 벼농사를 지으러 갔다가 1921년에 다시 회인현으로 돌아와 종제 정원목(鄭元穆)에게 의탁했다.[25]

이건승이 안동현 접리수촌으로 이사 갔을 때 홍승헌은 이미 세상을 떠난 뒤였고, 정원하는 아직 흥도촌을 떠나지 못한 상황이었다. 이건승은 이미 접리수촌에서 살고 있던 안효제(安孝濟), 노상익(盧相益), 노상직(盧相稷) 등과 이웃에 살면서 가깝게 지냈다.[26] 이건승은 1916년에 안효제가 세상을 떠나자 그의 행장을 지어주었으며, 노상직에게도 「자암서당기(紫巖書堂記)」를 지어주었다.

> 이때 참판 홍승헌·대사헌 정원하·경재 이건승도 역시 이 땅을 피해 안동현에 우거하니, 공[안효제]과 친하게 지냈다. 시강 노상익이 편지로

---

[25] 李建昇, 『海耕堂收艸』 卷6, 「接梨收艸」, 「送綺堂種稻奉天」; 李建昇, 『海耕堂收初』 卷6, 「接梨收艸」, 「十月, 綺堂往懷仁縣, 依其堂元穆寓, 以詩送之.」

[26] 李建昇, 『海耕堂收艸』 卷6 「接梨收艸」, 「余寓安東縣接梨村, 安校理【孝濟】·盧侍講【相益】先寓接梨, 相追隨爲歡, 蘭谷弟作三老圖詩, 次其韻和之」, "[…] 余嘗與汝園·綺堂寓興道時, 頗有虎溪三笑之趣. 及余寓接梨, 汝園已沒, 綺堂尙住興道未出, 今與安·盧爲三徑之從, 與汝·綺興道畧相似."; 정양완(2012), 앞의 책, 191쪽.

공에게 "안동도 중국 땅일 따름이니 무엇 때문에 깊이 들어가시오?"라고 했다. 공이 이에 안동으로 돌아와 여러 사람들과 오가며 몹시 즐거워했는데, 특히 경재와 서로 좋아했다. 경재는 나의 종형이다. 내가 갑인(1914) 겨울에 경재를 안동 촌집에서 만났고, [이때] 공과 사귈 수 있었다.27

이건승이 접리수촌에서 얻은 집에 대해 읊은 시를 통해 당시 접리수 한인촌은 10여 가구로 단출하게 구성되어 있었고, 대부분 영남 사람이었음을 알 수 있다. 이 때문에 아이들의 말소리도 점점 영남 말투로 바뀌고 이건승 자신도 영남 마을에 있는 듯 착각할 정도였다. 그만큼 이건승은 마을에 잘 적응했고, 앞서 언급한 바와 같이 이곳에서 안효제·노상익·노상직 등과 이웃하며 가깝게 지냈던 것이다.

山南山北盡平原　산의 남쪽과 북쪽은 모두 평원
十室蕭條共一園　열 가구의 호젓함 한 동산에 어우러지네.
擺稏舖田風獵獵　벼 이삭 펼쳐진 들판에는 바람 불고
蕪葭滿地雨昏昏　거친 갈대 가득한 땅에는 비가 흩날리네.
居人未改衣冠古　이곳에 사는 사람들은 옛 의관을 고치지 않고
去國初逢禮俗存　나라 떠났을 때 당초 예속도 간직하고 있네.
【村中十數戶, 皆我國嶺南人, 男女異路, 長幼有序.】
【마을의 10여 가호는 모두 우리나라 영남 사람이다. 남녀는 길을 달

27　李建芳,『守坡集』卷8,「安校理墓誌銘」, "是時, 洪參判承憲·鄭大憲元夏·李耕齋建昇, 亦避地寓安東, 公所善. 盧侍講相益以書報公且曰: '安東亦中國地耳. 安用深入?' 公乃還至安東, 與諸人者, 往來歡, 甚而與耕齋尤相好. 耕齋者, 余堂兄也. 余於甲寅冬, 會耕齋於安東村舍, 得與公交."

리하고 어른과 아이 사이에는 질서가 있다.】

漸覺兒童音語變　아이들 말소리가 변해가는 것이 점점 느껴지고
自疑身在嶺南村　나 자신도 영남 마을에 있는 듯하다.[28]

이들이 정착해 살던 안동은 일본이 만주와 중국을 침략하던 시기에 한반도에서 만주로 군대와 군수 물자를 나르던 안봉선(安奉線: 안동과 봉천을 연결하는 철도)이 출발하는 장소였다. 따라서 압록강을 지나 만주나 중국 내륙으로 들어가는 독립운동가들이 반드시 거치는 곳이었다.[29] 또한 일제의 정치적 탄압과 경제적 수탈을 피해 압록강에 인접한 회인·집안·통화·유하현 등으로 이주하는 사람들도 안동을 경유해야 했다.[30]

1911년 10월 압록강 철교가 개통되자, 그 접경지인 안동은 압록강 철교를 통해 국내와 중국 내륙의 육상 왕래가 수월해지면서 더 많은 한인들이 경유하고 이주하는 곳이 되어갔다. 그중에서도 토지가 비옥하고 일본의 간섭과 통제가 비교적 덜한 안동 서남부의 접리수·탕지자·백채지·동고령 등에 한인촌이 형성되었다. 1910년대 중반 이후 안동 지역 한인들은 중국과 일본 사이에서 국적 문제로 이중압박에 시달리고 있었는데, 접리수 한인촌은 조선의 전직 관리와 유림 지도자가 마을을 운영하고 있었다.[31]

당시 접리수 한인촌에서 지도자 역할을 했던 노상익이 남긴 '중국 남만

28　李建昇,『海耕堂收艸』卷6,「接梨收艸」,「接梨新寓」.
29　서동일,「1910년대 한인의 안동 이주와 접리수 한인촌 형성」,『한국사연구』171 (2015a), 278쪽.
30　서동일,「100년 전 중국 안동현에 세워진 한인촌의 모습, '중국 남만주 안동현 접리수도'」,『한국근현대사연구』74(2015b), 288쪽.
31　서동일(2015a), 앞의 논문, 281-286쪽.

주 안동현 접리수도(中國南滿洲安東縣接梨樹圖)' 상단에 '서구결사록(西溝結社錄)'과 '[보]내유동고(補來留同苦)'가 기록되어 있다. '서구결사록'에 기재된 인물들은 접리수 한인촌을 개척하고 운영한 사람들로 노상익·안효제·이경일(李慶一)·채희동(蔡熙東)·이건승·황규현(黃圭顯)·박상림(朴尙林)·안형원(安蘅遠) 8명이다. '내유동고'에 기재된 인물들은 한인촌이 형성된 후에 정착해 운영한 사람들로 이승희(李承熙)·정원하·박동흠(朴東欽)·노상직·이민응(李敏應) 5명이다.

이 가운데 노상익(시강)·안효제(교리)·이건승(주사)·이승희(참봉)·정원하(참판)·박동흠(직각)은 관직을 지낸 인물들로 접리수 한인촌에서 지도자 역할을 했을 것으로 판단된다. 노상익이 1911년 겨울에 밀양에서 서간도로 이주해 1912년에 접리수 서구에 가장(家庄) 오일경(五日耕)을 사들이고 동지들에게 집을 짓게 했는데, 1912년에 이경일·황규현·박상림은 밀양에서, 채희동은 대구에서, 안형원은 김해에서 각각 이주해와서 집을 지었다. 노상직은 1911년 12월에 서간도로 넘어와 형 노상익과 함께 현내에 거주하며 토지와 가옥을 구입했으나, 1912년 겨울에 가정의 우환으로 귀국했다. 하지만 이후로도 매년 노상익을 만나러 왔다.

이승희는 1911년에 성주에서 서간도로 넘어왔고 길림의 봉밀산에 들어갔다가 1913년에 서구에 머물렀다. 안효제는 의령에서 1911년에 서간도로 왔고 1912년에 임강현에서 집리수로 이주했다. 박동흠은 1915년에 태천에서 서간도로 와서 서구에 거주했다. 이민응은 동지들과 함께 자금을 모아 토지를 구입해 서간도로 이주해온 농민들이 생활할 수 있도록 도왔다.

하지만 접리수 한인촌에서 지도자 역할을 했던 안효제가 1916년 12월 16일에 세상을 떠나고, 1917년 접리수에 일제의 경찰 지소(支所)가 설치되어 한인에 대한 탄압이 가중됨에 따라 이건승과 정원하 등은 이주를 결심하게 되었다. 이건승이 남긴 다음의 기록을 보면 당시 상황을 짐작해볼

표 2 | 중국 남만주 안동현 접리수도

〈서구결사록〉

관직	성명	생년	본관	자호(字號)	기타
侍講	盧相益	己酉	光州	致三, 大訥	自密陽, 辛亥冬渡西. 壬子, 購家庄五日耕於接梨樹西溝, 使同志構屋.
校理	安孝濟	庚戌	耽津	舜仲, 守坡	自宜寧, 辛亥渡西. 壬子, 自臨江縣來.
	李慶一	壬子	碧珍	德善	自密陽, 壬子渡西構屋.
	蔡熙東	丁巳	仁川	春可, 秋潭	自大邱, 壬子渡西構屋.
主事	李建昇	戊午	全州	保卿, 耕齋	自江華, 庚戌渡西. 甲寅, 自懷仁縣來.
	黃圭顯	辛酉	長水	舜明, 西隱	自密陽, 壬子渡西構屋.
	朴尙林	己巳	密陽	可見, 忍窩	自密陽, 壬子渡西構屋.
	安蘅遠	丙子	廣州	錫謨, 曉峰	自金海, 壬子渡西構屋.

〈(보)내류동고〉

관직	성명	생년	본관	자호(字號)	기타
參奉	李承熙	丁未	星州	繼道, 剛齋	自星州, 辛亥渡西, 入吉林蜂蜜山. 癸丑留西溝.
參判	鄭元夏	甲寅	延日	聖肇, 綺堂	自江華, 庚戌渡西. 甲寅, 自懷仁縣, 留西溝.
直閣	朴東欽	甲寅	密陽	勳汝, 海山	自泰川, 乙卯渡西, 居西溝.
	盧相稷	乙卯		致八, 小訥	辛亥十二月渡西. 與我住縣內構庄屋西溝, 而壬子冬迫於家憂違志還渡, 其後逐年有覲兄之行.
	李敏應		全州	壽春	與同志合資, 多購庄土, 西渡農民賴以資生.

수 있다.

거사가 접리수촌사에 임시로 살 때, 벼를 심고 약을 팔아 살아갔다. 일본 순사가 와서 거사에게 민단(民團)에 들라고 권했다. 민단이란 일본인이 우리 교민을 부서로 나누어 인원 수를 갖추어 호적을 일본에 예속시키는 것이었다. 거사는 거절하고 따르지 않았다. 두 번 세 번 강권하기를 더욱 심하게 했다. 거사는 이렇게 말했다. "내가 나라를 떠나 이리 온 것은 일본 놈이 되지 않기 위해서였다. 이른바 민단이란 것이 무엇 하는 것이냐?" 그러자 순사는 땅을 그어 좌우를 만들더니 "왼쪽은 민단에 들지 않아 죽고, 오른쪽은 민단에 들어 사는 것이다. 장차 어떤 쪽이 되겠는가?" 나는 몸을 일으켜 왼쪽으로 옮겨갔다. "여기가 내 땅이다." 하니 순사가 눈을 부릅뜨고 "당신 빈말이라 우습게 여기는가? 내일 총부리가 당신을 향해도 역시 다시 그럴 텐가?" 나는 가슴을 헤치며 "무엇 하러 내일을 기다리랴? 지금도 좋다. 하필 총살이랴? 자네가 찬 칼도 좋으니 해보아라." 순사가 한숨을 쉬더니 가면서 "교화시키기 어렵구만." 하더니 마침내 다시는 민적(民籍)의 일로 묻지 않았다.[32]

당시 삼도랑두(三道浪頭) 주재소 순사가 마을을 방문해 접리수 한인들에게 민단 및 민적 가입을 강요하자 마을 주민들이 거부했다. 일본 순사들은 그 배후에 이건승·정원하·노상익 등의 한인 지도자들이 있다고 판단하고 이들을 총칼로 위협했으나 그들은 죽음을 각오하며 강하게 반발했다. 접리수 한인 통제를 위해 삼도랑두 주재소는 '지소'를 설치하기에 이른다.[33] 지소 설치에 따른 한인 통제 및 탄압이 가중되자 이건승·정원하·노상익 등은 안민산으로 이사하게 된다.[34]

---

32 李建昇,『海耕堂收艸』卷2,「耕齋居士自誌」, "居士寓接契村舍. 種稻賣藥以爲生. 日本巡查來勸居士入民團. 民團者, 日本人部勒我僑民隸籍日本者也. 居士拒不從, 再三强之愈甚. 居士曰: '吾所以去國來此, 正不欲爲日本民, 所謂民團, 何爲者?' 巡查因畫地爲左右曰: '左者不入團而死, 右者入團而生. 將何居?' 余起身移左曰: '是吾地也.' 巡查瞋目曰: '子以空言易之耶? 明日銃口向子, 亦復爾耶?' 余披襟曰: '何待明日? 今亦可矣. 何必銃殺? 君所佩劍, 亦可以試.' 巡查噫而去曰: '難化矣.' 遂不復以民籍問."

33 서동일(2015a), 앞의 논문, 307-309쪽.

34 盧相益,『大訥手卷續編』亨, 卷3,「記渡江以後事」, "不意, 駐在所支設於接梨樹. 故購屋於安民山, 而 使右容, 先接矣"[서동일(2015a), 앞의 논문, 309쪽에서 재인용].

안민산은 안동현 서쪽 30리에 있다. 산 아래 마을이 있는데, '안민촌'이라 한다. 마을은 낙토(樂土)이다. 듣자 하니 "하구(河口)에 관개하여 씨 뿌릴 때 가물더라도 한재(旱災)가 되지는 않는다." 하더라. 이에 내가 "바닷물은 짠데 농사에 방해되지 않는가?"라고 물으니, 대답하길 "하구가에 물이 더해져 역류하여 높이가 3~4장(丈) 되니, 관개할 때 갑문을 설치하여 의도대로 열었다 닫았다 합니다. 이에 만주인들은 비로소 늦지 않게 치수하게 되었고, 지금 [이를 배운] 우리들도 모두 씨를 뿌릴 수 있게 되었습니다. 그런데 달갑지 않게 땅을 판 한교(韓僑)들은 더욱 살아갈 방도가 없게 되었습니다."라고 했다.[35]

안민산은 안동현 서쪽 30리에 있는데, 산 아래 안민촌이라는 마을이 있었다. 이 마을은 압록강 하구에 관개하여 씨 뿌릴 때 가물더라도 한재가 일어나지 않는 곳이었다. 이곳에 이주한 한인들 중에서 하구가에서 역류를 방지하기 위해 갑문을 설치해 의도대로 여닫는 방법을 익힌 사람들은 농사를 잘 지을 수 있기 때문에 토지만 확보한다면 정착하기에 적당한 곳이었다.

하지만 일본 경찰이 남만주 지역의 한인들을 더욱 통제하자 노상익은 1920년에 봉성으로 이주했다가 1923년에 만주 생활을 정리하고 귀국했다. 정원하는 1920년에 봉천에 벼농사를 지으러 갔다가 1921년에 종제 정원목에게 의탁하기 위해 다시 회인현으로 돌아가게 되었다. 마지막으로 이건승은 1924년에 접리수 한인촌에서 세상을 떠나기에 이른다.

---

35 李建昇,『海耕堂收艸』卷6,「接梨收艸」,「安民村」, "安民山, 在安東縣西三十里. 山下有村曰: '安民村'. 村以樂土, 聞'盖灌江潮, 種稻旱, 不爲災'云. 余問'潮鹹不害稼否?' 曰: '海潮上亘添水逆漲高三四丈, 可灌田設閘隨意吞吐. 滿洲人始不晚治水田, 今學我人, 皆自種稻, 不肯賣田韓僑, 益無以爲生'云."

그동안 국권 피탈 후 이건승·정원하·홍승헌 등이 만주에서 했던 활동에 대해 일제의 통치에 반대해 백이숙제와 같이 조선의 충신으로 남는 명분상의 역할을 했다고 판단해왔다. 하지만 이들은 노상익·안효제 등과 함께 안동현 접리수 한인촌에서 지도자 역할을 했으며, 전(前) 조선 관료의 지위를 통해 중국 관내에서 한인들이 관리들과 교섭하는 데 실질적인 도움을 주었던 것으로 보인다. 또한 정치·경제·학문적으로도 다음 세대를 양성할 수 있는 배경이 되었다. 특히 국권 피탈 직후 한반도를 떠나 서간도·중국 내륙·러시아로 이주하려는 한인들에게 국제 정세를 비롯해 당시 정치·경제·사회에 관한 지식을 전달하는 중요한 역할을 했다.

이건승과 이건방이 서간도 지역에서 지내면서 남인 계열 학자들과 깊이 교류하고 안동현 접리수 한인촌을 비롯한 여러 지역에서 지도자 역할을 하자 스승을 찾아 조선에서 온 젊은 지식인들은 당파에 구애받지 않고 다양한 지식을 흡수하기에 이른다. 정인보에게도 조선학 전반에 대한 이해의 폭을 넓히는 계기가 되었다.

이는 정인보 집안과 세교가 없었음에도 깊은 교류가 이루어졌던 남인 계열 학자들과의 관계, 『담원문록』의 「수파 안공 효제의 손자 경일이 공을 위한 전을 지어달라기에 시를 지어 보내다[守坡安公孝濟孫炅日來求爲公傳賦贈]」, 「향산이공순절유허비[響山李公殉節遺墟碑]」 등의 글에서 살펴볼 수 있다. 또한 조선학을 정리하는 과정에서 경세학의 측면을 남인 계열의 유형원-이익-안정복/정약용/윤동규 등으로 정리하고, 1929년 12월 22일부터 1931년 7월 6일까지 동아일보에 연재한 「조선고전해제」에서 이익의 『곽우록(藿憂錄)』, 이중환(李重煥)의 『택리지(擇里志)』 등을 연재한 것 역시 이러한 배경에서 형성된 영향으로 볼 수 있다. 이는 새로운 역사의 흐름을 만드는 과정이었다.

3. 정인보의 양명학적 재해석과 하곡학의 해체

정인보는 구한말에 태어나 일제강점기를 거쳐 광복 후까지 활동했던 한학자이자 국학자이다. 그는 1893년 5월 6일 호조참판을 지낸 정은조(鄭誾朝)와 달성서씨(達城徐氏)의 아들로 태어났는데, 그의 집안은 조선 후기의 대표적인 소론 학자 관료 집안이었다. 또한 정인표·이건승·이건방에게 수학했는데, 이들은 정제두로부터 연원하는 하곡학파의 정맥을 잇는 학자들이다.

'정제두-심육/심악……심대윤-정인표-정인보' 학맥은 정제두의 문인 심육으로부터 심대윤과 정인표를 거쳐 정인보에게 이어진 것이며, '정제두-이광명……이건승/이건방-정인보' 학맥은 정제두의 문인 이광명이 강화도에 세거하면서 계승된 것이다. 즉 정인보는 정제두의 전기 문인과 후기 문인 계열 모두로부터 하곡학을 전수받은 마지막 적전(嫡傳)으로 평가할 수 있다.

정인보는 1923년부터 연희전문학교에서 학생들을 가르치면서 동아일보 논설위원으로도 활동했다. 1931년에는 동아일보에 「조선고전해제」를 연재했고, 1933년에는 「양명학연론」을 연재했다.[36] 이 과정에서 하곡학을 양명학적으로 재해석하는 논의를 전개했다.

정인보는 1931년에 동아일보에 「조선고전해제」를 연재하면서 '조선의

---

[36] 정인보가 하곡학을 양명학적 가치에 주목하여 재해석한 부분을 살펴보려면, 「조선고전해제」 가운데 이면백의 『감서(憨書)』(동아일보, 1931년 1월 19일 연재), 정제두의 『하곡전서(霞谷全書)』(동아일보, 1931년 3월 2일 연재), 이충익의 『초원유고(椒園遺藁)』(동아일보, 1931년 3월 30일 연재), 이광사의 『원교집(圓嶠集)』(동아일보, 1931년 4월 27일 연재)에 주목할 필요가 있다. 이 책에서는 『薝園國學散藁』(문교사, 1955)에 수록된 「조선고전해제」를 현대 한국어로 풀어서 인용했다.

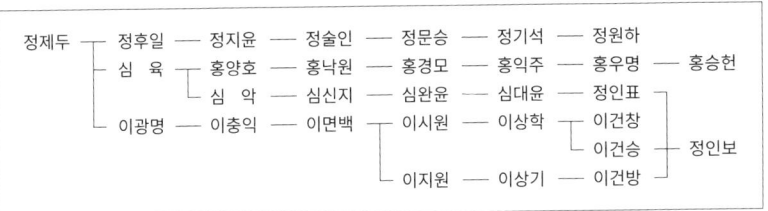

표 3 | 하곡학파의 주요 학맥도(정제두-정인보)

정치·경제·역산·지리[水地]·민속·어문을 전공하는 것'을 조선학으로 정의했다.37 그는 조선학의 계통을 이익과 정상기(鄭尙驥)로 대표되는 남인계, 이이명과 김만중(金萬重)으로 대표되는 서인 노론계, 정제두를 계승하는 서인 소론계로 구분했다. 이때 정인보는 정제두를 계승한 계통에 대해서 "정제두의 학문을 계승한 한 계통이 있다."고 했는데, 하곡학을 양명학으로 재해석하고 이에 대한 계승 관계를 확립해나갔다.38

정인보는 "정제두는 조선에서 명나라 왕양명의 학파로 가장 뚜렷한 한 사람이니, 비록 앞에 지천 최명길, 뒤에 초원 이충익이 있지만 정제두처럼 일생을 양명학 연구에 이바지하여 양지설의 집대성을 이룬 사람은 다시 또 없었다. 만물일체설, 양지도설 등이 모두 투철한 견해와 치밀한 사색의 표현이며, 학문을 논한 여러 편이 모두 간절하고 절실하여 조금도 다투는 기색이 없고 옳은 것이 저기 있음이 분명하기만 하면 평생 학문을 다 버리고서도 한탄하지 않은 허심(虛心)이 보인다. 양명을 버리기 어려운 것이 아니라 자기 마음에서 옳게 아는 것을 스스로 폐할 수 없다는 진의

---

37 정인보, 「『憨書』해제」, 『薝園國學散藁』(문교사, 1955), 1-3쪽[『동아일보』, 1931년 1월 19일 연재].

38 정인보, 「『椒園遺藁』해제」, 『薝園國學散藁』(문교사, 1955), 32-33쪽[『동아일보』, 1931년 3월 30일 연재].

가 보인다."고 했다.³⁹

또한 정인보는 정제두와 민이승의 논변을 말하며 "민이승의 주론은 양명 동시대의 나흠순(羅欽順)과 같은데, 정제두의 변설은 양명의 여러 글보다 오히려 지나친 고심이 들어 있다."고 했고, 또 "「사서해(四書解)」, 「역설(易說)」, 「정성서주(定性書注)」가 모두 양명학의 진수를 발휘한 저작"이라고 하면서 정제두가 왕수인의 제자 왕기(王畿)·전덕홍(錢德洪)·왕간(王艮)에 비견될 만하다고 서술했다.⁴⁰ 정제두를 조선 양명학의 주요 인물로 지목한 것이다.

다만 "정제두가 양명학을 숭상함은 연원이 어디에서 왔는지는 모르겠지만 추측컨대 최명길의 영향도 없지 않았을 것 같다.", "정제두의 양명학이 정확한 계통의 연원이 있다 하기보다는 차라리 그 시대의 반동이라 함이 옳을 것이다."라고 하면서 정제두의 양명학 연구를 시대 인식에 따른 결과로 보았다.⁴¹

또한 정인보는 "정제두가 평생 동안 연구한 양명 종지는 그 후예부터 은폐하는 편이 많아서 지금 전하는 연보를 보아도 이리저리 덮으려는 흔적이 보이니"라고 하여 하곡학을 양명학으로 재해석했고 이때까지는 정제두 이후 양명학을 계승한 학맥으로는 이충익에 대해 설명할 뿐이었다.⁴²

정인보는 "근세 조선학의 계통은 대략 세 파가 있으니, 이익을 도사(導

---

39 정인보, 「『霞谷全書』 해제」, 『薝園國學散藁』(문교사, 1955), 18-19쪽[『동아일보』, 1931년 3월 2일 연재].

40 정인보, 「『霞谷全書』 해제」, 『薝園國學散藁』(문교사, 1955), 19쪽[『동아일보』, 1931년 3월 2일 연재].

41 정인보, 「『霞谷全書』 해제」, 『薝園國學散藁』(문교사, 1955), 20쪽[『동아일보』, 1931년 3월 2일 연재].

42 정인보, 「『霞谷全書』 해제」, 『薝園國學散藁』(문교사, 1955), 20쪽[『동아일보』, 1931년 3월 2일 연재].

師)로 하고 정상기를 잇는 것까지 아우르는 한 계통이 있고, 이이명과 김만중으로부터 내려오는 한 계통(홍대용이 이 계통에 속함)이 있고, 정제두의 학문을 계승한 한 계통이 있다.", "이충익은 하곡학계의 한 사람으로서 가장 장수하고 가장 문장이 고고했으므로 한 계통의 핵심이 대개 이 유고에 전해지고 있다."라고 하여 이충익을 하곡학파의 주요 인물로 소개했다.[43]

또한 "[이충익은] 12세 때 집안의 재난을 만나 평생의 대부분을 북쪽 변경과 남쪽 바다로 다녔으므로 민생의 고난을 체인했으며 곤액(困阨)에서 자라고 외약(畏約)으로 늙어 사생영욕(死生榮辱)으로 움직이지 못할 담연(湛然)한 본지(本地)를 깨달았으니, 마치 양명의 용장(龍場)을 방불하게 한다."라고 하여 이충익의 생애를 왕수인에 비견했다.[44]

정인보는 이충익 이외에도 "이광사는 정제두의 학문을 이어 그의 종형 이광신(「의주왕문답(擬朱王問答)」의 저자)과 같이 왕양명을 종주로 삼았다.", "이광사·이광신·민옥은 모두 양명학을 종주하던 학자였다."라고 하여 정제두의 하곡학 중 양명학 부분을 계승한 이들을 밝혔다.[45]

다만 "이광사 자신도 학문에 대한 의론은 양명학의 진면목을 계승했으나 양명을 말함에 미쳐서는 물론 꺼릴 리는 없지만 존숭함을 드러내지 못하여 억지로 미흡한 듯함을 보였고 이광려의 이광사 묘지(墓誌)에도 '이광사가 정제두는 섬겼으나 양지의 학설에는 계합하지 못했다.'고 했다. 이는 그 시대의 엄금을 면하고자 하는 것이있다."라고 하여 이광사가 양명

---

43 정인보, 「『椒園遺藁』해제」, 『薝園國學散藁』(문교사, 1955), 32-33쪽[『동아일보』, 1931년 3월 30일 연재].

44 정인보, 「『椒園遺藁』해제」, 『薝園國學散藁』(문교사, 1955), 33쪽[『동아일보』, 1931년 3월 30일 연재].

45 정인보, 「『圓嶠集』해제」, 『薝園國學散藁』(문교사, 1955), 45-47쪽[『동아일보』, 1931년 4월 27일 연재].

학 연구를 분명히 하기 어려웠음을 서술했다.⁴⁶

정인보는 1933년에 연재한 「양명학연론」에서 하곡학(파)을 조선양명학(파)으로 전환시키며 더 심도 깊게 논의를 진전시켰다. 그는 "정제두가 살았던 시대는 아직 뚜렷한 형체가 드러나지는 않았지만 조선의 학풍에 막 새로운 기운이 돌려는 때였다. 그는 심학을 가지고 바로 이러한 새로운 기운을 맞았던 대유학자였다."라고 했는데, 조선 후기 새로운 시대를 연 사람으로 정제두를 내세웠던 것이다.⁴⁷ 이는 조선(양명)학에 대한 인식이었다.

정인보는 다음과 같이 조선양명학파를 주장의 선명성 정도에 따라 첫 번째로 최명길·장유·최석정·정제두를, 두 번째로 이광사·이영익·이충익을, 세 번째로 홍대용을 제시했다.⁴⁸

첫 번째, 뚜렷한 저서가 있다던지 그렇지 않으면 그 말과 글 가운데 분명한 증거가 있어 다른 사람들은 몰랐을지라도 양명학파라 하기에 의심할 수 없는 사람들.

두 번째, 양명학을 비난한 말이 있기는 하지만 전후를 종합해보면 가짜로 꾸며낸 말이고 속으로는 양명학을 주장했던 것을 숨길 수 없는 사람들.

세 번째, 양명학을 일언반구 언급한 적 없고 존봉함은 회암에 있어 양명을 말하지 아니하되 그 평생 주장의 주요 정신을 보면 두말할 것 없이 양명학임을 알 수 있는 사람들.

---

46 정인보, 「『圓嶠集』 해제」, 『薝園國學散藁』(문교사, 1955), 47쪽[『동아일보』, 1931년 4월 27일 연재].
47 정인보, 「陽明學演論」, 『薝園國學散藁』(문교사, 1955), 275-276쪽.
48 정인보, 「陽明學演論」, 『薝園國學散藁』(문교사, 1955), 261-293쪽.

또한 정인보는 정제두에 대해서 "첫 번째 중에서도 대종(大宗)이니, 정제두가 평생 동안 순수하게 양명학을 연구한 학설로서 책 수만 수십에 달한다."고 평했다.[49] 아울러 하곡학파 가운데 양명학자로 첫 번째 이광신·김택수·이진병, 두 번째 이광사·이영익·이충익을 지목했다.[50] 즉 정제두를 정점으로 하는 하곡학파를 조선양명학파의 주맥으로 설정한 것이다.

정제두가 조선의 대표적인 양명학자가 되는 데는 정인보의 다음의 서술이 중요하다. 정인보는 "정제두가 어릴 때에는 주자학을 공부하면서 『주자대전(朱子大全)』, 『주자어류(朱子語類)』 등을 연구하여 깊이 천착하고 두루 꿰지 않음이 없었다. 그러던 중 주희가 『대학』의 격물치지(格物致知)를 '사물의 리를 궁구하는 것'이라고 해석하는 대목에서 잘못되었다고 생각했다. 그래서 다시 주돈이와 정호·정이의 학설로까지 거슬러 올라가고, 여러 경전에서 말하는 본래의 뜻을 찾아다니다가 중년에 양명의 책을 구하여 '치양지설(致良知說)'과 '지행합일설(知行合一說)'을 보고 비로소 확실하게 깨달아 그 뒤로는 평생 동안 오로지 양명학에만 매달렸다."고 했다.[51] 정인보는 정제두의 학문 단계를 '주자학 → 양명학 → 명도학'이 아니라 '주자학 → 명도학 → 양명학'으로 서술했다. 이를 통해 정제두는 양명학자가 되었고, 하곡학(파)은 조선양명학(파)으로 재해석되었다.

정인보는 일제강점기에 조선 후기 사회의 자생적 근대화 과정을 탐구하는 과정에서 당파와 상관없이 조선 후기 학문을 다양성과 합리성의 측

---

[49] 정인보,「陽明學演論」,『薝園國學散藁』(문교사, 1955), 274쪽; 정인보는「석천유고기」에서도 "최명길과 장유 뒤에 양명을 주장하는 사람으로 정제두가 있어, 『하곡전서』 10여 권이 모두 양명의 뜻을 풀어 쓴 것으로 비록 최명길과 장유의 어짊으로도 그 논술이 이에는 미치지 못했다."고 했다[정인보 저, 정양완 역,「石泉遺稿記」,『薝園文錄 下』(태학사, 2006), 284쪽].

[50] 정인보,「陽明學演論」,『薝園國學散藁』(문교사, 1955), 281-291쪽.

[51] 정인보,「陽明學演論」,『薝園國學散藁』(문교사, 1955), 274-275쪽.

면에서 포괄하는 조선학의 한 갈래로 하곡학(파)을 조선양명학(파)으로 지목했다. 정인보는 정제두로부터 자신에게 이어지는 학문의 연원을 양명학적으로 재해석하며 시대적 가치를 부여했던 것이다. 하지만 정제두와 그의 학문과 사상의 가치를 양명학적으로만 평가할 수는 없다.

　정제두는 주자학으로 인한 병폐를 개선하기 위해 양명학이라는 새로운 학문을 연구했고, 이를 조선에 적용하기 위해 노력했다. 근거를 정호에서 찾고, 생리(生理)라는 용어를 발굴하며, 조선 후기 학자들을 설득해 나갔다. 또한 주자학의 병폐를 지적할 뿐 주자학 본래의 가치를 부정하지 않았다. 다만 조선 국망 이후 주자학의 대체 이념으로 양명학의 필요성이 제기된 상황에서 하곡학(파)의 가치는 조선양명학(파)으로 기울 수밖에 없었을 것이다.

결언
하곡학파 연구의 과제

지금까지 하곡학파가 형성되고 전개되는 과정을 살펴보았다. 하곡학파는 하곡 정제두의 학문과 사상을 계승한 일군의 학자들을 지칭한다. 정제두는 그동안 주자학이 주류를 형성한 조선 후기 사회에서 양명학을 연구했다는 이유로 주목받았다. 하지만 실상 그는 박세채·민이승·최석정·박심 등과의 논쟁을 통해 명도학을 근거로 양명학의 기초 위에 주자학을 포용해 자신만의 학문 체계, 즉 하곡학을 완성해나갔다. 그리고 '순선한 생리가 사의와 기질에 가리지 않고 만물에까지 그대로 발현하도록 해야 한다'고 주장했다. 그 결과, 그는 경종~영조 대를 대표하는 산림학자이자 '실심실학의 유종'으로 평가받았다.

그러나 정제두의 사후에 그 문인을 자처하는 사람은 많지 않았다. 강화 이거 이후 서울과 물리적으로 멀어진 측면도 있지만, 그보다는 하곡학과 당시 사상계의 주류를 이뤘던 주자학 간의 거리감 때문일 것이다.『하곡집』의「제문」과「문인어록」에서 정제두의 문인을 자처한 인물로는 심육·윤순·이진병·이광명·이광신·송덕연·최상복·이선협·성이관·오세태·이선학·이광사 12명이 있다. 그리고 이 공식적인 문인들 외에 정제두와 그 아들인 정후일의 인척, 정제두와 교유한 민이승·박심의 아들을 포함해 이징성·이덕윤·이경호·민윤창·민경창·민회창·박양한·김택수 8명을 더 지목할 수 있다.

정제두의 문인으로 확인되는 사람은 이상의 20명 정도이다. 이 가운데 당대의 기록을 통해 생애와 학문을 검토해볼 수 있는 인물은 심육·윤순·이진병·이광명·이광신·이광사 등이다. 이들은 정제두의 강화 이거를 기준으로 전기 문인과 후기 문인으로 구분할 수 있다. 전기 문인인 심육·윤순·이진병 등은 정제두와 선대 인연으로 맺어진 인물로, 주희와 정이의 학문에 대해 비판적이고 명도학을 존숭했으며, 정치적으로는 소론 완론에 속했다. 반면, 후기 문인인 이광명·이광신·이광사 등은 정제두와 후대 인연으로 맺어진 인물로 양명학을 존숭했으며, 정치적으로는 소론 준론에 속했다. 이 두 집단은 15~20세가량 나이차도 나고 서로 간에 교류도 많지 않았지만, 정제두의 사후에 추숭을 위해 함께 노력했다. 문집을 같이 편집하거나 조정에 건의하여 증직과 시호를 받고, 서원 건립을 추진하기도 했다. 특히 공동으로 제사를 지내거나 묘소에 참배하는 등의 활동을 통해 집단의식을 형성해나갔다.

기본적으로 하곡학파의 계승은 학연과 혈연을 바탕으로 이루어졌다. 그중에서도 영일정씨 정제두 가계, 전주이씨 덕천군파 이경직 가문의 이광명 가계·이광사 가계·이광신 가계, 평산신씨 신대우 가계가 대표적이다. 정제두 가계는 강화와 통진을 거점으로 하면서 천안으로, 이광사 가계는 장단·고양·삭녕·파주·양근 등 경기 지역으로, 이광신 가계는 충주·은진·노성 등 충청 지역으로 확산되어갔다. 이광명 가계는 강화에, 신대우 가계는 광주에 주로 세거했다. 즉 18~19세기에 하곡학파는 대를 이어가며 강화에서 경기와 충청 지역으로 옮겨갔으며, 이 과정에서 강화·광주·진천은 학파의 중심지로 자리 잡았다.

강화는 정제두가 말년에 이거하여 자신의 학문을 정리하다가 생을 마감한 곳으로, 하곡학파에게는 일종의 성지와도 같은 장소였다. 정제두는 이거 이후 선묘 곁에 있는 별당에서 생활했고, 진강에도 초정을 짓고 머물렀다. 사후에 강화에는 그의 묘가 조성되었고, 재실은 훗날 정원하·홍승헌·이건창 등이 하곡학을 강론하는 장소가 되기도 했다. 정제두의 두 손녀사위 이광명과 신대우는 가계가 어려워지면서 강화에 생활공간을 마련하고 묘역을 조성했다. 이광명은 아버지가 돌아가시자 어머니 은진송씨와 함께 강화에 정착해 정제두의 문하에서 학문을 닦았고, 마침내 그 능력을 인정받아 그의 손녀사위가 되었다. 이후 이광명 가계는 강화 사곡에 터전을 마련하고 묘역을 조성했다. 신대우는 부모가 세상을 떠난 뒤 서울 생활이 어려워지자 장모 문화유씨의 도움으로 강화로 이거한 경우다. 그는 관직을 제수받아 서울로 떠날 때까지 웅일리에 있는 최규서의 옛집에 세 들어 살았으며, 강화에 용안실을 열어 자신의 아들 신진·신작·신현, 정제두의 증손 정술인, 이광명의 손자 이면백 등을 가르쳤다. 이후 정제두·이광명·신대우 가계는 모두 정제두의 거처와 묘역, 그리고 각 가계가 생활했던 공간으로 인해 강화를 중요한 지역으로 인식했다.

광주는 19세기 전반 만년에 접어든 신대우가 집을 짓고 그 가계가 세거하며 묘역을 조성한 곳으로, 하곡학과 하곡학파의 외연이 확장된 지역이다. 광주 사촌에서 신대우와 그의 세 아들 신진·신작·신현은 학맥과 혼맥으로 연결된 정제두·이광명 가계와 세교를 이어갔을 뿐만 아니라 중앙 관료로도 진출하여 홍양호·이만수·서영보 등에게 하곡학을 전했다. 특히 신작은 강진에서 광주 마현으로 돌아온 정약용과 『고문상서』를 중심으로 10여 년간 학술 토론을 벌이기도 했다.

진천은 19세기 후반에 홍승헌·정인표·정인보 등이 모여 살며 형성된 하곡학파의 새로운 거점이다. 홍승헌은 정제두의 전기 문인 심육의 생질인 홍양호의 5대손이고, 정인표는 심육의 동생 심악의 증손인 심대윤의 고제였다. 가문 차원에서 하곡학과 인연이 깊었던 이들은 정제두의 6대손인 정원하와 교유했다. 정인보 역시 1907년에 진천으로 이거했고, 정인표·이건승·이건방의 제자가 되어 하곡학파의 일원이 되었다. 하지만 하곡학파의 요지로서 진천의 역사는 오래가지 못했다. 국망 이후 이곳에 세거했던 이들이 후일을 기약하며 간도로 망명을 떠났기 때문이다. 이들은 세상을 등진 뒤에야 겨우 고국으로 돌아왔다.

이처럼 하곡학은 18~19세기에 걸쳐 특정 가계를 중심으로 강화, 광주, 진천으로 뻗어나갔다. 그러나 하곡학은 시대를 막론하고 하나의 원형이 유지되기보다는 넓은 스펙트럼으로 세상의 변화를 포용했다. 학파의 형성 초기부터 정제두가 개개의 바람에 맞추어 주자학과 양명학을 전수해 주었고, 따라서 그 문인과 후예들은 주자학에서 양명학까지 폭넓은 기반 위에 각자의 방식으로 하곡학을 이해하고 계승·변용해나갔기 때문이다.

전기 문인인 심육은 1722년 강화도로 가 정제두에게 가르침을 받고 「진강문답」 11조목을 남겼다. 그 내용은 대체로 주희나 정이보다 정호를 높이 평가하고 따르는 정제두 만년의 학설을 담고 있다. 심육은 정제두의 고제로 산림학자의 지위를 계승했다. 후기 문인인 이광신도 주자학과 양명학의 장단점을 파악하고 성학의 바탕으로 삼았던 하곡학의 정수를 충실히 계승했다. 이광사·이광찬과 논쟁을 벌인 그는 명도학을 근거로 양명학과 주자학을 포용한 하곡학의 입장에서 양명학에 경도된 주장을 펼친 두 사람을 논파했다. 이광사와 이광찬이 양명학의 입장에서 이와 기, 성과 리, 심과 리의 개념을 혼용하거나 심즉리를 우위에 두고 성즉리를 비판하는 주장을 펼쳤던 반면, 이광신은 불상리와 불상잡의 논리로 각각의 개념을 분명히 밝히며 주자학과 양명학을 상보적 관계로 설정했다.

『대학』과 『상서』를 둘러싼 논쟁은 하곡학파의 분화를 직접적으로 보여주는 예다. 후기 문인 계열의 재전문인 이영익과 이충익은 『대학』과 『상서』에 대한 논쟁을 벌였다. 이들은 기본적으로 『대학』에 대한 정제두의 입장을 계승하면서 『고본대학』을 인정했고, 『대학』에 대한 양명학적 관점을 공유했다. 하지만 '격물치지'에 대해 이영익은 왕기와 같이 '격물'의 '물'을 '물유본말'의 '물'로 보고 '치지'의 '지'를 '지소선후'의 '지'로 보았으며, 이충익은 왕수인과 같이 '격물치지'를 '성의의 방법'이라고 하여 미묘한 차이를 드러냈다. 『상서』에 대해서는 이영익은 이광사에 이어 『고문상서』를 위서로 본 반면, 이충익은 『고문상서』의 의리를 높이 평가한 정제두처럼 진서로 볼 수 있다고 주장했다. 이영익은 「금등」·「무성」의 내용과 「탕고」·「중훼」·「대우모」의 문장을 분석하며 논리를 정밀하게 가다듬어갔고, 결국 이충익 역시 『고문상서』 위서설을 받아들이게 되었다. 이충익과 더불어 신대우도 처음에는 『고문상서』의 의리를 높이 평가하여 진서로 보았다. 그러나 그도 결국 『고문상서』 위서설을 받아들이게 되면서 위서설은 신대우를 거쳐 신작에게로 이어지게 되었다.

   신작은 『고문상서』를 주제로 정약용과의 논쟁을 벌였는데, 이들은 모두 『고문상서』를 위서로 보았다. 논변 과정에서 각자의 학설을 정리하면서 신작은 『고상서』·『상서고주』·『이십오편』·『백편고』·『서차고』 등을 편찬했고, 정약용은 『매씨상서평』·『고훈수략』·『상서지원록』 등을 편찬·개수했다. 하지만 『고문상서』를 부정한 정약용과는 달리, 신작은 『고문상서』의 의리가 좋다는 이유로 『사기』·『전한서』·『후한서』·『삼국지』·『상서대전』·『경전석문』 등에 산재된 것을 편집하여 진본 『고문상서』를 복원하려고 했다.

   이처럼 하곡학파는 이광사·이영익에 의해 『고문상서』 위서설을 받아들이게 되었지만, 『고문상서』의 의리를 높이 평가하는 하곡학파의 고거학 전통이 정제두로부터 신대우·이충익을 거쳐 신작에 이르러 하곡학파 외부의 정약용과 논쟁을 벌이고 최종적으로 진서 『고문상서』를 복원하려 했다는 점은 시사하는 바가 크다. 이는 하곡학이 그들 내부에만 머물러 당대 학술 지형에서 동떨어진 것이 아니라 사상계의 주류에 침투하여 한학(漢學)에 기초한 새로운 주장에까지 이르렀음을 보여주기 때문이다.

   조선 후기 사상계는 조선 초부터 이어져 내려오는 학문 전통 속에서 주자학이 주도하는 상황이었지만, 그 이면에서는 양명학·고증학·서학 등 다양한 학문을 수용해나갔다. 이를 통해 조선의 지식인들은 명·청교체로 인한 대내·외적 혼란을 수습하고 조선 후기 사회 지도 이념을 형성해갔다. 그러나 조선 말 외세의 위협이 두드러져가자 집권층의 일부는 교조화된 주자학을 통해 반외세를 외치며 더욱 보수화되었고 시대의 흐름에 역행해 도태되고 말았다. 혹은 제국주의 열강에 부역하며 국가와 민족을 버리는 반국가 반민족 행위를 일삼았다.

하지만 하곡학파의 후예들은 주자학을 강하게 비판하며 이를 극복할 사상적 원동력을 찾고자 했다. 그 실마리를 양명학에서 발견했던 정원하·홍승헌·이건창 등은 하곡의 재실에서 정제두의 양명학 연구서인『양명학록』과『양명학용설』을 강론했다. 하곡학의 학문적 다양성과 유연성은 새로운 시대에 적응하기 유리했고, 세교로 이어져 온 인연은 위기의 순간에도 믿고 의지할 수 있는 든든한 관계로 자리하고 있었다. 구한말부터 일제강점기까지 역사적 위기 속에서 하곡학파는 양명학을 중심으로 하곡학을 재해석하며 재결집했다. 그러나 이미 내부적으로 공고해진 기득권층의 보수성과 침략의 야욕을 가지고 접근해오는 외세의 위협은 이들의 힘으로 막기에는 역부족이었다.

이건승·정원하·홍승헌 등은 간도로 이주해 새로운 시대에 적응해나가며 후일을 기약했다. 이들은 1910년 조선이 국권을 피탈당한 후 회인현 홍도촌, 안동현 접리수촌, 안민산 등지에서 활동하며 안효제·노상익·이승희 등과 가깝게 지냈다. 이들은 전 조선 관료의 지위를 통해 관내 중국 관리들과의 교섭에서 한인들의 삶에 실질적인 도움을 주는 한인촌의 지도자 역할을 했다. 또한 경제적·학문적으로도 후속 세대를 양성할 수 있는 배경이 되어주었다. 특히 이들은 한반도를 떠나 중국 혹은 러시아로 이주하려는 한인들에게 국제 정세를 비롯해 당시 정치·경제·사회에 관한 지식을 전달하는 중요한 역할을 했다.

이건승·정원하·홍승헌 등 하곡학파의 후예들은 양명학과 근대 학문을 적극 수용했던 박은식·신채호 등 학자들과도 깊이 교류했다. 이 과정에서 스승을 찾아 조선에서 온 젊은 지식인들은 당파에 구애받지 않고 다양한 지식을 흡수하기에 이르렀다. 하곡학파의 마지막 적전인 정인보 역시 조선 후기 사회의 자생적 근대화를 탐구하면서 이곳에서의 경험을 토대로 다양성과 합리성의 측면에서 당시의 학문을 편견 없이 재구성한 조선학을 만들어나갈 수 있게 되었다. 그리고 하곡학을 양명학으로 재해석하며 조선학의 주요한 축으로 설정했다. 한동안 역사 속에서 망각되었던 하곡학파가 재조명된 순간이자, 정제두를 시작으로 후대에 다양한 스펙트럼으로 존재했던 하곡학파가 오늘날의 인식대로 조선 양명학파로 지목된 순간이었다.

이 책은 그동안 학파 차원에서 종합적으로 검토되지 못했던 18세기부터 20세기 초에 이르기까지 하곡학파의 주요 흐름을 유기적으로 재구성하는 것을 목표로 했다. 이를 위해 필자는 사승·교유·혼인 등 하곡학파 내부의 인적 관계를 살펴보고 학파 내·외부의 학술 논쟁을 검토하여 하곡학파가 시대의 흐름에 발맞추어 하곡학을 계승·변용해갔음을 밝혔다. 그러나 향후 하곡학과 하곡학파의 연구에서 진행되어야 할 과제는 여전히 많다. 먼저 정제두의 학문 형성 과정은 큰 줄기는 정리했으나 그의 경학과 양명학 연구는 더욱 깊이 있게 고찰할 필요가 있다. 더 나아가 정제두의 학문 형성 배경, 인적 네트워크, 논쟁 과정, 경세론, 정치 활동 등을 다각적으로 검토한다면 하곡학을 더욱 총체적으로 이해할 수 있을 것이다. 이를 위해서는 무엇보다도 『하곡집』의 정본화와 완역이 진행되어야 할 것이다.[1]

1 　필사본으로 전해져 온 『하곡집』에는 다양한 이본이 존재한다. 『하곡집』은 국립중앙도서관 소장 22책본(21책, 古貴3648-70-22)이 널리 알려져 있다. 한국고전번역원에서 국역한 『국역 하곡집』의 저본이자 같은 곳에서 출간한 문집총간 권160(현재 한국고전종합DB에 업로드)의 저본이며, 성균관대학교 동아시아학술원 유교문화연구소 한국유경편찬센터에서 정본화한 『하곡집』의 저본이기도 하기 때문이다. 이외에도 『하곡집』의 이본으로는 서울대학교 규장각한국학연구원 소장 11책본(11책, 古3428-326-v.1-11), 국립중앙도서관 소장 11책본(10책, 古3648-70-1), 서울대학교 규장각한국학연구원 소장 8책본(8책, 奎15738-v.1-8) 등이 존재한다[김용재·김민재·이우진, 「『霞谷集』定本化 및 完譯과 譯註

또한 관련 기록이 많지 않아 아쉽게도 이 책에서는 논의하지 못한 하곡학파의 다른 인물들도 있다. 정제두의 사위인 이징성과 그의 아들 이덕윤이 대표적이다. 정제두의 고제인 심육에게 가르침을 받고 신대우에게 학문을 전해주었던 이덕윤은 전기 문인 계열과 후기 문인 계열을 이어주는 중요한 인물이다. 이광사의 영향을 받고 신대우·이충익·신위(申緯, 1769~1845) 등에게 학문을 전해준 이광려에 대해서도 구체적으로 서술하지 못했다. 아울러 이광신과 교유한 민옥·조진빈, 신대우와 교류한 홍양호·이만수·서영보 등에 대해서도 검토할 필요가 있다. 하곡학과 하곡학파의 확장성은 여기에 달려 있다고 하더라도 과언은 아닐 것이다. 그리고 하곡학파에 대한 종합적인 검토를 위해서는 마찬가지로 주요 인물들의 문집을 정본화하고 번역을 진행하는 작업이 시급하다.[2]

를 위한 선제적 검토」, 『양명학』 40, 2015, 101~104쪽]. 이본 교감에는 최근 발굴된 「존언」, 「대학설」, 「중용해」, 「뇌제문」 등을 포함해야 한다. 연세대학교 국학자료실 위당문고에는 『하곡집』의 「존언」, 「대학설」, 「중용해」, 「뇌제문」이 소장되어 있다. 위당문고 소장 자료는 두주와 부전지에 수정 사항이 기록되어 있고, 이 수정사항은 현재 정본으로 활용되는 국립중앙도서관 소장 22책본에 반영되었다. 즉 위당문고 소장 자료는 정고본 『하곡집』의 수정 이전 초기 필사 자료라고 하겠다[임미정, 「연세대학교 국학자료실 소장 위당문고 자료의 성격과 가치 (2): 하곡 정제두의 초기 필사본 『存言』·『大學說』·『中庸解』의 소개와 분석」, 『동방학지』 200(2022); 김윤경, 「위당문고 소장 「뇌제문(誄祭文)」에 나타난 초기 하곡학파의 하곡학 인식」, 『율곡학연구』 55(2024) 참조]. 아울러 『하곡집』의 번역은 중요한 부분만을 선별하여 번역한 것이므로 정본 『하곡집』을 저본으로 완역이 이루어져야 할 것이다. 이외에도 최근 연구를 통해 알려진 정제두의 양명학 연구서인 『양명학록』과 『양명학용설』도 정본화, 번역, 구체적 연구가 필요할 것이다.

2 이 책에서는 정제두의 문인인 심육의 『저촌유고』, 이광신의 『선고』, 이광사의 『원교집』, 이영익의 『신재집』, 이충익의 『초원유고』, 신작의 『석천유집』 등을 검토했다. 이들 문집은 모두 필사본이며 이본이 존재하므로 역시 교감과 표점·영인 작업을 포함해 정본화가 진행되어야 한다. 또한 필자가 중요한 부분을 발췌해 번역하고 연구를 진행하기는 했지만 우선 중요한 부분이라도 선역되어야 한다. 특히 심육의 『저촌유고』는 번역과 함께 구체적인 연구가 우선적으로 진행될 필요가 있다. 심육은 정제두에게 초기부터 수학한 인물로 정제두 사후 소론계 산림학자로 예우받았다. 사실상 정제두 사후에 학문적·정치적 후계자로 인정받았던 인물로 볼 수 있다. 또한 심육의 인적 관계망 속에 후기 문인 계열과의 연

하곡학파의 인물들은 각자의 시대적 요구에 맞게 하곡학을 계승하고 변용하며 확장해갔다. 이것이 가능했던 것은 하곡학이 형성 초기부터 시대를 관통하는 가치, 다양성과 포용성, 변화할 수 있는 유연성을 갖추며 시작되었기 때문일 것이다. 정제두는 명분을 가지기 위해서도, 권력을 잡기 위해서도 아닌, 완벽한 인격체인 성인이 되기 위해 주변의 시선을 두려워하지 않고 자신만의 학문 체계를 완성해갔다. 그리고 사욕에 휘둘리지 않고 선한 양심에 따라 행동하여 세상을 이롭게 해야 한다고 설파했다. 이 같은 그의 주체적인 삶의 태도와 윤리는 물질 만능의 초경쟁 시대를 살아가는 오늘날 우리에게도 따뜻한 위로가 된다.

결성이 드러나고 있어 이 부분에 주목할 필요가 있다.

참고문헌

사료

『家乘: 德泉君派李氏15世』.

『孟子』.

『四庫全書總目提要』.

『書經集傳』.

『承政院日記』.

『詩經集傳』.

『迎日鄭氏世譜』.

『乙酉增廣別試司馬榜目』.

『全州李氏 德泉君派譜』.

『朝鮮王朝實錄』.

『平山申氏 文僖公派世譜』.

金錫冑, 『息庵遺稿』.
盧相益, 『大訥手卷續編』.
朴世堂, 『西溪集』.
馮從吾, 『少墟集』.
申大羽, 『宛丘遺集』.
申琓, 『絅菴集』.
申綽, 『石泉遺稿』.
申綽, 『石泉遺集』.
沈錥, 『樗村遺稿』.
王守仁, 『傳習錄』.
尹淳. 『白下集』.
尹拯, 『明齋遺稿』.
李建昇, 『海耕堂收艸』.

李建昌, 『黨議通略』.
李建昌, 『明美堂集』.
李匡師, 『圓嶠集選』.
李匡臣, 『先藁』.
李喬年, 『艮谷遺稿』.
李晩秀, 『屐園遺稿』.
李勉伯, 『岱淵遺藁』.
李裕元, 『林下筆記』.
李忠翊, 『椒園遺藁』.
丁若鏞, 『與猶堂全書』.
鄭齊斗, 『霞谷集』.
周汝登, 『王門宗旨』.
洪良浩, 『耳溪集』.

논저

강화 양명학 연구팀,『강화 양명학 연구 총서 3. 강화학파의 양명학』, 한국학술정보, 2003.

고재형 저, 김형우·강신엽 역주,『譯註 沁都紀行』, 인천대학교 인천학연구원, 2008.

권오영,「조선후기 實事求是의 학풍과 홍경모의 학문」, 이종묵 편,『관암 홍경모와 19세기 학술사』, 경인문화사, 2011.

김길락,『한국의 상산학과 양명학』, 청계출판사, 2004.

김민재,「교과서에 기술된 양명학의 실태 분석 및 개선을 위한 제언」,『양명학』565, 2020.

김수진,「정제두 사상투쟁의 기록: 가람문고본 '陽明抄'에 대한 탐색」,『한국한문학연구』67, 2017.

김수진,「양명학 텍스트의 專有와 流布: 정제두 抄集 양명학 문헌의 발굴과 검증」,『양명학』51, 2018.

김용재·김민재·이우진,「『霞谷集』定本化 및 完譯과 譯註를 위한 선제적 검토」,『양명학』40, 2015.

김윤경,『霞谷學派『老子』解釋에 관한 研究: '有無論'과 '善惡論'을 중심으로』, 성균관대학교 박사학위논문, 2010.

김윤경,「李忠翊의 '假論': 이탁오 眞假論, 정제두 假論과의 비교」,『동양철학연구』73, 2013.

김윤경,「위당문고 소장『뇌제문(誄祭文)』에 나타난 초기 하곡학파의 하곡학 인식」,『율곡학연구』55, 2024.

민영규,「爲堂 鄭寅普선생의 行狀에 나타난 몇 가지 문제: 實學原始」,『동방학지』13, 1972.

민영규,「江華學 최후의 광경 西餘文存其一」, 도서출판 우반, 1994.

박용만,「강화학파(江華學派)의 연구시(聯句詩)에 관한 고찰」,『한국한시연구』12, 2004.

박용만,「書簡을 통해 본 慶州李氏 華谷·晦窩家門의 文雅」,『韓國簡札資料選集 11. 慶州李氏 華谷 李慶億 後孫家篇』, 한국학중앙연구원, 2007.

박현정,「장서각 소장 정제두 초집『稽山先生學錄』初探」,『양명학』59, 2020.

서경숙,『初期 江華學派의 陽明學에 關한 硏究』, 성균관대학교 박사학위논문, 2000.

서경숙,「항재 이광신의 이기론」,『양명학』6, 2001.

서동일,「1910년대 한인의 안동 이주와 접리수 한인촌 형성」,『한국사연구』171, 2015a.

서동일,「100년 전 중국 안동현에 세워진 한인촌의 모습, '중국 남만주 안동현 접리수도'」,『한국근현대사연구』74, 2015b.

성백효 역주,『懸吐完譯 書經集傳 上』, 전통문화연구회, 2011.

시라이준(白井順),「沈鋿と李震炳と李星齡: 鄭齊斗の周辺」,『양명학』30, 2011.

신영우 편,『광무양안과 진천의 사회경제 변동』, 혜안, 2007.

신영우,「한말 일제하 충북 진천의 강화학파와 민족주의운동」,『韓末 日帝下 忠北 鎭川의 江華學派 志士들과 民族運動』중원문화연구소·상산고적회 학술대회 자료집, 2008.

심경호,『江華學派의 文學과 思想 (3): 員嶠의 學術思想·信齋李令翊論』, 한국정신문화연구원, 1995.

심경호,「恒齋 李匡臣論」,『진단학보』84, 1997.

심경호,「江華學의 虛假批判論」,『대동한문학』14, 2001.

심경호,「강화학파의 가학(假學) 비판」,『양명학』13, 2005.

옥영정,「『거가필용사류전집』의 조선유입과 현존본」,『조선 지식인이 읽은 요리책: 거가필용사류전집의 유입과 역사』, 한국학중앙연구원 출판부, 2015.

유명종,「江華學派의 陽明學傳統」,『철학연구』29, 1980.

유명종,『韓國의 陽明學』, 동화출판사, 1983.

유명종,『성리학과 양명학』, 연세대학교 출판부, 1994.

유준기,『한국근대유교개혁운동사』, 삼문출판사, 1994.

윤남한,「霞谷學의 基本方向과 段階性」,『인문학연구』2, 1975.

이남옥,『霞谷學의 특성과 계승양상』, 한국학중앙연구원 한국학대학원 박사학위논문, 2016.

이남옥,「정인보의 학문 연원과 조선학 인식」,『유학연구』38, 2017.

이남옥,「하곡 정제두의 인적네트워크」,『양명학』49, 2018.

이남옥,「전주이씨 덕천군파 이경직 가문의 내력과 지역적 전개」,『양명학』57, 2020.

이남옥,「하곡 정제두의 생애와 학문」,『『하곡집(霞谷集)』「학변(學辨)」국역(國譯) 및 역주(譯註)』, 성신여대 경학사상연구소, 2020.

이남옥,「하곡학파의 지역적 전개와 사상사적 의미」,『양명학』60, 2021.

이남옥,「하곡霞谷 정제두鄭齊斗의 관력과 산림직 역임의 의미」,『국학연구』51, 2023.

이용규,『江華學派 學人들의 발자취』, 수서원, 2007.

이우진·이남옥,「강화학파 형성담론의 재구성: 계보학적 접근방식을 중심으로」,『양명학』33, 2012.

임미정,「연세대학교 국학자료실 소장 위당문고 자료의 성격과 가치 (2): 하곡 정제두의 초기 필사본『存言』『大學說』『中庸解』의 소개와 분석」,『동방학지』200, 2022.

조윤선,「조선후기 영조 31년 乙亥獄事의 추이와 정치적 의미」,『한국사학보』37, 2009.

정약용·신작 저, 실시학사경학연구회 편역,『다산경학자료역편 3. 茶山과 石泉의 經學論爭』, 한길사, 2000.

정양완,『江華學派의 文學과 思想 (2): 員嶠 李匡師論·員嶠와 信齋의 東國樂府』, 한국정신문화연구원, 1995.

정양완,『江華學派의 文學과 思想 (4): 石泉 申綽論』, 한국정신문화연구원, 1999.

정양완,「아버지 舊園의 세 스승: 學山, 耕齋, 蘭谷」,『양명학』13, 2005.

정양완,『江華學派의 文學과 思想 (5): 특히 耕齋 李建昇의『海耕堂收艸』를 中心으로』, 도서출판 월인, 2012.

정양완·심경호,『江華學派의 文學과 思想 (1): 月巖 李匡呂論·宛丘 申大羽論』, 한국정신문화연구원, 1993.

정인보,『舊園國學散藁』, 문교사, 1955.

정인보 저, 정양완 역,『舊園文錄 下』, 태학사, 2006.

정인재,「恒齋 李匡臣의 心學: 양명과 주자 종합론」,『서강인문논총』23, 2008.

정인재,『양명학의 정신』, 세창출판사, 2014.

진역령,『『古文尙書』에 대한 朝鮮時代학자들의 認識과 考辨』, 고려대학교 박사학위논문, 2016.

천병돈,「항재 이광신의 先藁 연구」,『양명학』22, 2009.

천병돈,「초기 하곡학파의 하곡학적 사유」,『동양철학연구』88, 2016.

천병돈,「후기 하곡학파의 실천정신」,『양명학』50, 2018.

천병돈,「중기 하곡학파의 학술사상 연구」,『양명학』54, 2019.

웹사이트

한국고문서자료관 (archive.aks.ac.kr/).

한국고전종합DB (db.itkc.or.kr/).

한국사데이터베이스 (db.history.go.kr/).

찾아보기

ㄱ
감통(感通) 164
간도 241
강화 40, 67, 79, 127, 154, 233
강화학 14
강화학파 15
격물 91, 94, 104, 175
격물치지 175
경(敬) 39
계명의숙 242
계산선생학록 237, 239
고문사변 221
고문상서 104, 135, 174, 178, 182, 191, 212, 223
고본대학 104, 153
고상서 219, 222
고양 29, 117
고훈수략 214
과천 116
광주 123, 133
금등(金縢) 182
금문상서 178
기(氣) 162, 167
기질지성(氣質之性) 165
김택수 54

ㄴ
나주괘서사건 78
노상익 249

ㄷ
논정하곡학문설 87, 160

ㄷ
동산(東山) 186

ㄹ
리(理) 35, 47, 161

ㅁ
만주 244
매씨상서평(상서평) 137, 206, 212
명도유지 67
명도학 47, 58, 67, 153
무신란 41, 72
문강 42
미발(未發) 32, 162
민이승 29, 34, 52

ㅂ
박람강기 57
박세채 25, 28, 42, 236
박심 32
본연지성(本然之性) 166
봉천 246

ㅅ
사촌 133
산림학자 41
상례사전 137, 206

상서고주 223
상서고훈 213, 217
상서정의 178, 215
상서지원록 214
생리(生理) 34, 39, 59, 153
생지위성(生之謂性) 154
서차고 218
서초 236
성(性) 161, 165
성인 25
성즉리(性卽理) 170
성학 28, 35, 81
소론 48, 51
소론 완론 58, 71, 82
소론 준론 58, 71, 82
송시열 21, 23, 25
수운헌 99, 131
시제(時制) 41
시차고 136, 207
신대우 99, 122, 129, 133, 199
신대우 가계 102, 122, 133
신작 135, 206
신현 136, 207
실심실학 44, 106
심(心) 36, 47
심학 35, 47, 68, 258
심육 62, 67, 73, 154, 254
심즉리(心卽理) 30, 37, 66, 170

ㅇ

我之弗辟 182
안동현 245
안민산 246, 251

안산 29, 32, 50
안효제 246
양명서초 236
양명학 25, 48, 56, 82, 153, 170, 176, 233, 254
양명학록 236
양명학연론 13, 254
양명학용설 236
양명학용설보록 237
양명학자 50, 56, 94, 259
양명학파 13, 258
양지(良知) 30, 34
양지학 29
언행록 70
영조 42
예론 41, 58
완위각 148
왕간 176
왕수인(왕문성, 왕양명) 25, 28, 33, 38, 56, 82, 87, 104, 171, 174
용안실 101, 130
원보산 245
유희 223
윤순 62, 65
윤증 64, 73
을해옥사 97
의상박남계서 25
의주왕문답 82
이건승 233, 241, 254
이건창 142, 146, 233
이광명 78, 85, 116, 120, 128
이광사 83, 117, 160, 200, 257
이광신 81, 119, 160

이광찬 170
이기불상리 170, 173
이기불상잡 170, 173
이면백 131
이발(已發) 32
이상설 147
이성령 24
이승희 249
이시원 132
이십오편서 225
이영익 103, 174, 182, 222
이진병 63
이충익 97, 129, 134, 174, 222
임술유교 25, 234
임정종욕 39

ㅈ

자득 57
자질[才] 166
적(寂) 162
적연(寂然) 162
적연부동(寂然不動) 161
전기 문인 58, 61, 254
접리수 246
정(情) 167
정(靜) 162
정기석 141
정문승 140
정문유훈 67
정성서 35, 67
정약용 135, 206
정원하 140, 233, 241
정유성 21

정인보 13, 48, 139, 146, 254
정인표 139, 144
정제두 21, 28, 40, 47, 61, 78, 113, 127, 154, 234, 254
정제두 가계 113, 126, 140
정호 26, 40, 57, 67, 154
정후일 62, 71, 78
제하곡정선생문 87, 90
제항재종형문 86
조선고전해제 13, 254
조선양명학 258
조선양명학파 13, 111, 258
조선학 253, 255
주자(주희) 38, 42, 58, 156, 171, 188
주자학 37, 57, 86, 94, 170, 181
준론탕평 42
중(中) 162
즉물궁리(卽物窮理) 37, 89, 171
지행합일(知行合一) 30, 87
진강문답 68, 154
진천 116, 139

ㅊ

천명(天命) 33
천명도 33
천명지성(天命之性) 165
천안 113
초록 236
초정 127
최석정 30
치양지(致良知) 37, 66
치양지설 174
치효(鴟鴞) 182, 186

친민(親民) 31

ㅌ
탕평 42, 58
통진 113

ㅎ
하곡집 51, 69
하곡학 16, 47, 58, 65, 85, 106, 153, 254
하곡학파 13, 44, 49, 111, 259
血之流杵 198
홍경모 76
홍승헌 139, 233
홍양호 74, 144
회인현 244
후기 문인 58, 78, 254
홍도촌 244

AKS 인문총서 **38**

하곡학파의 형성과 전개

지은이 이남옥
제1판 1쇄 발행일 2024년 11월 29일
발행인 김낙년
발행처 한국학중앙연구원 출판부
출판등록 제1979-000002호(1979년 3월 31일)
주소 경기도 성남시 분당구 하오개로 323
전화 031-730-8773　　　　**팩스** 031-730-8775
전자우편 akspress@aks.ac.kr　　**홈페이지** www.aks.ac.kr

ⓒ 이남옥 2024

ISBN 979-11-5866-763-4 94910
　　　978-89-7105-772-8 (세트)

◆ 이 책의 출판권은 한국학중앙연구원에 있습니다.
　이 책 내용의 전부 또는 일부를 재사용하려면 반드시 저자와 발행처의 서면 동의를 받아야 합니다.
◆ 이 책은 2019년 대한민국 교육부와 한국학중앙연구원(한국학진흥사업단) 한국학 총서사업의
　지원을 받아 수행된 연구임(AKS-2019-KSS-1130013)